河合隼雄著作集

第II期

物語と現実

8

JN150033

岩波書店

序説　たましいとおはなし

「たましい」というのは、あまり評判のよくない言葉である。かつては「大和魂」などという言葉が日本中をまかり通り、その被害を受けた人はたくさんあった。それでも、日常的には、現在も「たましい」という言葉を聞くことは割にあるが、「学問」の世界になると、一挙に消滅してしまう。学問の世界で「たましい」などと言うと、誰からも相手にされないだろう。評論の場合でも、よほどでないと危いことになるだろう。

それでも、本書に書かれているように、私は「たましい」のことを割に書いている。時には注意深く「たましい」という語を用いるのを避けているときもあるが、内容的にはそのことを語っている、と自分では思っているときがある。ここでわざわざ「たましい」と平仮名で書いているのは、日本や中国で古来から言われている「魂」という概念に近いものではあるが、やはり異なるものであることを示したいからである。それは新しい考えによる、とさえ言いたいもので、宗教における「魂」とは異なり、ユング派の分析の仕事のなかから出てきたものである。では、その定義は何かと言われると、直ちに困ってしまうほどのあいまいなものだが、あえてその重要性の認識の上に立って、用いようとするのである。「定義」などと言わずに、なぜこのような言葉を必要とするようになったか、を述べてみたい。

切断の拒否

人間の意識は、ものごとを切断し、区別することからはじまる。世界中の創世神話に、天地分離の話がでてくるように、混沌のなかから天と地を分けることによって、人間の歴史ははじまる。つまり、切断し区別することによって、人間の意識が生まれてくるのだ。人類の長い歴史のなかで、人間はものごとの区別を盛んに行い、壮大で強固な意識体系をつくりあげてきた。

そのなかで、ヨーロッパ近代に生じた切断は、人類の精神史に決定的な変化をもたらすことになった。それは、自と他の切断であり、心と体の切断である。このことによって、人間は強固な自我を確立し、科学技術を発展させて、現代の文明を築くことができた。このことは大いに評価すべきことである。われわれは、今から五十年前には考えもできなかったほどの便利で快適な生活をおくっている。

しかし、二十世紀になってから、その影の部分がだんだん露呈してくるようになった。ノイローゼをはじめ、人間は心の問題に悩まされる。それに戦争も多かった。人類の歴史のなかで、二十世紀はもっとも殺人の多かった世紀ではないだろうか。二十一世紀になって問題はますます難しくなっていると考えられる。現代におけるテロの多発の要因として、正義と不正ということをあまりにも画然と区別することがある、とは多くの人の感じているところであろう。正義のためには何をしてもいいと思うところに問題が生じてくる。

心と体を明確に切断したことによって、心身症が多発するようになった。心の病とも体の病とも確定できないので、治療が非常に難しい。そこで、心も体も含めた人間全体を医療の対象として見る必要が生じてくる。一度行なった切断をやめて、もとに戻してみようとするのである。こんなときに、「たましい」という考えが有効になる。

ユング派の分析家、ジェームズ・ヒルマンが"Suicide and the Soul"を一九六四年に出版し、そこで「たましい」の重要性を強調した(ジェームズ・ヒルマン著、樋口和彦・武田憲道訳『自殺と魂』創元社、一九八二年)。彼はそこで、ものごとを「割り切って」見ることの逆の態度として「たましい」という言葉を用いて考えてみることを提唱する。患者の訴えに対して、それが「心の問題」か「体の問題」か、あるいはその診断名は何かなどを考える前に、それを「たましいの苦しみ」として、たましいからたましいへと伝わってくる事柄として受けとめるべきだと言う。そのような態度によって臨むときこそ、解決が見えてくるのだ。下手に「分類」をしても、分類が明らかになるだけで、それに対してどうするかという方法はでてこない。

あるいは、「関係ない」と言い切ってしまいたくなるときに、自分の「たましい」はどう感じているだろう、と「たましい」という言葉を用いて考えてみると、異なる考えやそれに基づく行動がでてくることがある。たとえば、ヴェトナムでたくさんの人が死んでゆく、そんなときに、「そんなのは自分と関係ない」と思ってしまうと、そこに何も生じない。しかし、「私のたましいはそれをどう受けとめているのか」と考えると、異なる考えも浮かぶし、それは何らかの行動に結びつくだろう。

ヒルマンは、「たましい」というのは科学的な概念ではない。現代における多くの切断を拒否してものごとを見ようとする根本的態度に結びついて用いる用語である、と言っている。それは、したがって、明確には定義されないあいまいさをもっている。そのことを自覚した上で、用いようとするのである。

たましいは語る

「たましい」はいったいどう感じ、どう考えているのか。それを知るためには、われわれは「たましいの言葉」に耳を傾けねばならない。人間の「心」あるいは意識は、常に外界からの刺戟を把握すると共に、感じ、考え、判断をしている。しかし、そのような通常の心のはたらきを超えて、たましいの言葉が時に聞こえてくる。これは、宗教の世界においては、神の声、悪魔の声などと呼ばれている。しかし、その場合は、人間に対する上下関係が明白に存在している。したがって、それらには多く「告げる」という動詞が用いられている。「受胎告知」などというのは、その典型であろう。

これに対して、「たましい」にもう少し親しみをもつようになると、それは「語る」という用語に近くなってくる。あるいは、「たましい」の体験をして、それを他人と共有しようとするとき、そこには「語る」という言葉が用いられ、単なる「言う」、「話す」とは異なってくる。たとえば、「彼はアメリカ留学中の体験について話しました」と言うのと「語りました」と言うのとでは、ニュアンスが異なるだろう。

医者が患者に「癌である」ことを「告げる」というのが一般的だろう。時に「話す」と言うかも知れないが、「語る」はあり得ないだろう。しかし、医者が患者に「癌と戦いながら、今も生き続けている人のことについて語りました」という表現をしてもおかしくないだろう。そうして、この際の医者と患者の関係は、癌であることを「告げる」ときの関係とは異なってきていることは明らかである。

「たましい」はいろいろな人や、人と物とを「結びつける」はたらきをもっており、そこには「語り」が生じてくる。したがって、「おはなし」は「たましい」との関係が深いのである。一本の木がある。それを切り倒そうと、無視しようと人間の勝手である。ところが、「この木には、昔、あるときに……」などという「おはなし」があり、それに心を惹かれると、その木を勝手に切り倒すことはできないし、しめ縄を張って拝んだりさえする。多くの伝説は、「もの」に「たましい」があると感じさせる力をもっている。

昔話にしても、科学的に見る限り荒唐無稽であっても、人間の「たましい」との関連において、消え去ることなく語りつがれているのだ。本書にも述べているが、「白雪姫」などというヨーロッパに生まれた昔話が、現代の韓国の少年の「たましい」にはたらきかける力をもっているのである。

たましいの言葉として考えられることに、「夢」がある。眠っている間に見る夢である。覚醒しているときの通常の意識からすると、夢はまったくナンセンスであったり、不可解であったりする。しかし、じっくりと考えてみると、それはたましいからのメッセージと考えるとピッタリのことがある。

夢は古来より神や仏からのお告げとして大切にされ、『聖書』にも、『古事記』にも、夢の話が語られている。非近代社会においては、夢は非常に大切にされた。したがって、夢にまつわる話は数多くあるが、日本の鎌倉時代の名僧、明恵《みょうえ》のように生涯にわたる夢の記録を残した人は、明恵の時代とそれ以前では、彼一人ではないかと思う。外国で明恵の『夢記《ゆめのき》』について話をするときに、訊いてみるが、今までのところ一人も居ない。明恵は夢がいかに人間のたましいと深くかかわるものであるかをよく知っていたし、それを指針として生涯を生きた人である。日本文化は、明恵のような人をもったことを世界に誇っていいだろう。

夢をこのように大切に考えるので、私の日々の臨床においては、クライアントの夢を聞くことが多い。しかし、「たましいの言葉」としての夢は、実に不可解なものが多いことも事実である。さんざん考えたあげく、「結局はわかりませんね」ということもある。そんなことをして意味があるのか、と言われそうだが、私は大いに意味があると思っている。現代人の通常の意識は、あまりにもたましいの真実から離れすぎているのだ。したがって、たましいの言葉がそんなに簡単にわかるはずがないのだ。そこで、ああでもない、こうでもないということになるのだが、そのようにしてものごとを見、人生を見る態度を身につけるだけでも、相当に意味があると私は思っている。その証拠に、このような一見わけのわからぬ仕事を続けているうちに、ほとんど不可能と思われていた問題解決の糸口が見えてくるのである。

たましいの顕現

たましいの言葉を聴く、あるいは理解するということはなかなか難しい。しかし、たましいの世界は自分のなかにあるとのみ考えるのは誤りで、外界もまた「たましい」と深く関連しているのである。このことをわかりやすく言えば、外界のいろいろな物や生物が、「たましいの顕現」として感じられる、ということになるだろう。たとえば、本書では、特に猫を取りあげたが、猫は古今東西を通じて、たましいの顕現として見られやすい動物である。その魅力的な姿態や目、そして、人間に極めて近い動物のなかで、猫ほど独立自尊の生活をしているものはない、などの条件のために、そのようなことが生じるのであろう。それは明らかに人間の支配を超えている。したがって、猫をめぐる「おはなし」はつきるところがないのだ。猫を一匹の生物として見れば、まさに「関係のない」存在だが、それにまつわる「おはなし」と共に、それは人間と深い関係を生じてくる。そして、本書に試みているように、それらの「おはなし」を通じて、人間のたましいの在り様が見えてくるのである。

生物のなかでは、「とり」もたましいの顕現として見られやすいものである。何と言ってもそれは空を飛ぶという属性のために、そのようなイマジネーションを生みやすいのだ。それに、空を飛ぶその姿も美しい。多くの「とり」のなかでも、白鳥はたましいの顕現と見られやすい最右翼のとりである。日本人であれば、ヤマトタケルのたましいとしての白鳥の話を知っている人は多いだろう。あるいは、バレエの「白鳥の湖」を思い起こす人もいることだろう。本書にも、「天人女房」との関連で、白鳥の乙女について述べている。

「白鳥の湖」のおはなしは、もともと王女だった人間が魔法の力によって、白鳥に変えられていたものであった。つまり、白鳥の湖の主人公の皇子にとって、その王女こそが彼のたましいの顕現であった。猫やとりのことなどを先に述べたが、人間にとって異性はたましいの顕現として感じられることが多い。

C・G・ユングは多くの夢の分析を行なった経験から、男性にとって、夢に出てくる女性像がたましいのイメージとしての意味をもつ、と考えるようになった。それは、その男性にとって抗し難い魅力を感じさせるものであり、時には、彼女は人生の導き手としての意味をもつものであった。ユングはたましいを意味するラテン語のアニマという語を用い、男性の夢に出てくる女性を、アニマ・イメージとして解釈した。同様にアニマの男性形、アニムスを用いて、女性の夢に現れる男性をアニムス・イメージと考えたのである。

確かに異性が互いに引き合う力は、時にこの世の常識をまったく超えたものである。その社会のもっている秩序をまったく破壊するほどの力がそこに生じてくる。実際このために、自分のもっていた財産や社会的地位を失ってしまった人もある。異性の魅力に取りつかれたとき、それまでその人のもっていた分別は、まったく役に立たなくなる。また、これとは逆に、異性の導きや、異性と共にいることから生まれてきたヒントによって、偉大な芸術が創造されることもある。

男性のアニマ・イメージ、女性のアニムス・イメージは、現実の女性、男性に投影されるので、そこに激しい恋愛感情が生じる。もちろん、男女が互いに求め合い、しかも、それが結婚という社会的な形態をとることまで望むなら、そこにはいろいろな感情や思考がはたらくことだろう。しかし、その背後において両者を動かしているものとして、たましいということが考えられる。

男女関係のたましいにかかわる様相について、熱心に語ろうとしたのがロマン派の人たちである。本書に取りあげた、E・T・A・ホフマンもその一人である。『牡猫ムルの人生観 並びに楽長ヨハネス・クライスラーの断片的伝記(反故紙)』は、まさに、たましいの物語というのにふさわしいものである。本書に取りあげている昔話のなかでも、「白雪姫」、「絵姿女房」、「忠臣ヨハネス」などにおいて、男女の関係が重要なテーマとなっている。

日本人には、たましいのイメージを異性像よりは、自然のなかに見出す人もかなりいる。石や木などがその対象となる。このあたりのことも文化比較を試みると面白いことだろうと思う。

生きる力

ここで話が突然に変るようだが、最近、日本の教育でよく話題になる、「生きる力」について考えてみたい。それほどのことと思わないのに自殺をしたり、無気力で、将来に対して夢や希望をもっていない。少しのことで傷ついたり、引きこもったりしてしまう。このため、現代の子どもたちに「生きる力」を養うことが必要だ、などと言われる。

これに対して、そんなのはまったくナンセンスで、人間である限り「生きたい」と思うのは当然で、わざわざ「生きる力」などと言わなくとも、自分たちが子どもの頃は、「生きる」ことは当然のことであった。それを教えるとか養うとか言うのは、わけがわからない、と批判する大人もいる。

しかし、これは子どもを取り巻く環境が、あまりにも変化したことに気づかない人の発言である。昔は日本は貧しかった。子どもたちは、いろいろなものが不足していることに耐えねばならなかった。ところが、何かが不足しているときは、人間はそれを獲得しようという意欲をもち、そのために生きようとする。これは一種の自然現象と言ってもいいほどである。これに対して、現在のように、子どもたちが満ち足りた（と言っても物質的にであるが）生活をしているのは、かつてなかったことである。それに子どもたちにとって、何もかも「わかっている」ことが多すぎるのである。自分が大人になると、どのような地位で、どれくらいの収入で、どの程度の暮らしをしていけるかが、すでにだいたい「わかっている」、そして、それはあまり間違いがない、とすると、子どもたちが先に希望をもつこともできないし、生きる力も弱くなるのではなかろうか。

科学技術が発達すると、「～すれば、～になる」という因果関係が確実になり、人間の思いのままに多くのことをコントロールすることができる。何もかも自分の支配下に置くということは、そこに不可解なことや、予期せぬことは生じない、ということになる。言うならば、人間の意識が肥大化し、たましいとの接触を失ってしまった状況、なのである。それでは「生きる力」も弱くなるのは、当然ではなかろうか。

「生きる力」を実感するには、モノによって押し潰されそうになっているこころを活性化させるために、たましいを揺り動かせる体験を必要とする。あるいは、こころも体も共に共振するような体験を必要としている。そのためには、こころと体をつなぐ、こころとたましいをつなぐ、などのことが必要であり、そのようなつなぐ力をもった「おはなし」が重要になってくる。

しかし、考えてみると、近代化というのは、あらゆる「おはなし」の価値を低下せしめる傾向をもっていた。重要なのは事実に関する知識、モノを操作する技術であり、おはなしはすべて虚偽のものとして排除しようとしてきた。このために確かに「モノ」は豊かになったが、こころの方はだんだんと力を失い、「生きる力」を学校で教えねばならない、などと思うほどになった。そして、下手をすると、「生きる力」も、知識や技術の一種として教えこもうとする愚を繰り返すことにもなりそうである。

教育とおはなし

子どもたちが「生きる力」をもつようにするためには、教育の場に「おはなし」を復活する必要がある。現代の学校の問題のひとつは「おはなし」の喪失ではなかろうか。と言ってもあわてて「おはなし」を教えようなどと思ってもらっては困る。生き生きとした「おはなし」の体験が、教育の現場に満ちるようにしたいのだ。

教育の現場では、効果的な教授法、評価、偏差値、客観テストなどなど、大切と言えば大切だが、あまりにもそれらが強くなりすぎて、「おはなし」が消え去ったのではないだろうか。私は一九五二年から三年間、高校の教師をしていた。すでに受験は重視されており、私もそのために力をつくしたのだったが、それでも学校内は「おはなし」に満ちていた。五十年が経過しても、当時の教師と生徒の心を今もつないでいるのは、いろいろな「おはなし」ではないか、と思う。私の教えた数学の公式を記憶している生徒は少ないだろうが、そのときに共有し、感動した「おはなし」は心に残っているはずである。

「おはなし」は小学校から大学まで必要である、と私は思っている。私が京都大学を退官する頃は、私の講義は他学部の学生なども聴きにきて、教室に溢れるほどであった。これについて、大学では「他の先生は講義をされるが、私は「おはなし」をするので、聴講者が多い」と冗談を言っていたが、ある意味では正しいこととも言える。

このようなこともあって、京都大学の退官講義においては、これがＮＨＫのテレビで放映されることになったので、絵本を取りあげて「おはなし」をすることにした。それは、長新太さく『ブタヤマさんたらブタヤマさん』(文研出版、一九八六年)であった。ブタヤマさんは昆虫網をもって蝶を採りに出かける。ところが、ブタヤマさんの後から、蟬や蛙などが突然お化けになって、「ひゅう　どろどろ」と出てくるのだ。ブタヤマさんはマジメくさって、前を向き、ひたすら蝶を追いかけているので、後の出来ごとに気がつかない。

妖怪たちは何度も「ブタヤマさんたら　ブタヤマさん」と呼びかけるが、ブタヤマさんはふり向きもしない。ところが、何も妖怪が出て来ないとき、彼は後をふり向き、別に変ったことはない、と確かめるのである。こんなことの繰り返しのあげく、ブタヤマさんは、悠々として蝶を追いかけて姿を消してゆくのである。

この絵本を見て、私が思ったのは、これはまさに心理学者のことだ、ということだった。というのは、蝶はギリシャ語で「プシケ」であり、それは心をも意味する。心《プシケ》を追いかけて夢中なブタヤマさんは、後をふり向く余裕がない。もし、そうするとまったく異なる「現実」が見えたはずである。彼も時には後を見る。しかし、上手にと言うべきか、下手にと言うべきか、彼は何事も起らないときにのみ、後をふり向くのだ。彼は彼の見聞したことを基に論文を書くだろう。そこには虚偽はない。しかし、彼の見た「現実」は、ほんとうに現実のすべてなのだろうか。

このような話を最終講義でしたが、なかなか好評のようであった。大学でもやはり、「おはなし」は大切なのだ。しかし、ここで気をつけねばならないのは、たましいというのは科学的概念ではないことを、よく知っておかねばならぬ、ということである。科学的観察や実験によって得た成果と、「おはなし」が伝えようとすることは、まったくレベルの異なることである。うっかり「おはなし」を好きになり過ぎると、この区別がつかなくなる。この危険があまりに大きいので、すでに述べたように近代化は「おはなし」を排除しようとしたのだ。

しかし、二十一世紀は、もう少し変ってもいいのではなかろうか。大学で「おはなし」をする教授ももう少し増えてはどうか、と思っている。あるいは、もっと「おはなし」に対して開かれた教育を心がける、と言うべきだろうか。それは実は創造性にもつながることである。

子どもたちに対する「読み聞かせ」の運動が、日本中にひろがりつつあるのも、「おはなし」の復活につながるものと感じられる。せっかく、ひろがりつつある「読み聞かせ」の中で、読み手の大人たちが、少しでも「たましい」ということに思いを寄せつつ読んでくれると有難いと思う。そんな点で、本書に論じている「おはなしの知恵」は少しは役立つのではなかろうか。

河合隼雄著作集第Ⅱ期 第8巻　物語と現実　目次

I

猫だましい

I　なぜ猫なのか

猫をかたる

「猫だましい」とは変テコな題の本と思われるだろう。読者は「なぜ猫なの？」とか「だましいとは何？」という疑問を持たれるかもしれない。「だましい」は「たましい」と「だまし」を掛けた詞であるのは、まず誰にもわかるのではないだろうか。たましいなどというのはあるのかないのかさっぱりわからないのだが、それがあることを前提にして、ものを書くこと自体、「だまし」とも言える。もっとも、「だまし」とか「うそ」とかには、実に鋭敏に反応する人があって、先日も私が『ウソツキクラブ短信』(講談社、一九九五年)という本を出しているのを知って、「お前は誠実で真面目な人間と思って著作を読んできたのに、まったくけしからん」というお叱りの手紙を一読者からいただいたばかりである。それなのに性懲りもなく、また「だますのか」と怒られそうだが、これは仕方がない。何らかの「だまし」なしに「たましい」を語るのは不可能である、あるいは、危険であると私は思っているからである。そんなわけだから、真面目な方はこんなものを読まない方がいい――実はそんな人こそ読むべきである――とはじめにお断りしておきたい。

それでは次になぜ猫なのか、ということになる。世の中には「犬好き」と「猫好き」とがあるそうだ。両方好きという人もあるようだが、一般にはどちらか片方ということが多く、この両者がどちらがほんとうに素晴らしいかを議論しはじめると終ることがない。「うちの犬」や「うちの猫」について話はじめると、表情まで変ってきて甘くなるし、だいたい、賢さ、優しさなどの特性において「人間より上である」という話になってくる。

こうなってくると、これらの人は自分の好きな犬や猫について、何らかの「物語」を語っていることがわかる。それは事実ではなく、その人にとっての「真実」を伝えようとしているのだ。したがって、その「かたり」の世界にこちらも入ってしまうと、感嘆したり感激したり、何と素晴らしい猫なのだろうということになるが、「かたり」に乗らないときは、馬鹿くさくて聞いておれない。

それにしても、なぜこれほどまでにペットが人間の心を惹きつけるのだろう。それは、人間がたましいという不可解な存在をもっているからだと考えられないだろうか。自分の内にあって、とらえようのないたましいというものが、何かの姿をとって顕現してくる。あるいは、たましいのはたらきを何か外的なもののなかに認める、というとき、ペットがその役割をする。そして、犬よりは猫の方が、たましいの不可解さ、とらえどころのなさをはるかに感じさせるように思われる。

実際に子どものときに犬に噛まれたりして、犬が怖いという人はある。しかし、そのような個人的経験と関係なく、猫は恐ろしいとか、「化けて出てくる」ように感じる人がある。化け猫の話は今後も紹介することになるが、世界中にあると言ってよいほどである。しかし、化け犬の話というのは少ない。犬に対してよく用いられる「忠実」という語は、猫に対しては、まず用いられないし、猫というのは、何か不可解さ、信頼し難いような感じを与える。人間に対して、犬よりはるかに独立の立場をとっているように見える。たましいというのは、人間の内にあると言えばあるのだ。だからと言って人間の思うままになるのではない。むしろ、それとは独立に途方もないはたらきかけをしてくるものである。人間は、たましいのために命を棄てることさえある。

猫の目は変幻自在である。一種の神秘さをただよわせている。「金の目、銀の目」をした猫のお話が語られたり、ケルトの人たちは猫の目を入口として、人間は他界を知ることができると考えたという。あるいは、猫の目は、太陽の運行と共に変化するという考えが、中世のヨーロッパや中国にもある。猫の目を見ているだけで、人間は不思議な感情にとらわれる。そこに、自分のコントロールを超えた変幻するはたらきを感じとるのである。

古代エジプトにおいては、猫は神聖な存在であった。これについては後でもう少し詳しく述べるが、現在もエジプト関係の美術館に行けば、多くの人に「崇拝」された猫の像を見ることができる。猫は神であった。

この反面、ヨーロッパの中世において、猫は魔女の部下であったり、魔女そのものであったりした。つまり、猫は善きにつけ、悪しきにつけ超自然的であったのだ。

というわけで、古今東西、いずれにおいても、猫の物語には事欠かない。私の好きな猫の話だけでも、十指を数えるほどあるだろう。そこで、次章からは猫を主人公、ないし重要な登場人物とする物語を取りあげ、それを人間のたましいとの関連において語ってみたい。

現代人とたましい

それにしても、この科学技術の発展した時代にどうして「たましい」などということを話したがるのかについて――これまでもあちこちで述べていることだが――はじめに少し触れておきたい。

私は心理療法家という仕事をしていて、多くの人の悩みの相談を受けながら、それらの悩みに共通する問題があるように感じていた。それを私なりの言葉で表現すると「関係性の喪失」ということになる。関係と言わず、わざわざ関係性と言うのは、親子関係、師弟関係、医者・患者関係などと「関係」という言葉によって表わされながら、そこにほんとうに感じられる関係として実感されることを示したいと思うからである。

たとえば、病院に行き、検査、検査のあげくに診断を「告知」される。そのようなとき、うっかりすると自分は「人体」として扱われていて、人間と人間としての関係がないと感じさせられてしまう。そして、それが限りなく辛く淋しいことに感じられる、ということはないだろうか。

しかし、これも医学の方から言うと無理ないことと言えるかもしれない。そもそも近代の医学は、心と体、そして、自と他を明確に区別することによって成立したものである。人間の体を「客観的な対象」として（あっさり言えば物体として）研究することによって得た知識と、それに関連する技術によって、治療を行うのである。それは端的に言えば、関係を切断することによって成立してきた学問であり技術である。

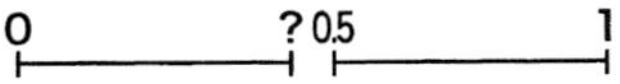

ここで少し理屈っぽいことを考えてみよう。一メートルの物指しを二つに切ったとする。そのとき、片方の端が五十センチから一メートルまでとすると、もう片方の方は〇からいくらまでになるのだろう。不思議なことにここには名前がつけられない。こちらも五十センチとすると、もとに戻すと五十センチの点が二つあっておかしい。そこで四十九・九センチにすると、〇・一センチ抜けおちてしまう。このことは数学では連続体問題と呼ばれていることで、粒子をひっつけて全体をつくるのではなく、最初から全体としてある「連続体」というのは、なかなか明確に割り切って考えられないのである。

一本の線分を二つに切断するとき、それぞれの端に名前をつけて明確にすると、必ず抜けおちる部分がある。このことを、人間存在という連続体に当てはめてみよう。それを「心」と「体」という明確な部分に分けた途端に、それは全体性を失ってしまい、その二つをくっつけてみても元にはかえらない。人間という全体存在を心と体に区分した途端に失われるもの、それを「たましい」と考えてみてはどうであろう。それは連続体の本質である。

と言って、連続体のなかから「たましい」だけを取り出すことはできないのだ。それは人間の全体性を考える上で不可欠であるが、それを明確に示すことができないのである。

たましいというのが、したがって、人間のなかにあるというのではない。しかし、人間のことを割り切って考えるのに反対するときに、それがあるとして発言するのは、極めて有効になってくる。たましいがあるというのは、あらゆる明確な区分を前提とする考えに、待ったをかけることである。

ある目的を遂行するのに邪魔になるものは除去しなくてはならない。このような割り切った考えによって殺人を犯すとする。本人はそれで納得しているつもりでも、被害者が夢に出てきたり、果ては幽霊を見たりする。このような現象も、たましいがあるとして説明すると納得しやすい。しかし、これは近代科学の説明とまったく種類の異なるものであることは認識しておかねばならない。

近代はものごとを割り切って考えることによって、随分と生活の便利さを獲得するようになった。しかし、その分だけ「関係性の喪失」に悩まねばならなくなった。あらゆるところで、人間関係の希薄化を嘆く声がきこえてくる。それはすなわち、たましいの喪失である。

そのような悩みをもった人がわれわれ心理療法家を訪ねてくる。われわれはそこで、その人のたましいとの関係の回復を援助することになる。と言ってもわれわれに出来ることは、その人のたましいがその人の自我に話かけてくることに共に耳を傾けたり、たましいから産出されるイメージのウォッチングをしたりするだけである。

そのために、普通の大人があまり相手にしない夢や箱庭つくりや絵を描くことなどを大切にするのだが、そのなかに、極めて重要な役割をもって猫が登場してくるのである。いずれこの本のなかで、それらを紹介するときもあるかと思うが、猫を「たましいの顕現」と呼びたいほどに感じるときもある。

たましいはそれ自体を取り出すことはできない。しかし、そのはたらきはいろいろと人間の五官に感じられる存在として示される。猫はそれらのなかでも、相当にたましいに関連づけられやすい生き物なのである。

エジプトの神猫

猫の話をするにあたって、最初に猫が神と崇められた文化について述べておかねばならない。古代エジプトにおいては、猫は神として崇拝されたのである。

猫が家畜化された起源は、紀元前二千年頃、エジプトにおいてと言われている。家畜としての猫は、北アフリカの野生の猫がエジプトにおいて家畜化されたのと、東南アジア系で中国において家畜化されたのと、二つの系統がある。ところで、そのエジプトにおいては、猫神・バストまたはバステトは第二王朝期頃より、神として崇められた。それは、歓喜と太陽の豊穣の温かさを示す女神で、猫の頭と人間の身体とをもつ神像で表わされた。バストの神像は多く、美術館で見ることができる。神像が人間の身体ではなく猫の姿そのままで表現されるのもある。猫に対して、それを拝む僧の姿が随分と小さく表現され、猫神の偉大さを示しているのもある。

エジプトの神話を読むときに困るのは、神々が容易に他の神と同一化されたり、関係が錯綜したりして、何が何なのかわからないような気分になってくることである。しかし、考えてみると、既に述べたように、明確な区

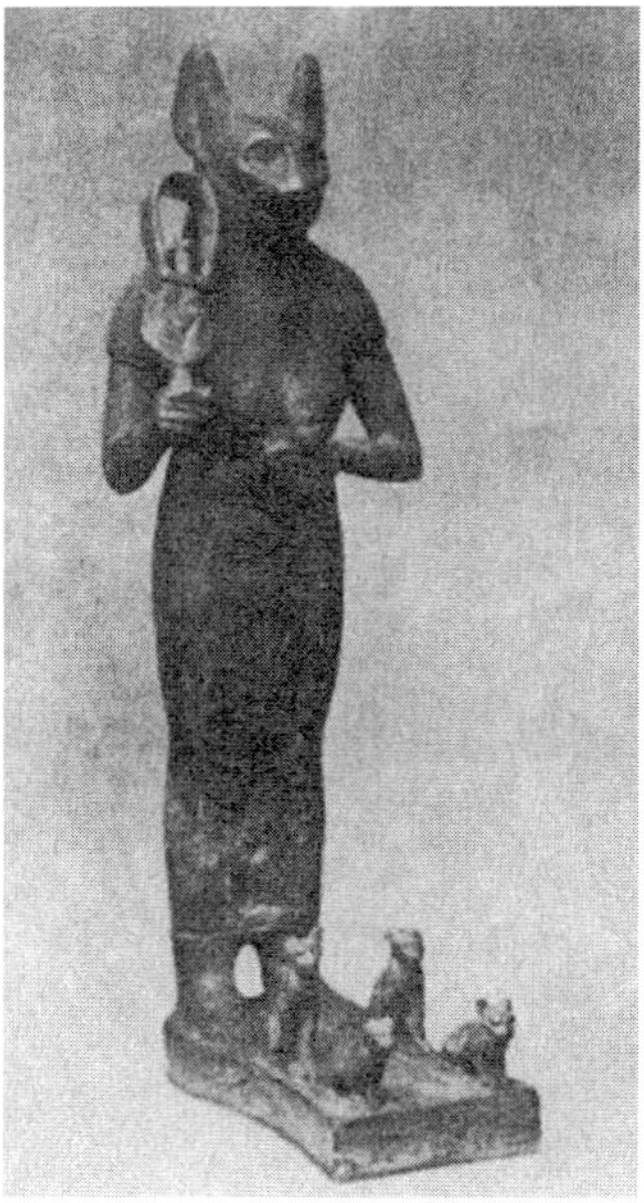

バスト神像

分に反対するのがたましいなのだから、たましいと深く関連する神々の姿としては、このような方がほんとうなのかも知れない。ともかく、以下に述べるのは、私が理解した範囲における、エジプトの猫神の在り様である。もし、間違っておれば諸賢の指摘によって訂正したい。

バスト神が崇められた中心地域は、エジプトのブバスティスである。そこでは猫は神聖なものとして扱われ、特別な猫の場合はミイラにされ、盛大な葬儀が行われた。この猫のミイラの大祭は古代世界において有名であった。ペット好きの人は、日本でもお墓をつくったり葬式をしたりするが、ブバスティスの大祭は、国家的なスケールであったと思われる。

猫の神バストは、ライオンの神テフヌトと同一視されることがある。そして、バストとテフヌトは太陽の神、ラーの娘とされ、バスト(テフヌト)は太陽の左の眼として、月と見なされる。最初に述べたように、バストは太陽の温かさを表わす神と見なされる方が一般的であるが、月と見なされることもある。このように複雑なところがエジプト神話の特徴であり、また、猫のイメージの変幻自在さとも関連している。

猫と蛇との関係も矛盾に満ちている。その姿態のしなやかさや、餌食となる動物を呪文をかけたように動けなくさせるところなど類似の点が多く、両者は同一視され、エジプトの猫神の像の頭上には、とぐろを巻いた蛇が飾られていたりする。しかし、その反面、太陽神ラーが暗黒を表わすアポピスなる蛇の神との戦いにおいて、ラーはアポピスの首を切るために、猫またはライオンの姿をとったという話もある。このところから、バストは蛇を退治するものとしてのイメージを背負うことになる。もともと、バストは女神なのだが、ラーとの親近性が生じてくると、男神の様相を呈してくる。

バストと同一視されるもうひとつの重要な神は、セクメトである。セクメトは戦いの怒れる女神で、猛烈な破壊性をもっている。セクメトはラーの娘であり、ラーに敵対するものに破壊をもたらす。太陽の焦がす力、破壊する力を表わしている。セクメトはまた蛇で表わされるときがあり、太陽神ラーの額に置かれることもある。割り切った表現をすると、猫の温和な性格の方を代表しているときはバストになり、その獰猛な性格を代表するときはセクメトになるということになるだろう。セクメトは牝ライオンの姿で表わされるが、しばしばバストと同一視される。猫とライオンの親近性を示している。バストとセクメトは双子であり、バストは「小猫」、セクメトは「大猫」と呼ばれ、太陽神ラーの二つの側面を示すと考えられる。

バストが蛇を退治する話を先に示したが、この故もあって、バストは毒を制する、あるいは、癒す者というイメージももっている。先に述べた猫の矛盾する性格と関連して、セクメトとバストが同一視されると、それは、人間に苦しみや病気をもたらす魔女、そして、それを癒してくれる者、といった両面的な性格がセクメトに付されることになる。

以上、ごく簡単にエジプトの猫神について記したが、この短い記述のなかにもいろいろ相反することを述べねばならぬように、エジプトの神話は錯綜しているし、猫神もまた矛盾に満ちた姿を示している。しかし、このことのためにこそ、猫がたましいのはたらきを示すものとして、臨床場面によく出現してくる理由になっていると思われる。

猫マンダラ

猫が獲物を捕ったりするところを見て、残酷だなどという人がいるが、猫の方から言えば別に猫として生活をしているだけで、どうということはない。もちろん、猫自身の特徴による点もあろうが、猫について人間がとやかく言うのも、結局は人間が自らの性格を語っているようなところが多い。したがって、古来から、猫について人間が描くいろいろなイメージは、結局のところ人間の特性を述べているものと考えられる。

これから、猫を主人公とするいろいろな物語や小説などを取りあげていくが、それは要するに、人間のたましいのはたらきについて語っているのだ、というのが私の立場である。既に述べたように、猫は心理療法の過程のなかでよく活躍するので、ユング派の分析家もあちこちに猫について論じている。そのなかで、ここではC・G・ユングの弟子のバーバラ・ハナによる猫のいろいろな側面を表した図を紹介しておこう。バーバラ・ハナはユングの弟子のなかの有名な人で、わが国にも昔話の研究家としてよく知られているフォン・フランツの親友であった。チューリッヒのユング研究所の講師として二人とも非常に人気があった。ここに示す図は、彼女がユングの創設した心理学クラブで「猫・犬そして馬」というテーマで行なったセミナーにおけるものである。

バーバラ・ハナによるこの図は、猫の変幻自在な特性をよく示している。上部に示されているねずみを捕る猫、獰猛な猫というイメージとしては、牡猫の姿になるときのラー、セクメト(怒れるバスト)などがある。その逆に、かわいくて優しい、あるいは怠惰なという面もあり、このときは、バストの快い姿、あるいは、日本で昔からあった炬燵の上にうずくまっているような、怠けものの猫の姿がある。

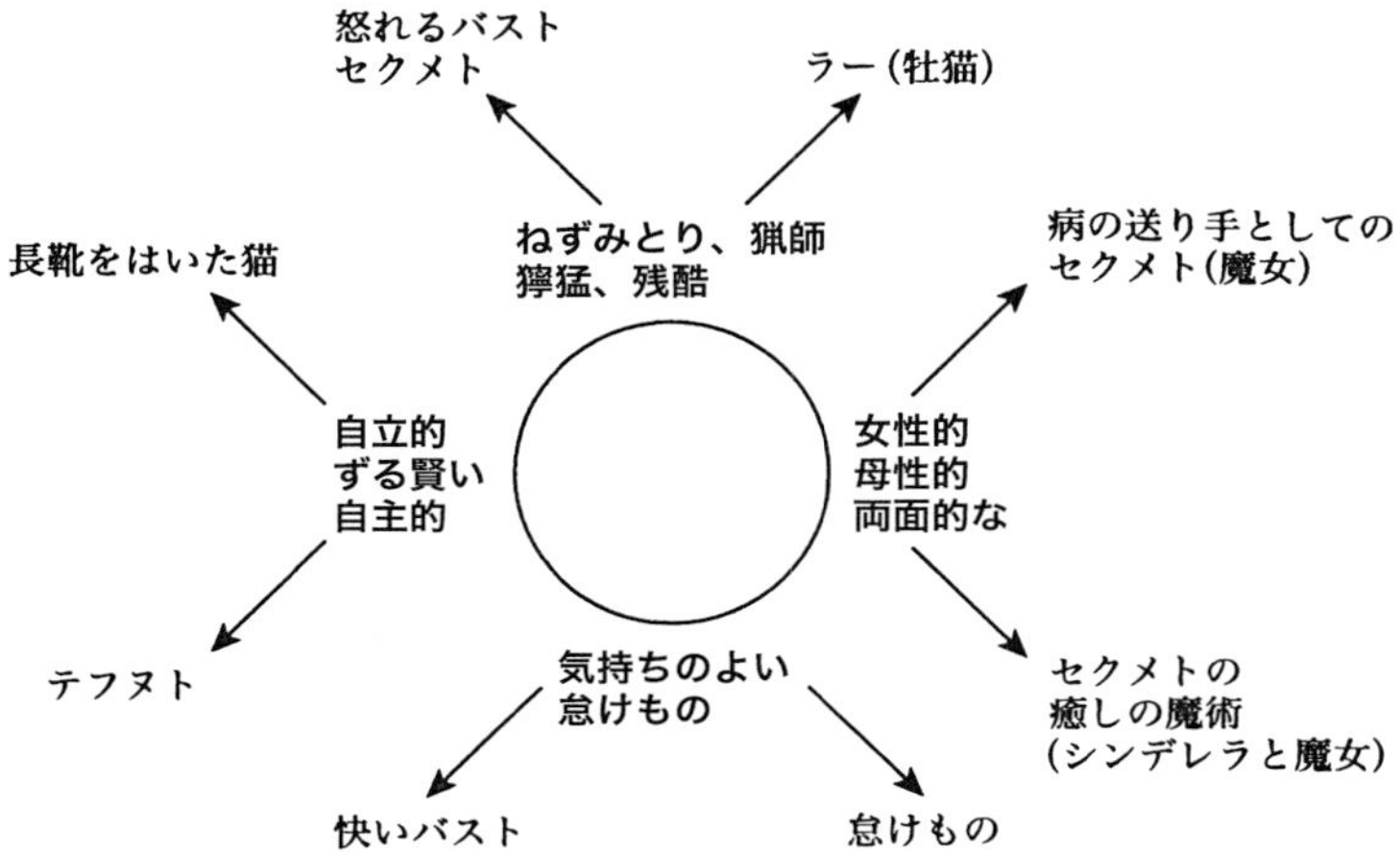

猫マンダラ

次に左側に示されているのは、猫の独立的、賢い、時にはずる賢いと言えるような姿である。確かに、猫を飼うとわかることだが、犬がいかにも人間に対して忠実という感じがするのに対して、猫はどこかに勝手に出かけていって何をしているのかわからぬときがある。人間に対しても、何となく対等に対してくるように感じられる。

この例としてあげられている「長靴をはいた猫」は、グリムの昔話の主人公である。これは猫の物語のひとつの代表なので、あとで取りあげて詳しく述べるが、なかなか賢くて、自主的、自立的に行動する猫である。

猫を自立的と言えばポジティブな感じがするが、自分勝手ということになり、それは無責任にも通じてくる。犬の誠実を好きな人は猫の無責任を非難しがちである。ハナの図式では、それは「テフヌト」で示されている。テフヌトは既に少し触れたが牝ライオンの姿であらわされ、いろいろな性格をもっているが、ここではテフヌトはラーの「眼」として、一時、ヌビアの砂漠に逃れたことがある。このことによって、ハナは猫の無責任のイメージとしてテフヌトをあげていると思われる。

右側に示されているのは、猫の女性的な面で、どこかとらえどころのない、したがって魔女的に病の送り手となったり、その逆に癒しを行なったりする存在である。シンデレラの話でも、シンデレラを助ける仙女が猫の姿をしているのがあるという。ヨーロッパの中世においては、猫は魔女の手下であったり、魔女自身であったりして活躍している。

以上、猫のいろいろな側面をバーバラ・ハナの説によりながら、マンダラ的に示してみた。これによってわかるとおり、人間が猫に対して抱くイメージは極めて多様であり、肯定的・否定的の両方がある。これら全体を人間のたましいのはたらきとして見ると非常に興味深い。

このような猫の多彩な特性を見てくると、夏目漱石が他ならぬ「猫」を一人称の主人公として小説を書いたのは、さすがによく考えていると思う。もっとも、漱石にして見れば自分の家に猫を飼っていたので、その経験をもとにして一文を書いたのだろうが。人間の目で見た猫の「写生」をするのではなく、猫の目から見た人間世界を書いたところに、彼の非凡な着想がある。猫の目は太陽でもあり、月でもあるのだから、人間界の表も裏もよく見えたのであろう。

第Ⅰ章では、なぜ猫を取りあげるかということ、および、猫の特性についての簡単なスケッチをしたが、以後の章では、猫を主人公とする作品を基にして、猫を通して人間のたましいについて語りたいと思っている。

Ⅱ　牡猫ムル

Ｅ・Ｔ・Ａ・ホフマンと猫

猫を主題とする作品として、まずＥ・Ｔ・Ａ・ホフマン著、秋山六郎兵衛訳『牡猫ムルの人生観 並びに楽長ヨハネス・クライスラーの断片的伝記(反故紙)』を取りあげることにした。「猫だましい」シリーズの最初として、この作品はまさにふさわしいものと私は思っているが、現在では「牡猫ムルなど聞いたことがない」と言う人が多いのではなかろうか。そこで、少し私事もかかわってくるが、この作品と作者について、少し述べておきたい。

作者のＥ・Ｔ・Ａ・ホフマン(一七七六―一八二二)は、ドイツ・ロマン派のなかの代表的でかつ特異な作家である。特異なと言うのは、彼は法律学を修め判事となるが、ナポレオンの侵攻によって職を失い、しばらくは音楽の才能を生かして、楽長や音楽教師として各地を転々とする。ナポレオン失脚後、ベルリンの大審院判事となるが、夜は音楽や文筆の才を生かしての芸術生活という二重生活を続ける。彼は異常とも言えるほど矮小な身体をしており、言動も奇矯なところがあり、それに怪奇な題材の小説を多く書いたこともあり、「お化けのホフマン」という仇名で呼ばれていたと言う。

ホフマンは実際に猫が好きで飼っており、それに「ムル」と名づけていた。飼っていた期間は一八一八—一八二一年の間と推定されているが、一八二一年十一月二十九日に死に、彼は友人たちにムルの死亡通知を出した。しかし、残念ながらそれは残っていない。ちなみに、後で言及する夏目漱石も飼猫の死亡通知を出しているが、これはちゃんと今も読むことができる。『牡猫ムル……』の下巻の終り、編輯者(ホフマン)の跋のなかに、ムルは「十一月二十九日から三十日へ到る夜中に、一寸の間だが、しかし酷く苦しんだ後、賢者たるの平静さと覚悟とをもつて死んで行つたのだ」と書かれている。この作品がムルと同居している間の作者の観察を基にして書かれたことを示している。

ホフマンが大審院判事と芸術生活という二重生活をしていることに示されるように、彼はいろいろな点で二重性をもっていた。ロマン派に属して奔放なファンタジーの世界に遊ぶことができる反面、その作品のなかでの外的現実の描写の的確さで、仲間たちとは異なる才能を示していた。作家であると共に、音楽においても、楽長になったりするほどの才能を示し、しかも判事をしていたのだから呆れる他はない。それで猫好きなのだから、最初に登場するのは当然と言えるだろう。

その上、これを取りあげたことには、私の個人的な好みも大いに影響を与えている。ホフマンの作品にはじめて接したのは、大学生のとき、彼の『黄金宝壺』(石川道雄訳、世界社、一九四八年)を読み、こんな面白い話があったのかと大感激をしたのを、今も覚えている。それからはホフマンの作品を探してつぎつぎと読んだ。と言っても、当時は書物がなかなか手に入らない時代である。古本屋をめぐっては、「ホフマン」であれば、何でも買うという有様だった。『牡猫ムル……』も当時、古本屋で買ってきたものである。上巻の奥付を見ると「昭和十年十一月三十日　第一刷発行」とあり、「昭和十四年五月十五日　第六刷発行」で、定価四十銭である。もっとも古本屋で買ったのは、昭和二十三年の頃だし、値段ももちろん、もっと高くなっていただろう。

E・T・A・ホフマンの、Aはアマデウスの略で、彼がモーツァルトを好きだったために、わざわざその名を貰って自分につけたのである。私もモーツァルト好きなので、この点も嬉しかったし、『牡猫ムル……』のなかには、モーツァルトの『魔笛』や『フィガロの結婚』に関する言及もある。

ホフマンの作品をつぎつぎと読んでいって、そこに底流として、分身、影という問題が存在していることに気づいた。後になって知ったことだが、彼自身が「二重身《ドッペルゲンガー》」の体験をもったことがあるとのこと。『牡猫ムル……』のなかにも、錯覚ではあるが二重身を思わせるところがある。学生時代から自分の性格の分裂性ということで悩んでいた自分には、ホフマンの作品は、まさにぴったりのものであった。

自分の父親の現実的な能力と、母親のロマン的性格の両方を受けて、分裂に苦しんでいるなどと考えていたとき、ホフマンが「父親ゆずりの情熱的詩的精神」と「母親ゆずりの理性的散文的な精神」の両者を持って、その葛藤に苦しんだなどと知ると、ますます関心が高まっていくのだった。

それにしても、京大の数学科の学生として、感激して読んだ本を、こんなところで論じることになるとは、まったく有難いことである。

猫の目を借りる

『牡猫ムル……』は作者の二重性を反映し、なかなか手のこんだ構成になっている。この本は、もともとはホフマン編輯として出版されている。と言うのも、これは牡猫ムルの「自伝」であり、それをホフマンがある友人から頼まれて編輯することにしたという形を取っている。そして驚くべきことに、「牡猫ムルが自分の人生観を書いたときに、彼は自分の主人のところにあつた書物を遠慮なく引き破つて、それを何気なく下敷や吸取紙に使用した。これらの紙が原稿の中に挿まつてゐて――不注意からその原稿の一部として一緒に印刷されたのだつた！」。

したがって、これを読み進んでいくと、牡猫ムルの人生観は、彼の書いたとおりに読めるのだが、その合間に「(反故)」として、「楽長ヨハネス・クライスラーの伝記」が断片的に入ってくる。しかも、それはムルが勝手に破っていれているので、必ずしも継時的ではないし、どうも抜けたところもありそうだ。何ともややこしいと言いたくなるが、「猫だましい」作品として、まことに適切と言えるのではなかろうか。

日常生活に、ときに思いがけず「たましい」が顔を出し、それによって自分の人生の文脈が混乱させられることは、誰しも経験していることと思う。

さて、この書物は先に紹介したような「編輯者の序文」があり、それに続いて「作者の序文」がある。それは「おづ〳〵と――胸を打ち震はせながら俺は、閑暇と詩的霊感との甘美な時々に、俺の奥深い心底から迸《ほとばし》り出た生活と苦悩と憧憬との幾頁かを、世に贈るのである。」という書き出しで、自分の書くものが果して人々に受けいれられるだろうかと心配しつつ出版する、若い著者の気持をよく示している。これは、「ムル(文学の一研究者)」と署名されている。

ところが何と、一枚めくると、「真の天才に生れ付いた自信と落ち着きとをもつて、俺は自分の伝記を世に贈る」という書き出しで、誰かこの書物の価値に疑惑を抱く者があれば、「その人は、お相手には才気と理性と、そして又鋭い爪とをかね備へた一匹の牡猫が控へてゐることを、とくと考へて貰《もら》ひたいものである」という締めくくりを持った「序文」があり、「ムル(有名な文学者)」と署名されている。

これには編輯者の話があって、作者の禁止された序文が印刷されてしまったと説明がついている。どこまでも二重性がつきまとう書物ではある。

ムルは人間と同様に書物が読めるし、ものを書くこともできる天才猫である。その猫が「真の天才に生れ付いた自信と落ち着きとをもつて」、自分の生活のみならず、人間世界のことも記述する。その観察眼は鋭く、人間を相当に厳しく見つめている。

猫が人間世界のことを書く、となると、誰しも、夏目漱石の『吾輩は猫である』を思い起こすだろう。この猫は名前がないようだが、ムル同様に、なかなか人間を辛辣に批評する。この二匹の猫は共に「俗人」が大嫌いな点で一致している。ドイツと日本と、時代も文化も異なるが、二人の作家はそれぞれ独立に「猫の目を借りて」人間を見ることを思いついたのだ。漱石はホフマンより大分後の時代だが、彼は牡猫ムルのことを全然知らなかった。

『牡猫ムル……』第1版の挿し絵

ここで「猫の目」が借りられるのは、第Ⅰ章に示した猫マンダラのなかの、猫の自立的、自主的な性格が大いに役立っている。それにその賢さも関係してくるだろう。猫は人間世界のスタンダードとは独立に、その目で人間を観察し、時には人間の愚かさを馬鹿にしているのである。
ムルはアブラハム師という、つかまえどころのない老人に飼われている。ところが、『楽長ヨハネス・クライスラーの断片的伝記』の方に、そのアブラハム師も牡猫ムルも登場してくる。そして、もちろんのことながら、『クライスラー伝』では、ムルは端役を務めているのだ。ムルは、アブラハム師や楽長クライスラーから見られているのである。何とも話は一筋縄ではいかない。ところで、アブラハム師はムルが棄てられ溺死しそうなところを拾ってきて、飼うことにするのだが、彼は、猫は「多くのものに怖がられ、且つ陰険で、優しい親切な心根や素直な友情なんてちつとも感じ得ないものとして一般に悪しざまに言はれ、断じて人間に対する敵対的態度を捨てようとはしない動物」だと、クライスラーに説明している。彼は猫の「自立的」性格についてよく知っているのだ。

こんなわけだから、さすがの猫もアブラハムには一目置いているし、アブラハムの方もムルに対して、その自主性を尊重するようにして接している。

猫の恋

牡猫ムルの自伝は実に多岐にわたっている。彼の高邁な(そして、やや俗っぽい)人生哲学や芸術論が展開されたり、尨犬《むく》のポントーとその伯父スカラムーツとの関係なども興味深いのだが、ここでは、もっぱら彼の恋愛に焦点を当てて語ることにしよう。ロマン派の作家だけあって、ホフマンは恋愛を語ることには、大いにその情熱を傾けている。

ムルの恋人、ミースミースは上巻もやっと終り近くなって登場する。その姿は実に印象的である。

ムルは春になって、「数日この方何とも言へないやうな不安、未知の不思議な憧憬が俺を悩ましてゐた」という状態にあった。そんなときに「明り取り窓から、こつそりと静かに出て来たやつがあつた——お丶、その愛くるしいやつを描くことが出来たなら！　彼女はすつかり真白な服装で、たゞ黒い小つちやな天鵞絨《ビロード》の帽子が可愛らしい額を覆つてゐるのと、細つそりした足にも黒い靴下をはいてゐただけであつた。快い草色の美しい眼からは甘美な炎が輝いてゐた、上品な尖がつた耳の静かな運動は、彼女が優しく理解のあることを仄めかしてゐたし、又尾の波形のうねりは気高い閑雅《しとやか》さと女らしい愛情とを示してゐた。——」

この姿を見てムルは、「俺の脈搏《みゃくはく》は昂まり、俺の血はあらゆる血管を通つてたぎり流れ、俺の胸は張り裂けんばかりで、俺を夢中にしたたえも言はれぬ悩ましい狂喜が迸り出て、余音嫋々《じょうじょう》たるにやァと云ふ声となつて、俺の口から出たのだ」という状態になる。しかし、彼女はすぐに姿を消してしまう。

ムルは恋に陥り、苦労のあげく、とうとうミースミースに接近することができる。彼らは二重唱を歌い、意気投合して結婚する。まさにめでたしめでたしだが、話はこれで終らなかった。結婚して間もなく、ムルはミースミースとの関係が何となくしっくりしないのを感じて、変に思っていた。ある日、黒猫のムチィウスが、ミースミースが三《み》毛《け》牡猫と浮気をしていることを教えてくれる。ムルは、ミースミースと三毛牡猫の浮気の現場をおさえるが、腕力にまさる彼に横っ面をひっぱたかれ、ミースミースは彼と共に逃げ去ってしまう。こんなわけで、ムルは離婚を余儀なくされる。

結局ムルは、「憧憬と熱望とが胸を充たすが、しかしわれわれが数知れぬ困窮と心配とをもつてかち得ようとしたものを遂に手に入れて了ふと、その願望なるものは直ちに硬直して死の如き冷やかな無頓着さとなるものだ」と知ったのである。

ムルはその後、ムチィウスに誘われ、「猫学生」の組合に入り、男性同士の友情を楽しむことになる。その間に、ムチィウスの助けもあって、ミースミースを奪い取った三毛牡猫と決闘をし、危いところで勝利を収める。

ところが、ムチィウスが病死。彼の葬式の際に出会ったムチィウスの娘、ミナがあまりにも美しいので、ムルは踊りを申し込み、心の震えを体験し、結婚を申し込む。しかし、何と彼女は彼の前妻の娘だったのだ！ つまり、ムルが決闘に勝った後、例の三毛牡猫は消え失せたが、ムチィウスがミースミースと結婚し、その間に生まれた子どもがミナであった。ムルは危うく近親姦に近い行為に及ぶところであった。ムルはもちろん、ミナへの愛を断念する。ムルは「俺はこの葬儀の饗宴を自分の修業時代が終結した転向期であると考へる」と書いている。

ムルの次の恋愛については、ごく簡単に触れておこう。ムルはあろうことか、犬の娘にほれてしまうのだ。ムルは犬のポントーの紹介で、公家の女官長に仕えているバデイネという「上品な」犬と知り合い、その姪のミノナに恋をする。これはかなわぬ恋である。ムルはドン・キホーテが愛人デウルシネア姫に捧げた愛について考えたりするが、むなしいことには変りはない。

ムルは自分の恋の馬鹿らしさを知りつつも、ミノナに一目会いたいとバデイネのところに出かけていき、手桶一杯の氷のような水をかけられ、熱病になって三日三晩の間寝こんでしまう。そして、「遂に目醒めて見ると、俺は心気の自由と爽快を感じた。俺は熱病から恢復《かいふく》してゐたばかりか、何と不思議なことだ！ 自分の馬鹿々々しい恋愛からもすつかり恢復してゐたではないか！」そして、ムルは「成人としての成熟時代がやつて来たのだ」と感じる。

ムルのミースミース、ミナ、ミノナ、に対する三つの恋を何と考えるといいだろうか。次に示すように、『楽長ヨハネス・クライスラーの断片的伝記』の方にも、クライスラーの恋愛が語られる。しかし、こちらの方はクライスラーのユリアという女性に対する熱狂的で不変の恋が語られ、彼は唯一の愛人に変らぬ愛を捧げている。

クライスラーの恋とムルの恋はどう異なり、どのように重なるのだろう。

不思議な重なり

楽長ヨハネス・クライスラーを取り巻く人物像は、ムルの場合よりはるかに錯綜している。それに「断片」が時間の流れを無視して挿入されているので、全体像を捉えるのが、なかなか難しい。ホフマンは幻想と現実をごちゃまぜにし、人と人との関係も複雑にし、「実はこうだった」式の説明が後になって出てきたりするので、話はややこしくなるばかりである。ムルの方は、ともかく成長の物語であることが相当にはっきりとしているのに、なぜこんなことをしたのだろう。

その点について考える前に、クライスラーの恋についてごく簡単に述べておこう。

ドイツの小さな町ジーグハルツヴイレルは大公国に合併されたのだが、この小さい町より遠からぬ小国を治めていたイーレンノイス公は、自分の国も大公国に合併されたとき、莫大な財産を持っていたので、この小さい町を選び、そこに仮想の「宮廷」を設けることにした。つまり、金にものを言わせて、ジーグハルツヴイレル国を統治しているかの如き宮廷生活を続けたのである。そもそもこのこと自体、なんだか嘘のような話であるが、この宮廷劇のなかに、楽長ヨハネス・クライスラーが登場するのである。

イーレンノイス公の「宮廷」で特別に力をもっているのが三十五歳のベンゾン顧問官夫人である。彼女は未亡人で美人であった。貴族であるかどうかは疑わしかったが、公が宮廷への参内の資格を与えている唯一の女性であった。「この婦人の明透なる理性、闊達《かったつ》な才気、聡明さ、しかし特に、支配的才能には欠くべからざる性格のある程度の冷たさが、遺憾なくその力を働かせたので、この袖珍《ポケット》宮廷に於ける人形芝居の糸を持つてゐたのは、実はこの婦人であつたのだ」。

ところで、ベンゾン夫人にはユリアという娘があり、ユリアは公女のヘドヴィガーと共に成人したので、ベンゾン夫人は公女の教育にも力があった。ヘドヴィガー公女の兄、イグナーツは永遠の子どもとでも言うべき、発達の遅れた人であった。

この公国に仕えることになった、ヨハネス・クライスラーはユリアに恋をする。ところが、そこへ他国からやってきたヘクトール公子というのが、ユリアに恋することになるので、話が難しくなってくる。その上、ヘクトールは「公子」として、公女のヘドヴィガーと婚約するのこそが望ましいとされている。この話のなかに、俗物であるベンゾン夫人の思惑がからんでくる上に、そもそも、ヘクトール公子という人物の身分もどうもうさんくさいので、話がどんどん複雑になる。

ここで非常にはっきりしているのは、ベンゾン夫人にとっても、ヘクトール公子にとってもヨハネス・クライスラーは邪魔者であることである。前者は娘のユリアを楽長ごときと結婚させたくないと思っているし、後者にとっては恋仇である。

この複雑な話をここにとうてい紹介できないので、興味のある方は原著を読んでいただくとして、われわれの本題にとってもっとも大切なことは、ムル＝ミースミースという関係と、クライスラー＝ユリアの関係に不思議な符合が生じることである。

まず、クライスラーのユリアへの一途な愛は、ムルが最初ミースミースに感じる気持と似通っているし、何しろ、両者共に、最初に二重唱することで恋がはじまるのである(クライスラーの場合はここに紹介しなかったが)。

そして、二人の愛を暴力的に奪う存在として、三毛牡猫とヘクトール公子は類似しているし、ここには述べなかったが、クライスラーを殺そうとするヘクトールの副官とクライスラーの戦いは、ムルと三毛牡猫の決闘と極めて似通っている。

実は似ていると言えば、作者ホフマンは音楽家として放浪しているとき、ある領事未亡人マルクの家に音楽の家庭教師に行き、そこの娘ユリア・マルクに深い恋心を抱くようになったのだ。しかし、マルク未亡人はベンゾン夫人よろしく、裕福な商人を見つけユリアを結婚させてしまう。ホフマンの傷は深い。しかし、このユリア体験は彼の創作の源泉ともなった。彼の主要作品に「ユリア」は――この場合と同じく――何度も登場するのだ。

ところで、このようなムルとクライスラーの類似を描き出そうとしたホフマンの意図はどこにあるのだろう。それは、人間世界として表面的に見ているわれわれの世界が、猫の世界と秘やかなつながりを持っているということであろう。この世の現象は思いの外に多層性をもっており、その意味するところは、実に多義的なのである。クライスラーのユリアに対する愛は純愛と呼ばれるかも知れない。しかし、その背後には近親姦に近い愛や、上昇志向や、いろいろなものがうごめいているのである。そのことに気づく者と気づかぬ者があるだけである。

反故としての伝記

ムルとクライスラーと、この両者の伝記を合わせてこそ、ひとつになるのではないか。ここでは、一応、ムルの方が正式のもので、クライスラーの方が反故と名づけられている。しかし、実際はどうであろう。クライスラーの方のみが「伝記」と呼ばれ、ムルの方はまったく無視されるのではなかろうか。

ここで、クライスラーの話は一般常識で、ムルの方が「たましい」の話である、などと明確に割り切れぬ点が大切である。そんな単純な割り切りを許さぬように書いているところがホフマンの素晴らしさである。ここまでが幻想で、ここからが現実などと割り切れるようなのは、あまり感心できない、とホフマンは考えているようだ。すべてひっくるめて「現実」とも言えるし、だからこそ、彼はロマン派に属しつつ、現実描写が的確だなどと評されたのであろう。

残念ながら、クライスラーの話の方は詳しく紹介できなかったが、俗物ベンゾン夫人の対極として、ムルの飼主アブラハム師が登場しているのは確実である。しかし、そのアブラハム師にしても一筋縄の人物ではなく、相当にうさんくさいのだ。それに、ムルも結構、俗物根性をもっている。

人間世界における「たましい」の顕現を読み取ろうとすると、このようにならざるを得ないと思われる。この書物を読みながら、猫は本能を、人間は理性を表わしているなどと誰も思わないであろう。ムルの方がはるかに理性的で、クライスラーの方が衝動的と言える場合もある。したがって、この「伝記」は、ムルとクライスラーとどちらを主とし、どちらを従とするかを決めることなどは出来なくて、合わせてひとつと読みこんでこそ価値あるものになってくるのだ。

クライスラーのユリアに対する一途な愛は感動的なところがある。しかし、伝記の「断片」から察すると、彼は最後は発狂してしまう。おそらく、ホフマンはユリアへの愛が失恋に終ったとき、発狂しそうになったのではなかろうか。しかし、ホフマンが見ているユリア像と、現実に生きているユリアとの違いが、彼には徐々に見えてきたであろうし、ユリアに対する自分の「純愛」の背後にはたらいているものも自覚されてきたことだろう。

「たましい」のはたらきは不可解極まりない。「たましい」への憧憬は、ロマン派においては、男女の愛に置きかえられ、ひたすら異性を愛することに、たましいの追求の真髄を見ようとした。しかし、ホフマンはユリア体験を通じて、そこから一歩外に踏み出したのである。

ホフマンは自分の「愛」の体験を「牡猫ムルの人生観」に書いたと考えてみてはどうであろう。ミースミースへの燃えあがる恋は、すぐに成就されるが、その途端にその意義を失ってしまう類のものである。これは通常よくある恋愛のパターンであり、それをほんものの愛と錯覚する人がいる。

われわれ昭和ひとけた生れや、それ以前の人たちの青年時代は、ムルのミースミースに対する恋が、愛の典型のように思ったものだ。しかし、現代の青年たちは、このような偽ロマンスにはそれほど動かされなくなった。彼らは賢くなったが、ナマ賢い分だけ、人生の感激も以前より減少している感じがある。

ムルがミースミースへの恋に続いて、ミナへの愛を体験したことは意味深い。恋愛という関係に親子関係が混入してくる。ムルはある意味で娘とも言えるミナとの恋愛に、知らず知らず父娘感情の体験も入れこんでいたとも言える。それにしても、ロマン派のなかにあって、理想化されていた「恋愛」というもののなかに、ホフマンがこのような感情の存在を読みとったのは凄いことである。ホフマンはひょっとして、ユリアを「娘」と感じ、娘の結婚を見守る父親の体験をしたのかも知れない。

最後にミノナへの恋。これは最初から、かなわぬ恋であると知りつつする恋である。これも氷水の洗礼によって消え失せる。そして「成熟」したムルはどうなったのか。「芸術と学問とに対する愛が新らしい力をもつて俺の胸の中に目醒めて来た。そして俺の先生の家庭生活が以前より一層俺の心を引き付けた」。ムルは大人になり落ち着いたのである。

しかし、それでいいのだろうか。人間は結局のところ、大人になって落ち着くのが人生であろうか。ホフマンはそうは思わない。だからこそ、一人の女性への一途な恋に生き、そのなかで複雑怪奇な経験を重ね、狂の世界に突入していく男性の話をそこに挿入し、合わせてひとつの人生であることを主張したかったのだと思われる。

人生はこれほども多層的で、興味深いものであるのに、単層的なところにのみ目を向けている人が多いのではなかろうか。そう考えると、反故同然の伝記や自伝が沢山出版されているように思えてくる。

III 長靴をはいた猫

ペローの昔話

猫を主人公とする昔話というと、フランスのペローの昔話、「長靴をはいた猫」がもっともよく知られているし、話も面白いのではなかろうか。この話はグリムの昔話にも収録されている。おそらく、フランスの方が原話ではないかと思われるが、ここではその問題には触れずにおく。

「長靴をはいた猫」については、知っている方も多いと思うが、次にその要約を述べておく。

昔、ある粉ひきの父親が死に、三人の息子たちには、風車小屋、ロバ、猫が残された。そこで、息子は上から順番にそれらを遺産としてもらうことになった。末息子は、自分はつまらぬものをもらったと嘆き、猫の肉を食べて、皮でマフでもこしらえたら、後はうえ死にするしかないと言う。猫はそれを聞いていたが、知らん顔で、息子に「袋をひとつ下さい。それと、長靴を一足、自分のためにあつらえて欲しい」と言う。何のことかわからないが、息子はともかく猫の言うとおりにした。

猫は森へ行って、その袋でうさぎをとり、うさぎを持って王様のところに行き、カラバ侯爵の言いつけで狩りの獲物を献呈に来た、と言う。王様は喜んで、ご主人によろしく伝えてくれと言う。猫はうさぎの次にはシャコをとり、またもカラバ侯爵からの贈り物と言う。こんなことを繰り返しているうちに、王様にはカラバ侯爵という名前が印象づけられる。

ある日、王様は美しい王女と川の方に遊びに行くことになる。それを知った猫は、主人に対して、その川に裸で入っているように言う。猫は彼の着物を隠しておいて、王様が通りかかったときに、主人が川で溺れているので助けて欲しい。着物は泥棒に盗まれてしまったと叫ぶ。王様はカラバ侯爵が大変だというので、家来に助け出させ、自分の持っていた立派な服を着せる。そうなると、粉ひきの息子も立派に見え、王女はカラバ侯爵を好きになる。

王様と王女は遠乗りを続けるが、猫はその先回りをして、百姓たちをおどし、彼らの働いている土地は、「カラバ侯爵さまのものです」と言わせるようにする。王様はどこまで行っても、カラバ侯爵の領地なので驚き感心する。

実はこの土地は、人喰い男の城主の領地であった。猫はこの城主に会い、「あなたはどんな動物にでも姿を変えられる」と聞いているが「ライオンとか象になれるのか」と言うと、人喰い男はすぐにライオンに変身し、猫は驚き怖がる。しかし、その後で、「まさか、ハツカネズミのような小さいものにはなれないだろう」と言うと、人喰い男は一瞬のうちにハツカネズミになって床の上を走りまわる。猫はそれにとびかかって食べてしまう。

王様は人喰い男の城を見て、立寄りたいとやってくる。それを猫が迎えて、この城はカラバ侯爵のものだと言ったので、王様はまったく感嘆し、とうとう王様はカラバ侯爵に自分の娘聟《むすめむこ》になって欲しいと言う。かくて、粉ひきの息子は目出たく王女と結婚し、猫も身分の高い殿様になり、時に鼠のあとを追うことはあっても、それは気晴らしのためということであった。

これでこの話は終りである。最後は、貧しい粉ひきの息子が王女と結婚し、ハッピーエンドになるが、この話では徹底的に長靴をはいた猫が活躍し、息子はただただ、猫の言うとおりに行動しただけ、というところが特徴的である。

大人は——常識でたましいの目の曇った人は——こんな話を、まったく馬鹿げているとか、つまらないと思うだろう。しかし、このような要約ではなく、ペローの話や、あるいは、グリムの話を子どもたちにしてみるといい。子どもは目を輝かせて喜ぶであろう。王様が王女と馬車に乗って遠乗りをして、どこまで行っても、百姓たちが、「ここはカラバ侯爵の領地です」と言う繰り返しなど、単調な繰り返しだなどと言わずに、そのたびに喜んで、「カラバ侯爵」と子どもたちまで繰り返すのを見るであろう。それに「長靴をはいた猫」というイメージも、実に魅力的なのである。私も子どものときに、グリムの昔話で読んだときの感激は、今も忘れることはできない。

「あー、これもカラバ侯爵のものなのです」という科白を、兄弟で何かにつけて言っては、よく笑ったものである。それは、その頃何度も聞かされた、「すべては天皇陛下の御稜威《ごりょうい》によるところ」という表現と、どこかで妙に響き合う面白さを感じさせたのである。カラバ侯爵はオールマイティなのである。

トリックスター

カラバ侯爵はオールマイティである。と言っても、それはすべて猫の演出によるものだ。猫の助けと言うよりは、すべてのことが猫の仕掛けによって進んでいる。この話の主人公は、粉ひきの息子ではなくて、「長靴をはいた猫」だとも言える。

このような主人公である「長靴をはいた猫」の性格は、一言で言えば、トリックスター・ヒーローということになる。ところで、そのトリックスターとは何者なのだろうか。最近は山口昌男さんのおかげで、トリックスターという存在が日本でもよく知られるようになったが、ここで一応の紹介をしておこう。

私がそもそも「トリックスター」などという用語を知ったのは、一九六二—六五年のスイス留学中のことで、ユング研究所の講義で知ったのである。当時は極めて新鮮で、人間理解のための重要な概念であると思った。神話、昔話、伝説などに登場する、非常に両義的な存在で、ペテン師の大うそつきで、限りなく悪に近い反面、そのような才能によって大きい仕事をするため、英雄像にも限りなく近くなる。「長靴をはいた猫」は、まさにその典型と言っていいだろう。

スイスのユング研究所では、分析家の資格を得るための論文を書かねばならない。私は日本神話を取りあげ、スサノヲをトリックスターとして見ると、その特徴がよく理解できると思った。そこで、論文にはそのような考えで論じたのだった。試験官のひとりであったマイヤー博士は、この論文は日本人にとって非常に大切なので、帰国したらすぐに日本で発表するように言ったが、「時期尚早」と思うので、適当なときが来るまで待つつもりだと答えた。

おそらく当時、日本神話の重要性などを論じたら、右翼と思われるか、あるいは、「心理学」を「科学」として追究している学者たちから村八分にされるくらいが、おちであっただろう。それで沈黙を守っていたが、一九七一年に出版された、山口昌男『アフリカの神話的世界』を読んで感激した。アフリカの神話や昔話を紹介しつつ、そこに語られるトリックスターについて論じ、「妖怪に策略で立ち向うという構造においてはヤマトタケルの場合も、スサノヲノミコトの場合も、基本的には「いたずら者《トリックスター》」の英雄のパターンの上に成立しているということができるのである」と指摘している。これを読んで、私がスイスで日本の神話について、一人で考えていたことが、それほど見当はずれのものでもなかったと知って、嬉しく感じたのである。

ところで、話を「長靴をはいた猫」の方に戻すことにしよう。話のはじまりは、父親の死である。昔話のはじまりに、父親や王の「死」や「病気」について語られることが多い。これは、王や父親によって体現されている古い秩序が何らかの意味において改変されなければならなくなったことを意味している。古い秩序が消滅し、新しい秩序にとって代られる。そこで誰が跡をつぐかということになるが、ここで、三人の息子が登場することが多い。そして、末っ子が結局は成功する場合が多いのだが、このあたりは、ものごとの解決に伴う困難さ、繰返される試み、そして、弱そうに見える者が成功する逆説などが示される。この話も、三男が幸福を獲得するのだが、長男、次男のことはあまり語られない。要するに、猫など遺産にもらっても仕方ないと思っていたのに、実はそれがよかったのだということなのである。

話の一番大切なポイントは、猫が長靴をあつらえて欲しいというところである。日本には「猫に小判」という諺があるが、猫が長靴をはくというのは、猫として実に「価値がない」ことではなかろうか。価値がないどころか、後足の爪が使えなくなるのだから、大変に不自由なことである。しかし、このような昔話は、いつも不自由なことや不便なことこそ素晴らしいという逆説を教えてくれる。

まったく逆説的存在となった猫は、トリックスター性を十分に発揮する。「カラバ侯爵」などという根も葉もない存在をでっちあげて、王様をだましこんでしまう。そして、結局のところは、「カラバ侯爵」は実在することになるのだから、「うそから出た真」そのものである。うそも徹底して言い続けると真になるのだ。もっとも

「うそから出た真」を実現するには、うそを言い続ける強さだけではなく、少し工夫も必要である。

猫はそのような工夫にも長けている。粉ひき息子を裸にして溺れたように見せかけ、上等の服を着せてもらうようにする。「馬子にも衣装」である。新しい衣装をつけたところで、彼は王女に会う。どんなに中身が上等でも、社会的にふさわしい外見が必要である。あるいは、外見によって人々はすぐにだまされるのだ。

猫は「トリック」によって「人喰い」を退治してしまう。王様の国に隣接する、人喰いの治める国。この境界のところに猫の活躍の場があり、結局、二つの国は新しい国に統合される。これはトリックスターの得意とするところである。それは境界領域に登場し、判然とした区別を壊し、新しいものを創造する。もっとも、ここで失敗すると、トリックスターは、悪者に転落してしまう。人喰いがライオンになって、猫は屋根にかけのぼって逃げるが、これは実に危いことであった。長靴をはいているので屋根瓦の上をうまく歩けないからである。猫を成功に導いている長靴のおかげで、うっかり命を失くするところであった。トリックスターは常に危い橋を渡っており、善悪はいつ反転するかわからないのである。

長靴と素足

寺山修司の『猫の航海日誌』の一節に、「猫……長靴をはかないときは子供の敵」と書かれている。確かに「長靴をはいた猫」は子どもにとってのヒーローだが、素足の猫は、時に子どもの敵にもなる。長靴をはいていたために、「長靴をはいた猫」は屋根から落ちそうになったと述べたが、よきにつけ、悪しきにつけ問題となる「長靴」は、いったいどんな意味をもっているのだろう。

実際、この話では猫はヒーローとも言える大活躍だが、多くの昔話で猫がこのように活躍するわけではない。日本の昔話に登場する猫について、いずれ紹介するが、そのイメージは「長靴をはいた猫」とは相当に異なっている。「グリム昔話」にでてくる他の猫にしても、随分と感じがちがうのである。そこで、グリムのなかの「猫と鼠のおつき合い」という話を見てみよう。

猫が鼠と知合いになり、仲よくしようと盛んにくどいて一緒に住むようになる。冬支度のために、と猫の提案でヘットを壺一杯に入れ、盗まれると困るからというので、教会の祭壇の下に隠しておいた。ところが、猫はヘットが食べたくて仕方がない。鼠には、いとこの洗礼親になってくれと頼まれたなどと、いいかげんのうそをついて、教会に行き、ヘットの薄皮のところをなめる。猫は満足して夕方に帰ってくると、鼠は赤ちゃんに何と名づけたかと訊く。「皮なめ」だと猫が答えるので、鼠は妙な名前だなとびっくりする。

しばらくすると、猫はまたヘットが食べたくてたまらなくなる。また鼠にうそをついて教会に出かけ、今度はヘットを半分なめてくる。赤ちゃんには「半なめ」と名づけたというので、鼠は何だか変だなと思う。最後は、とうとう全部なめてしまって、赤ちゃんに「丸なめ」と命名したと言う。鼠は変な名前だと思いつつ、何もわからぬまま冬を迎える。

そこで二匹は連れ立って教会に行ったが、壺は空になっていた。ここでさすがの鼠も納得がいった。名付親とか言って、教会に行き、猫がみんなヘットを食べていたのだ。「初めは皮を、それから半分、しまいに……」と鼠が言いかけると、猫は黙れと怒鳴り、「もう一言でも言ってみろ、こんどはお前を食べちゃうぞ」と警告する。それでも気の毒な鼠は「丸なめ」と言ってしまった。「そのとたんに猫は、鼠にとびかかって、ひっつかまえてひとのみにしてしまった。いいかね、世の中というものはこうしたものなのさ」。

これはなかなか恐ろしい話である。ずるいことをする猫が、赤ちゃんに「皮なめ」、「半なめ」などと名づけるところで、鼠が気づくかなと思うが、まったく気づかない。「丸なめ」までいっても、鼠は何もしない。いったいこれはどうなるのかと思わされる。そして、とうとう冬になって、ことが露見し、鼠が猫の悪事を言いたてるが、最後は、猫が鼠をひとのみにしておしまい。いつ「正義が勝つか」などと思って待っていた人は、この結末に仰天させられる。語り手もこれだけでは終り切れないと感じたのか、「いいかね、世の中というものはこうしたものなのさ」などと、教訓じみたことをつけ加える。

この話では、猫はトリックスターだが、悪党になってしまう。「長靴をはいた猫」のヒーローぶりと大違いである。しかも、どちらの話でも、猫が鼠を食うという本性の発露が、クライマックスになっている点が共通しているので、両者の差の大きさが痛感される。

猫の導き

猫が長靴をはいているかいないかによって、こうまで話が変るのだ。とすると、猫に長靴が欲しいと言われて、それに従った粉屋の息子は大したものだ、ということになる。それまで、猫に長靴をはかせることなど誰も思いつかなかったのだ。それをやり遂げたことによって、粉屋の三男坊は王になる資格を獲得したのだ。

人間の心のなかにいる猫の導きに従うことは、大切なことだ。しかし、その猫に長靴をはかせず、素足のままでつき合っていると大変なことになる。素足の猫の導きに従って、はじめはうまくいったと思っていても、後になってから、しまったと思うことはある。文明の社会に生きるのは、それなりの難しさがある。

粉ひきの息子は、猫の導きに従うことによって、美しい王女と結ばれることになった。しかし、このときに猫がただの猫ではなく、「長靴をはいた」猫であるところに、成功の大きい要因があった。では、素足の、普通の猫の導きによって、男女が結ばれると、どうなるのだろう。残念ながら、そのような昔話を見出すことはできなかったが、おあつらえ向きの物語はわが国にある。と言うと、すぐにあれかと思う人もあろうが、それは『源氏物語』の「若菜」上・下、に出現する猫である。猫の導きによって結ばれるのは、柏木と女三の宮である。

物語は御存知の人が多いと思うので簡単に示す。光源氏は既に四十歳近く、当時であれば老境に入る頃である。そのとき思いがけなく、上皇の朱雀院《すざくいん》の意志で、その娘、女三の宮を正妻として迎えねばならなくなる。朱雀院としては娘の行く先を案じた上、権勢並びなき源氏に託そうと考えたのだろうが、紫の上と夫婦としてのよい関係を保っている源氏としては、有難迷惑もいいところである。女三の宮に対しては、源氏のライバルとも言うべき頭《とう》の中将(と言っても、このときは太政大臣《だじょうだいじん》であったが)の息子、柏木が結婚したがっていたのに、結局は、源氏のところに女三の宮は降嫁する。

柏木は落胆するが、約一年後、源氏の屋敷で、柏木や源氏の息子、夕霧たちが蹴鞠《けまり》を楽しんでいるとき、突如とした猫の導きで、柏木は女三の宮の姿を見るのである。当時はもちろん、男性が他人の妻を直接に見ることなどあり得ない。しかし、若い男性たちが蹴鞠をしているとき、小さい唐猫が大きい猫に追いかけられ、逃げまどううちに、猫につけられていた綱が御簾《みす》にからんで引きあげられ、はからずも、女三の宮の美しい姿がそっくりと見え、柏木は茫然となる。そして、やるせない想いをこめて猫を抱くと、猫の芳しい香がしみてくる。

柏木の恋心はつのるばかり、遂にうまく画策して、例の唐猫をあずかり、まさに猫かわいがりにかわいがって、懐のなかに抱き入れて、ため息をついたりしている。柏木はその後もあきることなく、女三の宮に接近しようとし、源氏が紫の上の病気に気をとられている隙に、女三の宮のところに潜入し、強引に結ばれてしまう。そのとき、ほんの少しの間、うとうとしている間に夢を見るが、夢に例の猫が出てきて、鳴きながら近寄ってきたのを、これは女三の宮にさしあげようとして自分が連れてきたのだと思う。しかし、何のためにさしあげたのだろうかと考えようとするうちに目が覚め、どうしてこんな夢を見たのかと思う。

猫の導きによって、柏木は女三の宮と結ばれる。しかし、それは、カラバ侯爵と王女との結婚とは、まるで異なるものであった。その後、源氏は柏木と自分の妻との密通に気づき、柏木に痛烈な皮肉を浴びせ、ちぢみあがった柏木は病気になる。そして、嘆きつつ若死にしてしまう。女三の宮は、妊娠し、その子を生んだ後に、若くして出家する。なんとも悲しい恋の物語ではある。

「長靴をはいた猫」は、強い意志や抜け目のない賢さをもって、粉ひきの息子を助け、うまく結婚の橋渡しをしてくれた。しかし、『源氏物語』のなかの猫は、別に意志的に行動したのでもなく、極めて猫らしくふるまっているだけのことである。ただ、その行為は、柏木を破局に追いこむほどの力をもっている。柏木が猫をかわいがったとき、猫は女三の宮の身代りのようであったろう。柏木が彼女と結ばれた後で、まどろんで見た夢の中にまで、猫は登場してくる。柏木は夢のなかで、この猫をさしあげようとしたのに、はてなんのためだったのかと混乱する。これは、ひょっとして、自分が女三の宮に会うまでに体験した、猫との睦まじさ、肌ざわり、それらを彼女にさしあげたかったのではなかろうか。猫は無意図的に、柏木の恋を導いている。

この恋は大変な悲恋に終った。人間にとって、内なる猫とつき合うのは大切だが、つき合い方が難しいと既に述べた。あまりに自然に猫の導きに従っていると、人間として生きるのに差し障りがでてくる。『源氏物語』と「長靴をはいた猫」と、時代も文化もあまりにも異なる話ではある。しかし、猫という、たましいの顕現とのつき合い方について、示唆を与えてくれる。

猫に長靴まではいいとして、手袋もはめさせるとどうなるか。猫は爪を使わないままに、だんだんと爪が伸び、ふとある日、皮を破って出た爪が人を突き刺すと、殺人になるかも知れない。あるいは、皮で手足をつつまれているうちにアトピー性皮膚炎になるかも知れない。現代人は、猫に長靴のみならず手袋まではめてしまって、その被害を受けていることが多いようにも思える。

猫変化《へんげ》

「長靴をはいた猫」は、何度も言うように長靴をはいている点で、文明的であるし、自立的で途方もない賢さを持ち、と言って、最後のところで、鼠にとびかかる野性を失っていない。そして、その大活躍によって、若い貧しい男が王女と結婚するのだから、グリムが昔話を発表した当時は、ロマン派の人たちのみならず、多くの人に人気のあるキャラクターであったと思われる。ホフマンにしても、例の牡猫ムルに、「長靴をはいた猫」の後裔であると言わせている。第I章に示した猫マンダラにおいても、「長靴をはいた猫」は、自立的猫のイメージの典型として、一劃を占めている。

しかし、だからと言って、「長靴をはいた猫」がロマン派のヒーローとして固定してきたりすると、そもそも変化に富むことを信条とするロマン派の考えと矛盾してしまう。それに、柏木の猫の例を出すまでもなく、猫はもっと多様で変幻自在なものである。というわけで、同じくロマン派のルートヴィヒ・ティーク(一七七三―一八五三)の書いた、メルヘン劇『長靴をはいた牡猫』は、話を徹底的に相対化し、この物語どころか、当時の多くの作品や思想を茶化しつつ、ロマン主義の真髄を示そうとしている。

長靴をはいた猫は、おきまりのヒーローになってしまってはいけないのだ。既に述べたように、ヒーローに祭りあげられ、手袋をはめられたりして、完全な衣装をつけさせられると、その本質を失ってしまう。というわけで、このお話そのものもどんどん相対化し、どこからどこへ行くのやらわからぬようにしてこそ、その本質が伝わると考えられる。完結を目指す虚構世界をイロニーによって破壊し、相対化し続けることによってこそ、「無限なるもの」や「宇宙的なもの」にまで、作品は開かれていくと考える、ロマンティシェ・イロニーの作品として、ティークは、この作品を書いたのである。

相対化の第一の試みとして、この戯曲は、劇中劇になっている。つまり、幕が開くと、舞台には、劇場の観客席と演台とがしつらえてあり、最初は、平土間にいる観客が、「長靴をはいた牡猫」の上演を待って、喋っているところになる。当時の啓蒙主義の代表のような、「魔女や幽霊のごとき、断じて承服し得ないことを告白せざるを得ません」などという観客もいるし、劇のはじまる前に、作者が引っぱり出されたりして、てんやわんやである。

劇がはじまると、猫が口をきいたというので、ひと騒動。観客のなかの「芸術批評家」は、「牡猫が口をきくって?——いったい、こりゃ何だ!」といきまく、これに対して、猫は堂々と粉屋の息子に、猫が口をきくわけを話すが、ともかく、劇のなかに観客が随所に割り込むので、相対化が生じ、逆に観客の方が笑い物になったり、変幻自在に劇は進行して、実に面白い。

王と王女が出てきて、王女には多くの求婚者がやってくる。遠方の国からきた王子が話しだすと、王様は驚いて、「御身はそのように遠方にお住みなのに、どうしてわが国の言葉を、かように流暢《りゅうちょう》に話されるのかな」と訊くと、王子は「お静かに」と言う。まだ不審顔の王に王子は盛んに「お静かに」とやっていたが、最後は、「そんなことは言わないでくださいよ。でないと、下にいる見物客に、変だと感づかれるじゃありませんか」と言う。あるいは、劇が急にセンチメンタルな色合いを見せて、浅はかな観客がやたらに感心したり、当時、多くの人の心をとらえていたであろう、モーツァルトの「魔笛」のパロディが突如として出現したりする。

ティークはこのようにして、破壊や歪曲をつぎつぎと試み、もっとも根元的で表現不可能なものを、かいま見せようとする。しかし、考えてみると、それこそ、われわれの言っている「たましい」に極めて近似するものではないだろうか。たましいの顕現としての猫は変化につぐ変化、その本性をわれわれにつかませることはない。

それにしても、現代人は、自分の「内なる猫」とのつき合いに関してもっと配慮してもいいと思われる。猫と完全に切れてしまっている人や、猫に衣装を着せすぎて、その野性を奪ってしまっている人が多すぎる。誰が猫に鈴をつけるか、と古来からよく言われているが、現代人は、猫の言いつけに従って、それにふさわしい長靴をどのようにつくるかについて、もっと腐心し努力すべきである。いや、もう長靴にこだわるのは駄目で、何か新しいものを見つけるべきではなかろうか。

Ⅳ　空飛び猫

秘密の話

　これはほんとうに秘密の話だが、空を飛ぶ猫がいる。現在、世界中ではっきりとわかっているのは五匹だけだが、彼らには翼がついている。ちなみに母親はどんな猫かわかっているが、母親には翼はない。これは秘密の話であり、多くの人に知られるのはよくないことである。空飛び猫のことを最初に知った人間である、ハンクとスーザンの兄妹も、「君たちのことを絶対に絶対に他の誰にも言わないでおく」と猫たちに堅く約束している。「もしみんながこの猫たちを見たら、どんなことになるか——」と二人は真剣に心配する。秘密はできる限り人に知らさない方がいいのだ。

　ところが、秘密ほど他人に語りたいものはないのだから、困ったことである。私はこの話を知ったとたんに他人に喋りたくなった。その上、この秘密を知っている少数の日本人の一人、村上春樹さんと最近、対談をしたのである。よく知られているように、村上さんは原則として対談はされない。しかし、この公開対談はわれわれ臨床心理士の全国大会においてなされた。村上さんは最近、オウム真理教の事件をはじめ、突発的な被害を受けた人たちの心の問題に深い関心をもっておられ、臨床心理士はそのことに関係が深く、それについての実践や研究をしている、というので例外的に承知して下さったのである。
対談の打ち合わせのときに、わたしはおずおずと、「例の猫のことも話してよろしいでしょうか」とお伺いした。村上さんにしても秘密を守りたい気持は強いだろうが、何しろ、後で述べるように、空飛び猫の話は、村上さんが関心をもっておられる、PTSD(心的外傷後ストレス障害)に関係している話もでてくるので、いいのではないかと判断したのである。しかし、村上さんは鋭く厳しい目をわたしに向け首を横に振られた。わたしは作家の方々と時に対談などさせていただいているが、誰もが実に繊細で厳しい心の持主で、うっかりすると以後絶交となるようなところがあるのをよく感じる。この際も、わたしは対談のときに「空飛び猫」のことには触れまいと決心した。

ところが、その場には村上さんの奥さんの陽子さんが同席されていた。陽子さんは作家の厳しさを何とか柔げて、一般の人間ともつき合いやすくするように配慮されることが多いのだが、このときも「対談はともかくとして、あまり読まれない、信用されないような雑誌に書くぐらいはいいのでは」と助け舟を出して下さり、村上さんも積極的賛成ではないにしても、まあ反対にあらずという感じなのでほっとした。『新潮』がどんな雑誌かはよく知らないが、この「猫だましい」があまり読まれてないのは事実だし、題名からしても、こんなの信用して読んでいる人などまずあるまいと思うので、ここに取りあげることにしたのである。

村上春樹さんもわたしが少し気の毒と思われたのか、「空飛び猫の話はできませんが、空飛ばぬ鸚鵡《おうむ》の話ならできますよ」と言われた。そんなわけで、われわれの対談は「空飛ばぬ鸚鵡」の話からはじまった。考えてみると、空飛ばぬオウムは空飛び猫の対極に存在している。もともと独立不羈《ふき》と言われる猫が翼を得ると、不羈奔放、どこに行くやらわけがわからぬのに対して、空飛ばぬオウムは、いつもきまりきったことの繰り返しである。教祖とかいう人のシンリを異口同音に繰り返す。そして翼もないのに空中浮遊ができるなどと錯覚して、とんでもないことをして転落してしまうのだ。

しかし、シンリと言えばこんなことがあった。この日の会に出席すべくタクシーに乗ると、運転手さんが話かけてきて、シンリの大会に行くのかというので、はいと答えると、「何というシンリ教の会ですか」と追い打ちをかけられ、感激のあまりしばらく答えられなかった。臨床心理士も下手をすると「シンリ教」になるぞと運転手さんに教えられたような気さえした。このことも後に述べることと関連してくるだろう。

前置きが長くなり過ぎたようにも思うし、ここで言いたいことは、この前置きですべて言ってしまったようにも感じる。ともかく、この後はマジメに「空飛び猫」について述べることにしよう。断っておくが、以後はすべてほんとうの話である。

ル＝グウィンの『空飛び猫』

アーシュラ・K・ル＝グウィンは、わが国では『ゲド戦記』として知られている、ゲドという人物を主人公とする四部作のファンタジーの作者である。これはアメリカではもちろん、日本でも大人にも子どもにも非常によく読まれている。わたしもこれが大好きで、「ゲド戦記と自己実現」という講演をしたのが縁になって、それ以後、児童文学の世界と深いかかわりができるようになったほどである。そんなことがありながら、実はル＝グウィンが以下のような猫に関する絵本の三部作を出版しているのを知らなかった。「猫だましい」を書くことになって、はじめて読んだのである。さすがに、ル＝グウィンだけあって、なかなかの作品であり、絵も素晴らしい。

この三部作は、いずれも、アーシュラ・K・ル＝グウィン作、村上春樹訳、S・D・シンドラー絵、講談社刊で、『空飛び猫』『帰ってきた空飛び猫』『素晴らしいアレキサンダーと、空飛び猫たち』の三作である。村上春樹さんの訳が名訳で、ところどころ訳について、原文を示しながらの注がついていて、実に楽しい。余計なことだが、この絵本を日本で原作のまま、村上さんの訳注をつけて出版したら、文法攻めに合って英語嫌いになっている中、高校生が、喜んで読むのではなかろうか、と思った。

『空飛び猫』は次のようにはじまる。

「自分の四匹の子猫たちみんなに、どうして翼がはえているのか、ジェーン・タビーお母さんにはさっぱりわけがわかりませんでした」。ジェーン・タビーお母さんには翼が生えていないのに彼女の四匹の子猫、セルマ、ロジャー、ジェームズ、ハリエットには翼が生えている。猫に翼があることによって、ファンタジーができあがる。ル＝グウィンはこれによって文字どおり、ファンタジーの世界に天翔けることができるのだ。

では、なぜこれらの子どもに翼が生えているのか。近所の猫は「そりゃ、この子たちのお父さんが、飛びまわって遊んでばかりいるような人だったからだよ」という。これには＊印がついていて、村上さんの訳注がついている。原文ではこのお父さんは"a fly-by-night"であり、これは「腰が軽くて、落ち着きがなくて、調子がよくて、すぐに雲隠れするような人」という感じなのだそうである。こんな表現でいくと私など、"fly-day-by-day"と言われそうだが、ともかくこの近所の猫の意見は、面白くはあっても科学的根拠は乏しいようだ。

子どもたちの翼について、お母さんも彼女なりの理由を考える。それは彼女が子どもを生む前に見た夢のせいかも知れないと彼女は言う。子どもたちが「空を飛んでこの町から出ていく夢だったもの」と言うのだ。これに納得する人もあるだろうが、やはり根拠としては弱いと言わねばならない。

『空飛び猫』の装幀

ファンタジーの本質は「なぜなしに存在し、なぜなしに納得させられる」ことではないだろうか。結局、タビーお母さんは「さっぱりわけがわか」らないのに、子どもたちに翼があり、この本を読むと、私など「そうだ、そうだ」と納得してしまうのだ。そんな馬鹿なという人は、人生を真剣に生きていない人である。中世ヨーロッパの大賢人、マイスター・エックハルトは、人間は「なぜなしに生きる」と喝破している。なんのためにとか、なぜなどと言うことはない。人間はなぜなしに生きているのだから、人生を語るファンタジーは、なぜなしに成立する。

ル＝グウィンも、さし絵を担当するシンドラーも、訳者の村上春樹さんも猫好きである。第三巻には、ル＝グウィンとシンドラーのそれぞれの飼猫に対する献辞が書かれているし、この三部作を見ると、いかにル＝グウィンもシンドラーも、猫をよく見、よく知っているかがわかる。そんなわけだから、ル＝グウィンは自分の猫を見ているうちに、「猫に翼がある」ことを、ふとある日確信したに違いない。そして、その瞬間にこの物語は完成したことだろう。なぜもくそもない、それははっきりとした真実なのだ。

なぜなしの真実を語るのがファンタジーであり、うそを上手に理由づけて偽の真実を構築する遊びに精を出すのがＳＦである。ちなみに、ル＝グウィンはこの両方ともできる人である。ところで、一般の人が現実と呼んでいることも、ファンタジー的に接するのと、ＳＦ的に接するのと二つの方向があるようだ。モーツァルトが天翔ける音楽をわれわれにもたらしてくれる。モーツァルトの音楽はなぜなしにある、とそれを楽しむ人。モーツァルトにはなぜ天翔ける翼があるのか、その根拠について論じる人。前者を楽者と言い、後者を学者と呼ぶ。どちらが偉いかは不明である。

なんだか余計なことばっかり言っているようだが、要は、「翼のある猫」というだけで話ができあがっていて、筋書きを紹介するのなど野暮のように思うからである。それほどに、話はすうーと自然にできている。是非とも、この本を子どもと共に読んでいただきたい。私は特にこの第一巻が傑作と思った。空飛び猫たちと、人間の子どもが出合うところが、実に素晴らしい。このあたりは、話を頭で考える人には絶対に思いつけぬところだ。「翼のある猫」が、このような子どもを呼び出すのである。ル＝グウィンは、こんな大切な秘密を絵本にして一般に知らせていいのだろうか、と迷ったことであろう。

第一巻は、人間の兄妹、ハンクとスーザンと、猫の兄妹、ジェームズとハリエットとの交歓の光景で終りになる。それは次のように語られている。

「「ねえ、ハンク」とスーザンは言いました。「この羽って、すごくふわふわしてる」

「ねえ、ジェームズ」とハリエットは言いました。「この手って、すごく優しいのね」」

お母さん

この三部作を通じて、よく出てくる言葉に「お母さん」がある。そもそも第二巻の『帰ってきた空飛び猫』は、ハンクとスーザンという子どもたちと、楽しい生活をしていた子猫たちのうち、ハリエットとジェームズが、お母さんに会いたくなって、もと住んでいた都会へと帰っていく物語である。第三巻に出てくる、「素晴らしいアレキサンダー」という子猫も、一人ぼっちで淋しいときに、お母さんのことをよく想っている。

子猫の話に「お母さん」がたびたび出てくるのは当然ではないかと言われるだろう。しかし、これがル＝グウィンの作品であるだけに少しひっかかるものを感じるのである。先に少し触れた『ゲド戦記』は三巻までがつぎつぎと出され、これで終りかと思っていたのに、随分と間をおいて第四巻が出版された。その巻は、ル＝グウィンがパリパリのフェミニストであることを示していた。そのような彼女が母性についてどう考えるのかを、この作品によって知りたいと思うわけである。

第三巻の村上春樹さんの注に非常に面白いところがある。アレキサンダーという子猫が「なにか素晴らしいことをしてやろう」と家を出てきたが、道に迷ってしまう。それを第二巻に登場してきた、黒い子猫のジェーンが見つけて、空飛び猫たちが住んでいるところに連れてくる。彼らはハンクとスーザンという人間の子どもの兄妹の世話になって、納屋に住んでいるのだが、ハンクたちの母親が猫を飼いたがっているので、アレキサンダーを連れて行くことにした。お母さんはアレキサンダーを見て大喜び、喉の下をこりこりとかいてくれたりする。アレキサンダーは「すごくかしこそうな人だな」と思う。

ここに村上さんの注がついている。この「かしこそうな」(intelligent)について、いろいろ述べた後で、「作者のアーシュラ・K・ル＝グウィンさんは女性なので、「やさしそうな」とか「情愛の深そうな」とか「きれいな」というような女性の役割分担的なキャラクターを、フェミニズム的な見地から意識的に排除したのかもしれません」とつけ加えている。ル＝グウィンが実際にどう思ったのかわからないが、やはり、一般的な「お母さん」イメージと異なる姿を示そうとしたのは事実である。

それにしても子猫たちは、お母さんが好きである。森に住むようになったときも、お母さんに言われたことを思い出したり、セルマがハリエットに気をつけなさいと言うときは「まるでお母さんそのものみたいな口調で」言ったりする。

第二巻は、ハリエットとジェームズが苦労してお母さんに会いにいく話だ。そこで彼らは異父妹の黒い、そして翼のあるジェーンに会う。結局、彼らはお母さんに会えるのだが、そのときに、お母さんはジェーンを見失ってしまって探すのにどれほど苦労したかを語っている。

フェミニズムは母性を否定していない。むしろ、ル＝グウィンは子猫が空を飛ぶ支えとして、母親が必要なことを肯定していると思う。ただ、この母親はいつまでも子どもをかかえこもうとしない。そのことは、第一巻の冒頭で、母親が子どもたちに、こんな場所は子どもの成長のためふさわしくないから、その翼を利用して遠くに飛んで行きなさい、というところに示されている。子猫はお母さんと一緒に居たいと泣いたりするが、母猫は「ゆうベトム・ジョーンズさんが私に、結婚の申しこみをしました。私はその申しこみを受けるつもりです。そうなると、子供たちは邪魔になるのです」としっかりと言う。

母性の必要性を認めながら、新しい母性のあり方を見出そうとする姿勢がそこに窺える。ただ、子どもたちがたまらなく「お母さんが好き」と感じているところがよく描かれていて、このことを抜きにして、女性の生き方を考えることはできない、ということも感じさせられる。

緘黙児《かんもくじ》の心理療法

黒猫のジェーンは緘黙児であった。何も言葉が話せないのだ。母子の住んでいたゴミ捨て場がなくなり、その上、ジェーンに翼のあることがわかって、人間に追い回され、ジェーンは必死に飛んで高い屋根までたどりつき、そこの破れ窓から中に入った。その建物は人が住んでいず入口が閉じられたままで母親はついていけなかった。恐怖の生活をしているジェーンのところに、母親を訪ねてきたハリエットとジェームズが折りよくやってきたのでジェーンは助かる。

彼女は四匹のきょうだいと一緒に住むが、かつての恐怖の体験のため言葉が話せない。極端な心の傷《トラウマ》によって、人間はいろいろ心の障害を受ける。阪神淡路の大震災や、オウム真理教の地下鉄サリン事件のときなどに、このことが話題となったので、御存知の方も多いことだろう。ＰＴＳＤ（心的外傷後ストレス障害）という言葉がマスメディアにもよく現れた。しかし、この「障害」という言葉が誤解を生み、その人が大変な「障害者」というようなイメージを与えるので、あまり用いられなくなった。恐怖の体験の後に何らかの症状などが出るのはむしろ、普通のことなのである。

緘黙というのは、言葉はわかっているけれど話せないという症状で、ジェーンのようにまったく話さないのを全緘黙、家庭ではよく話すが家の外では一切話さないという場合は、場面緘黙と言っている。

アレキサンダーはジェーンに対して、「君はしゃべれるはずだよ」と話かける。あの屋根裏に居たときに怖くてたまらないことがあったのだろう。しかし黙っていてはわからない、と問いかける。ジェーンは話をそらそうとバッタを追いかけるが、アレキサンダーは逃がさない。ジェーンのしっぽをおさえ、「口をきくまでは、このしっぽは放さないからね」と言う。ジェーンはとうとう、「ねずみたち。そこには——どぶねずみたちが——いたのよ——そこに」と話はじめる。ジェーンの体が震えはじめ、アレキサンダーは彼女をしっかりと抱きしめて、なぐさめてやった。

おかげで、ジェーンはしゃべれるようになるし、アレキサンダーの結婚の申し出を受けいれ、話はめでたしめでたしとなる。

これは感動的な話である。しかし、これに感激して読者がアレキサンダーと同じことをやりたくならないように、まったく異なる話をしておきたい。アレキサンダーがジェーンにしたようなことは、起こらないことはないが、極めて稀である。ジェーンがお母さんに会って話をきくことができたこと、その後やさしい兄姉と楽しくすごしたこと、アレキサンダーとジェーンの相性のよかったことなど、多くのことが関連して、奇跡が起こったのである。

ところで、アレキサンダーとジェーンの場合と対照的な例を話してみよう。もう三十年も以前の話である。高等学校三年まで場面緘黙を続けてきた男性がいた。それまでに、いろんな人が彼に口をきかせようとしたが無駄であった。彼は家庭では話すが、家の外では絶対に話さない。学校では一切話をせず、筆記試験だけは全部、答案を書き、進学して高校三年まできた(私立学校だったので、いろいろ配慮してもらっていた)。

緘黙の人に会うのは大変である。それでも子どもだと一緒に遊べるのでいいが、高校三年生だと遊びもできない。対面して椅子に坐ったものの、どうしようもない。私は何か心にひらめいて、私がよく使っているロールシャッハ検査の図版を見せた。これはインキのしみのような図で、人によっていろいろなものに見えるものだが、

「これ何に見えますか」と尋ねてみると、何と彼は「人の顔みたい」と答えた。これには私が驚いてしまった。その後の図版にも、彼はちゃんと反応してくれた。

「何だしゃべれるじゃないか」と思ったものの、私は彼と向き合って何を言っていいのかわからない。下手なこと言って心が閉じてしまったら困る。というよりも、彼と向き合っていると、こちらの方まで何だか舌が動かなくなってしまう。

どうしようかと焦っていると、彼が「あの、ここの本を何か見てよろしいでしょうか」と言う。私はほっとして「どうぞ」と言うと、彼はそこにあった美術図鑑を取り出して、パラパラと見はじめた。ともかく緊張はほぐれたが、私は次にどうすればいいか。何でも相手まかせでいこうと思っていると、しばらく彼は図鑑をあちこち見ていたが、ふと顔をあげて私を見つめ、「あの、飛鳥時代と天平時代の仏像の差について申しあげたいんですが」と言う。図鑑の仏像を見て思いついたらしい。「どうぞ、どうぞ」というわけで、その説明を拝聴し、よい頃合を見て、「また来週も話合いに来ますか」と尋ねると、「はい」と笑顔で応じた。

次週、彼は大分予習をしてきたようだった。「今日は、鎌倉時代の歴史について述べます」ということで、私はときどき質問しながら、歴史の勉強をした。このようなことが続くうち、私は彼が何をするために、一時間以上も乗物に乗って会いにくるのか、と考え、はたと思い当った。彼はその十八年近い生涯で、はじめて家族以外の人に話すという大変なことをやっているのだ。そのとき、絶対に確実で、相手の反論を引き出したりしないもの、相手の感情を傷つけないもの、として「歴史」を選んでいるのではないだろうか、と思ったのである。私は身を入れて話を聴いた。

それ以後、彼はテレビの番組編成を覚えてきて、「月曜日の六時には……」という調子で話をする。確実なことだが、彼の気持が少しかかわる現代のことに話題が変ってきたのだ。このようにして、だんだんと話は展開していくが、その後の経過は割愛することにしよう。ともかく、彼は学校でも話をするようになり、随分と元気にもなった。「あの子がしゃべれるようになるなんて、どんな指導をされたのですか」と高校の担任の先生は不思議がっておられた。「成績も大分よくなりましたが、なぜか歴史だけは特別によかったですね」ということであった。

なぜなしとなぜありと

ところで、なぜこんな話をわざわざしたのだろう。というように、人間は「なぜ」と考えるのが好きだ。「なぜ」と考え、その答がわかると安心する。実は、こんな話をしたのは、「なぜなし」ということについて考えてみたかったからである。

既に述べたように、ファンタジーの傑作は「なぜなし」にできている。ル＝グウィンはそのような話をつくるのがうまい。この『空飛び猫』がそうだ。さっぱりわけがわからないのに、子猫に翼が生えていたのだ。ところが、最後のところにきて、典型的な「なぜあり」の話になる。ジェーンが一言もしゃべらない。「それはなぜか」。それにはちゃんとした答があり、そのわけがわかったおかげで、ジェーンは治り、めでたしめでたしとなる。なかなか素晴らしい物語だ。

アレキサンダーがやってみせたような療法を「なぜあり」療法と呼ぶとすると、わたしのは「なぜなし」療法である。高校三年生になるまで「なぜ、この子はものを言わないのか」などという問いを私は発しない。なぜかという追求をやめ、私はただ「なぜなし」に会う（これが実は相当に修練を積まぬとできないのだが）。「なぜ、ロールシャッハの図版を見せたのか」、これもわからない。後はなぜとか何とか言う前に、自然にことが運び、この高校生は自然に学校でものを言うようになった。なぜだろう。なぜかさっぱりわからない。

人により好みがあるだろうが、私は困難な場合は、なぜなし療法の方が効果的と思ったりしている。そして、なぜなし療法をやっているつもりが、終ってみると思いがけない「なぜ」に対する答が見つかったように感じるときもある。こんなわけで、「なぜあり」ファンタジーや物語が、まちがっているとか浅薄とかいう気はまったくない。ただ、困るのは、その話に感動するあまり、それが物語であることを忘れ、それを「法則」のように考えて「適用」しようとすることである。そうなると、それはシンリ教になる。

たとえば、これは実際にあったことだが、阪神・淡路大震災のときに、避難所に入ってまだ不安におびえているような人に対して、ボランティアの人が「震災のときの話をして下さい」とか、「震災のときのことを絵に描いて下さい」などと言ったりした。これは、つまり、さきほどのアレキサンダーのような方法をここに「適用」しようとしている。恐怖の体験で障害のある人に対しては、その体験を言語化させれば治るという単純な「法則」に頼ろうとしている。これは明らかな間違いである。アレキサンダーとジェーンの間に生まれた「物語」を、浅薄に受けとめ、その本質抜きの偽の法則をつくり出している。アレキサンダーの真似をしているようで、それは誰かの「しっぽをつかんでゆする」ようなことをしているのだ。

こんな経験をよくしているので、私としては、ル＝グウィンがどんな意図でアレキサンダーの療法のことを書いたのだろうと思ったり、下手なシンリ教に会うと、「なぜなし」療法の効用などを強調したくなってくるのだが、やはり、なぜなしのままでは絵本にもファンタジー作品にもならないだろう。ひょっとして、そんなのもあるのかも知れないが。私の知る範囲では、長新太さんの絵本は、そのような分類に入るかも知れない。
ル＝グウィンは、『ゲド戦記』の三部作で完結と思っていたら、随分と年月が経ってから第四巻を出して、われわれはあっと言わされたのだが、この『空飛び猫』三部作も、大分経ってから四巻を出すことになるかも知れない。それが徹底した「なぜなし」ファンタジーだったりすると面白いのだが。

最後に、まったく蛇足だが、人間にもときに翼のある人がある。翼つきで生まれてきた子どもを見つけると、すぐに翼を手術によって除去し「正常」にする専門家たち（いろいろと名称はついている）が多い。臨床心理士とやらがその仲間入りをしないように願っている。

V　日本昔話のなかの猫

グリムの昔話のなかの有名な「長靴をはいた猫」については、第Ⅲ章で取りあげた。これは猫を語る上において、どうしても避けることのできない物語である。ここで、目を転じて、日本の昔話のなかの猫について、見てみよう。残念ながら、あるひとつの物語を取り出して語るほどのものは、なさそうである。極めつきの猫物語というのはない。

第Ⅰ章に論じたように、猫のイメージは多様であり、いろいろな、時には相反するようなものさえある。日本の昔話のなかの猫もそのとおりで、実に多様な姿を示している。そこで、ここではそのような種類の異なる物語を紹介しつつ、猫のもつ意味について探っていくことにしたい。

化け猫

昔話においても、猫についてまずあげるべきものは、その不気味さであろう。何をやり出すかわからない恐ろしさである。化け猫の恐ろしさが語られる。「猫かわいがり」という言葉があるように、猫好きな人にとって、猫ほどかわいいものはなく、そんな猫が化けるとか、危険であるとかは考えられないことである。しかし……と物語は言う。

その典型的なものとして、「猫のうた」というのを取りあげてみよう(以下に示す話は、一般に読みやすいという点を考慮して、できる限り、関敬吾編『日本の昔ばなし』Ⅰ・Ⅱ・Ⅲ、岩波文庫から引用している。話の後に示す数は、それぞれの巻と話の番号を表わしている。「猫のうた」は、Ⅲ、二九である)。

昔、あるところに爺さんと婆さんがいた。二人は三毛猫をかっていたが、年は二十五の古猫だった。ある晩に、爺さんが外出し、婆さんはこたつにあたっていた。婆さんが眠くなったところへ猫がきて、「歌をうたって踊ってみせよう」と言って、手拭をかぶり、前足をあげて踊り、歌をうたった。そして、自分のうたったり踊ったりしたことを誰にも言うな、もし言うと喰い殺すぞと言った。

爺さんが帰ってきても婆さんは猫のことを言わなかった。しかし、夜になって寝床に入って、猫の姿も見えないので、婆さんは猫がうたったことを爺さんに話をした。すると、天井の梁の上から、にゃーといって猫がとび下りてきて、ふとんをかぶっている婆さんの咽ぶえに喰いついて殺してしまった。爺さんはぶるぶるふるえていたが、猫はどこかへ行ってしまった。この話の終りは次のように結ばれている。「三毛の年とった猫は、おかなえもんだ。三毛猫に踊りおどらせたりすると化けるということだ。それだから、三毛猫におどらせるもんでないということだ。どっとはらい」。

これはコワーイ話である。「どっとはらい」と言っても、その怖さは簡単には消えない。「三毛猫におどらせるもんでない」という教訓を最後に教えてくれるが、そもそも、婆さんは猫を踊らせたりしていない。猫が勝手にうたったり踊ったりしたのだ。要は、猫の言うとおり、その秘密を胸のなかに一人で収めておけるかということではないか。

この話の恐ろしさは、爺さんがいなくなって一人でいる婆さんを、猫が踊りをしたりして慰めてくれている、なんだかなごやかな話と思っているうちに、急転直下、凄まじい殺人劇になり、爺さんはふるえているだけで何もできない、というところにある。婆さんもしばらくの間は猫の忠告を守って黙っていた。しかし、猫の姿も見えないし、あまりに不思議なことだったので、ついつい喋ってしまったのだ。それは、まさに命とりの失敗ということになる。

婆さんはどこかで、猫をなめていたのではなかろうか。「喰い殺す」と言われているのに、「まさか」と思っている。その「まさか」という不用意さが命とりになっているのだ。

この婆さんの不用意さと正反対に、猫に対する警戒をゆるめなかったので、命びろいをした話がある。こんな話がちゃんとあるのが昔話の面白いところなのだ。「猫と釜蓋《かまぶた》」(Ⅱ、四一)を見ることにしよう。これも「猫のうた」と同様に全国的に類話の多い話である。

昔、山奥の一軒家に狩人が母親と二人で暮らしていた。かわいらしい猫がどこからか来たので大事に飼っていた。そのころ、山のなかに山猫がいて、いろいろ業《わざ》をするので村人は怖がっていた。狩人は山猫を退治しようと、鉄砲弾をこしらえていると、家の猫がじっと見ている。その様子が弾を一つ二つと数えているように見える。そこで、狩人は猫の見ているところで十二の弾をこしらえ、その他に一つの金の弾をひそかに用意した。

狩人は山猫退治に出かけ、夜中になって、暗闇に光る怪しい二つの目に向かって鉄砲を打つが、ちゃりんという音がして弾はそこに落ちたようである。十二発ともそのようにして打ちつくし、最後に隠していた金の弾を打つと、手ごたえがあった。夜明けになって狩人が見ると、見たことのある茶釜の蓋が一枚あり、そのそばに十二の弾がころがっていた。そこにこぼれていた血痕をたどっていくと、大きい山猫が死んでいた。狩人が家に帰ると、母親は何物かに喰い殺され、茶釜の蓋がなくなっていた。

これは、山猫が普通の猫に化けて狩人に飼われていて、狩人が居ない間に母親を殺し、茶釜の蓋を弾よけにもって山に行ったのだった。そして、十二の弾をこの蓋で受け、やれ安心と狩人に向かってきたときに最後の金の弾に打たれ、とうとう撃ち殺されたのである。

これは、先の話の婆さんの不用意さに比べると、狩人がふと、猫が弾の数を数えているらしいと気づき、秘密の隠し弾を準備したために助かった話である。それにしても、狩人の母親は喰い殺されているのだから、猫の恐ろしさは相当なものである。

この話の何とも言えぬ不気味なところは、山猫が普通の猫に化けて、狩人の弾つくりをじっとみて数を数えているところである。怖いのは「普通の」姿をしたものである。無警戒でいるうちに、相手はいろいろと計算しているのだ。驚くような犯罪を犯した人の印象を語って、周囲の人が「ほんとうに普通の人でしたが……」ということが多いのも、このためである。その点でいうと、この狩人は大したものだ。猫の様子に気づいた上で、隠し弾を用意している。

この話でもうひとつ注意をひくのは、狩人の準備する弾の数が十二とそれに加えるもうひとつの隠し弾である事実である。十二という数は、一年十二カ月とか、一ダースなどという数え方があるのでわかるとおり、洋の東西にわたって、完全数としての意味をもつことが多い。したがって、この話は明らかに、一般的な「完全性」に加えるもうひとつの秘密のもの、つまり十三番目の存在が極めて重要であることを示している。

あるいは、化け猫のような恐ろしい相手と戦うには、一般に考えられている「完全」では駄目で、その完全を上まわるXが必要であることを示しているとも考えられる。十三などという数は不吉なものだ、とキリスト教徒は言うかも知れない。しかし、考えてみると、十三番目の人、ユダがもし居なかったとしたら、キリスト教は今日のような立派なものになっていただろうかなどと言えそうに思う。ユダは「完全」を超えるために、神が準備された金の隠し弾だという考えも可能と思われる。

竜宮と猫

猫と言えばまず妖怪変化ということになるし、日本昔話においても、化け猫を第一にあげたが、もちろん、猫のイメージはただそれだけ、というほど単純ではない。ある意味では、猫の変容する性質という点では同じとも言えるが、もっと明るいイメージを提供する話として、猫と竜宮の結びつきということがある。まず「竜宮の猫」(Ⅱ、四八)を取りあげてみよう。

昔、三人の娘をもった百姓があり、三人とも嫁に行った。百姓は毎年の暮になると、三人の娘聟《むすめむこ》をよぶことにしていた。妹二人の聟は金持で、酒や炭俵をもって来たので、舅は二人を大いにもてなした。しかし、一番上の姉聟は大そう貧乏で、いつもびゃーら(柴薪)を持って行った。そこで舅はこの聟は仕事に追いつかい、大切にしなかった。

ある年の暮、姉聟は、びゃーらをかついで家を出たものの、毎年こき使われているよりも、今年はびゃーらを竜宮さまにあげようと思い、びゃーらを海に投げこんでしまう。そうすると、海の中から若い美しい女が出て来て礼を言い、竜宮さまがお礼を言われるから来てほしいと、男を背負って海に入った。

竜宮では大へんな御馳走になる。帰るときは望みのものをやろうと言われるが、さっきの若い女性の忠告に従って、「猫を一匹下さい」と言う。竜宮さまは「この猫ばかりはやれぬが、お前さんの望みとあればやろう。そのかわりこの猫は一日に小豆《あずき》を一合ずつ食わせると、一升の一分銀の金の糞《くそ》をするから大切にしなされ」と言って猫をくれる。姉聟は喜んでその猫をもって帰る。

家で竜宮さまに教えられたとおりにすると、どんどんお金が貯って大金持になる。姑が不思議がって話を根ほり葉ほり聞いたあげく、その猫をちょっと貸してくれと姉聟を叱りつけてもって行こうとする。「そんなら、一日にきっと小豆を一合ずつ食わせてくれろん」と頼んで、猫を渡してしまう。

ところが、欲の深い姑は、小豆を五合食わせたので猫は糞をたれて死んでしまう。姑は怒って姉聟のところにどなりこんでくる。姉聟はかわいそうなことをしたと、猫の死骸を庭に葬ると、そこに南天の木が生えてくる。なつかしいので猫の名を呼んで南天の木をゆすると、木の枝からばらばらと黄金が落ちて来て、姉聟はたいへんな金持になった。

この話はいわゆる「致富譚」という類の話であって、猫のおかげで大金持になる話である。福を招く「招き猫」が商家の店などによく飾られているが、おそらくこのような類の昔話や伝説を踏まえたものであろう。日本の竜宮話の特徴は、多くの場合、若い男が訪ねて行き、若い美しい女性に会うのだが、結婚話になることが少なく、ハッピーエンドのときも致富になることが多い(浦島太郎のような悲劇もあるが)。

ここで、どうして竜宮と猫が結びつくのかという疑問が生じるが、それを考える上で、猫が間接的ではあるが竜宮と関連してくる他の話、「犬と猫と指輪」(I、二二)を紹介することにしよう。これは鹿児島県薩摩郡の昔話である。

ある船主が船を出して目的地に着いたとき、一人の貧乏な船方に三十銭のお金を与える。その船方は、子どもたちが捕えていじめている、蛇、犬、猫を、それぞれ十銭ずつ子どもに渡して助けてやる。

船で国へ帰る途中、船が動かなくなる。見にいくと舵に鱶《ふか》がくいついていることがわかる。貧乏な船方が犠牲になることになって海にとびこむと、鱶が、「お前さんが助けたのは竜宮の娘〈蛇〉さんで、お礼をするために、お前さんを迎えに来たのだ」と言う。男は竜宮で御馳走になり、鱶の忠告に従って、指輪をおみやげにもらって帰ってくる。その指輪をもっておれば、どんな願いもかなうので、お金持になる。それを知った大阪の博労がやってきて、指輪をすりかえて盗んで行ったので、船方はまた貧乏になってしまう。

男が困っていると、前に助けてやった犬と猫がやってくる。男は「お前たちが指輪を取り返してくれたら、高膳で飯を食わせてやる」と約束する。犬と猫は早速大阪に行くが、例の博労は指輪を瓶のなかにしまいこんでいる。猫がそこに住んでいる鼠を捕えると、鼠は「三毛猫さん、三毛猫さん、命は助けて下され」と頼む(話がここまで来て、猫が三毛猫であることがわかる)。猫は鼠の命を助けるのと交換条件で、鼠に指輪を取って来させる。

ところが、その指輪の取り合いで犬と猫が争い、犬が勝つが犬は橋を渡って逃げるときに、跳びはねる魚を見て食おうとした途端に、くわえていた指輪を川に落してしまう。そこで、猫は川岸にいた蟹を捕え、蟹に指輪を探させる。しかし、またもや犬は指輪を猫から取りあげて主人に渡してしまう。そこで、猫はほんとうのことを主人に話して訴える。主人は「高膳は罰があたる。猫は家のなかで飯を食え、犬は庭で食え」と言った。このため、猫は家のなかで、犬は庭で飯を食うことになったという。

この話では、猫は竜宮に直接関係していない。しかし、竜宮を訪ねて致富を経験する主人公を助ける役割をしている。それと、もうひとつ、ここで猫が三毛猫であることが明らかにされるが、「猫のうた」のときもそうであったように、三毛猫というのは、どうも特異な能力をもつと思われることが多かったようである。

竜宮からもらってくる宝物としての猫はどんな意味合いをもつのだろう。このような話の類話でよく出てくるのは、一見無価値、あるいは醜いような存在が実は価値があり、それが福をもたらすというテーマである。おそらく、竜宮の猫はその類なのであろう。一見何の変哲もない猫を、わざわざ竜宮のみやげとしてもらってくる。ところが、その猫が小豆をお金に変える力をもっている、というところに面白味がある。しかし、その能力も限度があって、小豆を沢山食わせるほど、沢山お金がでるのではないところも面白い。

後の話では、竜宮のみやげは魔法の指輪になっていて、こちらの方が一般的とも言える。指輪《リング》が魔力をもつのも、世界共通と言っていいほどのことである。ところが、その指輪が他人に盗られてしまい、それを取り返すのに猫が活躍するのだ。ここに出てくる猫は実に両義的である。鼠や蟹に対しては強くて、自分の仕事をさせるために命令を与えるのだが、他方、犬に対してはあっけなく負けてしまう。最後のところで、主人の船方が猫の話を聞いてくれたのでよかったものの、危うく功名を犬に取られるところだった。こんなところにも、猫の姿の多様性が反映されていて興味深い。

間抜け猫

猫は強くもあるが弱くもあるところが、「犬と猫と指輪」には語られていた。猫は一般に「ずる賢い」というイメージをもたれており、その能力をフルに発揮したのがグリムの「長靴をはいた猫」である。しかし、猫の間抜けぶりが語られる話も、ちゃんとあるのだから、昔話というのは大したものである。「犬と猫と指輪」では、猫は蟹に命令を下すのだが、「猫と蟹」(I、三八の1)では、猫は蟹にまんまと一杯食わされるのである。

猫と蟹が二人で駆けくらべをしようということになった。猫は蟹がいくら横走りしたところで大したことはないと思っていた。ところが、蟹は駆けくらべが始まるや否や、猫の尻尾に食いついた。猫は知らずに走り目的地に来て、蟹はどうしているかと振り返った途端に、蟹は猫の尻尾から下りて、「猫どの、猫どの、お前はいまか」と言った。猫はびっくりして、お前にはかなわぬと頭を下げた。

同工異曲の類話を他に探すことはできるが、ここでは、猫の間抜けさと蟹のずる賢さという対比で示されている点に注目すべきである。猫もこのように結構、間が抜けているのだ。

もうひとつ、猫の間抜けぶりを示す話を紹介しよう。こちらは非常によく知られている話である。「猫と十二支」(I、三八の4)である。

あるとき、王さまが動物たちを集めて宴会を開くことになった。動物たちは楽しみにしていたが、猫は宴会の日を忘れた。鼠のところに聞きに行くと鼠はわざと一日おくらせて教えてやった。宴会の日になると動物たちは出かけて行ったが、鼠は牛の背に乗り、門に着くと鼠はとびこんで一番、それに続いて、牛、虎……と十二支になっている順に行った。猫はその翌日に行ってもの笑いになった。このために猫は今でも鼠を見つけさえすればとって食い、十二支のなかにも入っていないということである。

これは十二支になぜ猫が入っていないのか、どうして猫は鼠をとって食うのかという二点の由来を述べる話で、よく知られているものである。このときも、猫は鼠にさっぱりとだまされてしまって、間抜けぶりを発揮している。猫のこのような性質を語る物語があるのは興味深い。

報恩する猫

最初に「化け猫」を取りあげ、そこでは恐ろしく不気味な猫の姿を示した。これから紹介する話は、やはり猫が姿を変えたりするのだが、何らかの意味で人間に対する報恩のためにそうするところが、大いに異なる点である。このことを重要視して、最初の「化け猫」には分類せずに、ここに「報恩する猫」としてまとめることにした。そんなわけで、ここに登場する猫はプラスのイメージをもったものであるが、それにもかかわらず、どこかに不気味な味を残していたりするのが、注目すべき点である。なお、このような猫の話は、これまで参考にしてきた、三冊の書物には収録されていない。日本の昔話をひろく網羅して集めた、関敬吾編著『日本昔話大成』全十二巻のなかから、取りあげて紹介する。

その第六巻に収録されている、「猫檀家(猫むかし)」「猫又屋敷」「伊勢参り猫」の話を順番に要約して以下に紹介する。

「猫檀家」。昔、爺さん婆さんが一匹の猫を若いときから大切にして長い間飼っていたが、爺さんも年とって働けなくなったので育てられなくなり、タマ(猫の名)に家を出て自分で暮らすようにと泣く泣く告げる。ところが、そのタマがしばらくして、米三升をもって帰ってくる。不思議に思って後をつけると、タマは村のはずれで、クリッ、クリッとまわって托鉢僧に変身し、家々をまわって米をあつめてくることがわかった。爺さん婆さんは涙を流して感謝していた。

そのうち、村の庄屋の娘が死に、大供養をすることになった。そのときにタマの念力で棺桶が天井にはりついてしまい、大騒ぎとなる。どんな坊さんがお経をあげても駄目で困っているところへ、タマに入知恵された爺さんと婆さんがやってきて、「ナムトラヤ、トラヤトラヤ、ナムトラヤ」とお経をあげると、棺桶がすうーと下りてくる。庄屋は感謝して、それから爺さん婆さんに毎年、扶持をくれることになり、二人は安楽に暮らすことになった。そうすると、タマは姿をかくして居なくなってしまった。

これはよくある動物報恩譚であるが、猫が僧になったり、お葬式に混乱を起こして、爺さん婆さんに功名をたてさせるなど、仏教や死ということに関連しているのが特徴的である。「ナムトラヤ……」というお経がどこから出てきたのかはわからないが、これも何か由来があるのだろうか。エジプトにも神猫がいることは、第I章に紹介したが、日本でも、猫が仏教と結びつけられていたところがあるのかも知れない。

つぎに「猫又屋敷」を見てみよう。これもなかなか面白い話である。動物報恩譚のひとつである。

昔、あるところに奥さんと下女がいた。そこに一匹の猫がいたが、奥さんはそれをいじめ、下女はかわいがっていた。あるとき急にその猫がいなくなった。下女は悲しんでいたが、あるときに六部《ろくぶ》が来て、その猫は「九州のいなばの山の猫山にいる」と教えてくれたので、下女は暇をもらって会いにいく。山の中の立派な家に行き泊めてもらおうとすると、美しい女がでてきて「お前も食い殺されに来たのか」という。下女は恐ろしくなって困っていると、婆さんが出てきて今夜はここに泊るといいと親切に言ってくれる。その夜、下女が寝ていると隣室で話声がする。そこで変に思って唐紙を少し開けて見ると、目のさめるような美しい女が二人寝ていた。またその隣を見ると、やっぱり美しい女が寝ていた。じっと耳をすますと、今日来た女はかわいがった猫をたずねてきたのだそうだ。だからかみついてはいけない、などと話をしているのが聞こえてくる。恐ろしくなって、下女がふるえていると、唐紙があいて、かわいがっていた猫が出てきた。人間の様子をしていたが顔は猫だった。そして、ここへ来るのは猫の出世なので安心してくれと言い、早く帰るようにと告げて宝物をくれる。下女は帰宅するが、その宝物は犬の絵が描いてあり、犬は本物の十両の小判をくわえていた。

下女が十両を手に入れたので、奥さんは羨ましがり、九州のいなばの山を訪ねて行く。そこで、かつて家にいた猫に会うが、喉笛にかみつかれて殺されてしまう。

これは猫の報恩であるとともに、猫の不気味さもよく描かれている。下女が寝ていると、隣室の話声が聞こえてくるところなど、何とも言えず恐ろしいが、宮沢賢治の「注文の多い料理店」とどこか類似性を感じさせるところがある。宮沢賢治は「猫又屋敷」の話を知っていたのだろうか。

『徒然草』に猫又の話が出てくるのは、周知のことだが、猫の高齢者の集まる「猫又屋敷」があるという考えは、どうも全国的にあるようだ。そこにいる猫が「ここへ来るのは猫の出世だ」と言い、美しい女性の姿をしているのなど実に興味深い。人間の老人ホームとは大分味が異なるようである。うっかり訪ねていくと、かみつかれたりするところはよく似ている気もするが。なお、この物語では、徹頭徹尾、女性ばかりが登場するところが特徴的である。

「伊勢参り猫」では、ある夫婦が二人で稼ぎに出る間、本家から猫を借り、それに留守をさせておくが、夕方帰ると猫はニャアニャア鳴いて迎えてくれる。留守人《るすと》に婆さんでも貸してくれると、留守の間に臼でもひいてくれるが、猫じゃ仕方ないと夫婦が話していると、次の日、猫がごろごろと臼をひいている。びっくりしたが、それでおいしいものをつくり、猫に食べさせてやった。

その猫がある日、伊勢参りに行きたいと言うので行かせると、その功徳で尼さんに変身した。帰る途中に空寺に泊ると、本堂の方で恐ろしい音がして、黒べゴ(牛)のようなねずみが出てきた。これに続いて、赤べゴのようなねずみ、一番ベゴのようなねずみが出てくる。尼はねずみと戦い、一番ベゴ、黒ベゴを退治するが、最後に赤ベゴねずみのときは疲れ切って大変である。遂に本性をあらわして戦うことになる。村人たちが朝になって見にくると、赤ベゴのようなねずみと、首に袈裟をかけた猫が戦いの最中である。猫が疲れて危うく見えたので村人が加勢し、とうとう赤ベゴねずみを退治したが、猫も手傷を負って死んでしまう。そこで村人たちは猫塚をこしらえて、猫を手厚く葬った。

ここにも明らかに、猫のもつ不気味さが出ている。夫婦の話をじっと聞いていて、次の日は臼をひいているというのは、面白くもあるし、何だか怖い感じもする。ここでも尼さんに変身しているし、猫と仏教の縁を感じさせる

最後に『日本昔話大成』第二巻にある「猫女房」を取りあげる。ごく要約のみを示す。

貧乏な百姓が長者の捨てた猫を拾って養う。百姓が「麦粉を挽いておいてくれたら楽になるのに」と言っていると、猫が粉をひき団子を作ってくれる。猫は伊勢参りをして女になり、百姓はその女と結婚する。

この話は日本昔話としては、極めて特異なものである。というのは、異類女房譚として分類される、「鶴女房」「鯉女房」「狐女房」などすべての話で、よく知られている「夕鶴」の話のように結婚が破れる話になるのが一般であり、この「猫女房」のように結婚によるハッピーエンドの話は、異類女房のなかで唯一と言っていいのである。ただ、この話は岩手県遠野市で採集され、他に日本中でどこにも類話のないところをみると、前述の「伊勢参り猫」を近代になって、誰かが変更したのではないかとも思われる。今後研究すべき課題であろう。

Ⅵ　宮沢賢治の猫

風と猫

本章は宮沢賢治の作品のなかの猫について述べる。賢治の作品のなかで猫が登場するもの四作を取りあげて論じることにした。どれもよく知られている作品である。それらについて、ひとつずつ考えを述べていきたいが、その前に、面白いエピソードをひとつ紹介しておこう。賢治の作品のなかの猫について、ひとつのヒントを与えてくれると思うからである。

私の勤務している国際日本文化研究センターの隣に、桂坂小学校という学校がある。今から二年ほど前、その学校の村田喬子校長先生のアイデアに乗って、梅原猛さんをはじめセンターの教授たちが、そこに授業に行くことになった(これは現在も続いている)。そのとき、当時の教授の一人、山折哲雄さんは、小学校六年生に対して、宮沢賢治についての授業をした。何しろ、山折さんは賢治の生家と二百メートルほど離れた家に生まれ、賢治さんの家ともつき合いのあった人だから、賢治に対する思い入れは深く、勢い熱のこもった授業になった(河合隼雄・梅原猛編著『小学生に授業』に山折さんの授業記録も収録されている)。

山折さんは賢治の三つの作品「風の又三郎」「注文の多い料理店」「銀河鉄道の夜」を示し、これらには「共通する問題が出てくるんです。なんだと思う?」と子どもたちに問いかける。そして、「それはね、風がものすごく大きな役割を果たしているということ。この三つの童話の中心的な大問題は「風」だということです」と自ら答え、ひとつひとつの作品を取りあげつつ、賢治の作品のなかの「風」の重要性を明らかにしていく。実に賢治の本質をついた授業である。

ところで、この授業を受けた六年生の子どもが校長先生に次のようなことを話したとのことを、村田校長先生からお聞きした(ここの生徒たちは、よく校長先生に話をするらしい、素晴らしいことだ)。この生徒は、宮沢賢治の作品を割に読んでいたので、山折さんが宮沢賢治の作品に共通する問題はと問いかけたとき、それは「猫」だと言おうと思ったが、山折先生が先に「風」と言ってしまったので、あれっと思った。そうかなと思ったが、山折先生の話を聞いているうちに、やっぱり「風」と思った、というのである。

このエピソードを聞いて、今度は私が「あれっ」と思った。というのは、私は宮沢賢治の作品における猫のことをずっと考えていたからである。それをどんなふうに表現すればいいかなと思っているとき、「猫と風」というヒントが舞いこんだように思ったのである。この両者はあんがい似ているようだ。

この文を書くについて、宮沢賢治の作品、特に猫が関連するものを読んでいるうちに、佐藤栄二「宮沢賢治童話集『風と山猫』(WIND AND WILDCAT PLACES)について」というのが見つかって驚いてしまった(『四次元』二〇二号)。これは、ジョン・ベスターという人による宮沢賢治の作品の英訳本(講談社インターナショナル刊)について論じているのだが、私が驚いたのは、その作品集にジョン・ベスター氏がこのような題名を付したのは、猫と風とが、宮沢賢治の作品の特徴を伝えるのに、ぴったりと感じたためと思われる。

猫は第I章に記したように実に多様な意味をもっている。しかし、賢治の作品に登場する猫たちの特性を一言で表現すると、風との類似性というのがいいのではなかろうか。私は子どもの直観力の鋭さに感心してしまった。賢治の猫についてあれこれ考えているときに、校長先生から前記のエピソードをお聞きして、猫のイメージと風のイメージが、私の心のなかで重なるのを感じたのである。

普通だと、猫と風はまったく別種と感じられるかも知れない。違うと言えばまったく違ったものである。しかし、風のつかまえどころのなさ、いったいどこから来てどこへ行くのかわからない、優しくもあれば荒々しくもある、少しの隙間からでも入りこんでくる、などという性質は、猫にもそのまま当てはまることだし、賢治の作品の猫たちは、まさにそのような性格をもって登場しているように思うのである。

ところで、賢治には「猫」という短篇というか、ノートのような作品がある。

「(四月の夜、とし老《と》った猫が)

友達のうちのあまり明るくない電燈の向ふにその年老った猫がしづかに顔を出した。」

という書き出しで、その猫の描写のなかに、

「(私は猫は大嫌ひです。猫のからだの中を考へると吐き出しさうになります。)」

という感想のようなことが書かれ、最後も、

「(どう考へても私は猫は厭《いや》ですよ。)」

と結ばれている。

どうも、賢治は現実には猫は好きでなかったようだ。ところが、作品のなかの猫は、そんな感じをまったく反映していないので、やはり、作品のなかの猫は、風のように彼の心の世界に、さっと登場してきたものとして見るのがよさそうである。

猫の訪れ

有名な「セロ弾きのゴーシュ」を取りあげてみよう。

ゴーシュは「町の活動写真館でセロを弾く係りでした。けれどもあんまり上手でないという評判でした」。このゴーシュという名は、フランス語で「不器用な、歪んだ」という意味をもつ。彼の名前がそもそも、その不器用さを示している。ゴーシュは上手でないどころか、楽員のなかでは一番下手で、「いつでも楽長にいじめられるのでした」。

世の中には、確かに不器用な人というのがいる。他の人が普通にできることができず、ひっかかったり、つまずいたりする。この不器用さも身体的なのと、心理的なのとがあるが、いずれにしろ、ものごとがスムーズに運ばないのである。これは、「風」とは逆のイメージである。風はすいすいと進んでいく。変にひっかかったり、つまずいたりはしない。

不器用な者はいじめの対象になりやすい。ゴーシュも楽長に徹底的にいじめられる。どうしてもゴーシュの音だけが皆と合わないと楽長は言い、「いつでもきみだけとけた靴のひもを引きずってみんなのあとをついてあるくようなんだ」と皮肉を言う。こんなに言われてもゴーシュは何も言い返せない。「ゴーシュはその粗末な箱みたいなセロをかかえて壁の方へ向いて口をまげてぼろぼろ泪《なみだ》をこぼし」ている。

こんなゴーシュが十日後の演奏では、皆とうまく合奏したのみならず、アンコールに独奏をして大成功をする。あの楽長でさえ、「十日前とくらべたらまるで赤ん坊と兵隊だ。やろうと思えばいつでもやれたんじゃないか、君」と言って賞讃するのだ。

どうしてこんなことが起きたのか。この奇跡のはじまりが「猫」なのだ。ゴーシュがセロの猛練習をしているとき、猫がまさに風のようにやってきた。ゴーシュが死にもの狂いでセロを弾いているとき、「すうと扉を押してはいって来たのはいままで五六ぺん見たことのある大きな三毛猫でした」。

猫はゴーシュの畑から半分熟したトマトをとってきて、おみやげですと差し出す。ところが、ゴーシュはひるからのむしゃくしゃを一挙に爆発させ、猫にむかって怒鳴りつける。ところが猫は大したもので、「口のあたりでにやにやわらって」

「先生、そうお怒りになっちゃ、おからだにさわります。それよりシューマンのトロメライをひいてごらんなさい。きいてあげますから」と言う。

これを聞いてゴーシュは「生意気だ」と大いに怒り、「まっ赤になってひるま楽長のしたように足ぶみしてどなりました」が、ともかくセロを弾くことにする。猫は「トロメライ、ロマチックシューマン作曲」などと所望するのだがゴーシュは何と扉に鍵をかけ窓もしめ切り、自分は耳に栓をして、「印度の虎狩」を嵐のような勢いで弾きはじめる。ここは、風が嵐になったという感じである。猫はあわててしまって、逃げ出そうとするが扉も窓も開かない。「ご生ですからやめてください」と猫は頼むが、ゴーシュはやめない。しまいには、「猫はまるで風車のようにぐるぐるぐるぐるゴーシュをまわりました」。

とうとうゴーシュがやめると、猫はけろりとして、「先生、こんやの演奏はどうかしてますね」と言う。ゴーシュはしゃくにさわって、猫に舌を出させ、マッチを舌でシュッとすって、煙草に火をつける。これには猫も驚いて、扉にどんと頭をぶつけたりするが、ゴーシュもとうとう猫を許して外に出してやる。その後、ゴーシュはせいせいしたというようにぐっすりと眠るのだ。

この後、ゴーシュのところには、かっこう、猫、野ねずみなどがやってくる。これは、ゴーシュの腕の上達に大いに役立つのだが、それは省略して、ここでは、猫の訪問がどれほど、楽長によって傷つけられたゴーシュの心を癒すのに役立っているかを見ることにしよう。

ここでは何と言っても、ゴーシュがその心のなかの怒りを表出できたのが大きい。彼は楽長に対して怒りを爆発させるかの如く、猫に向かって感情を発散させるが、そのうちに、それが「印度の虎狩」という音楽によって表現されるところが素晴らしい。それはつまり、ゴーシュの感情が自らコントロールできるものへと変化しているのだ。その荒々しい曲は、実はゴーシュの魂にとって、トロイメライのように優しい効果をもっていることを、猫はどこかで知っているのではなかろうか。

猫は知ってか知らずか、風のようにさっと来て、そして部屋のなかでは嵐のように荒れ狂い、そして、さっと去っていってしまった。かくて、ゴーシュは楽長のいじめから立ち直り、せいせいして心安らかに眠ることができたのである。

猫の王、獅子

「猫の事務所」には、人間が登場しない。これはすべて猫の物語である。と言っても、猫族の王とも言うべき、獅子が最後に現れ、その意味が非常に大きいのだが。

私事にわたるが、私が学生だったころ、私たち兄弟は皆、この話が大好きだった。「私は××に同情します」

とか、「ぼくは半分××に同感です」などという科白をよく言ったものだ。これらはなかなか便利な表現なのである。このなかにある「トバスキー酋長、徳望あり。眼光炯々《けいけい》たるも物を言うこと少しく遅し」というような表現も、少しもじってよく使ったものだ。兄の雅雄の指導教官であった梅棹忠夫さんがはじめてわが家を訪れたとき、われわれは「眼光炯々として、物を言うこと少しく鋭し」などと言って、喜んだものだ。梅棹さんはまったく眼光炯々で、少しくどころか実に鋭い言葉を発する人で、われわれ兄弟に強いインパクトを与えたのだった。

「猫の事務所」の話では、何と言っても気の毒なのは竈猫《かまねこ》である。事務長は大きい黒猫。その部下の一番書記は白猫、二番は虎猫、三番は三毛猫である。そして四番書記が竈猫なのであるが、これは他の猫と異なって、生まれつきではない。生まれつきは何猫でもいいのだが、「夜かまどの中にはいってねむる癖があるために、いつでもからだが煤《すす》できたなく、殊に鼻と耳にはまっくろにすみがついて、何だか狸のような猫のことを云うのです」。

つまり、これは猫のなかの不器用《ゴーシュ》な猫なのだ。そして、当然のように彼はいじめの対象になる。虎猫は自分が失敗して、べんとう箱を落としてしまったのに、それを拾ってくれたかま猫に、何やかやといちゃもんをつけて、最後は、決闘を申し込みそうになるが、このときは、事務長の黒猫が間に入って事なきを得る。そんないじめをいろいろと語ったところで、突然、

「みなさんぼくはかま猫に同情します。」

という作者の言葉が入る。猫たちの世界の記述のなかに、急に人間の作者が、その生《なま》の感想を語るのである。これには驚かされるが、この作品が、「ぼくは半分獅子に同感です」という言葉で終ることを見ると、実に重要なポイントであることがわかる。この点については後で述べることにしよう。

ともかく、いじめに会うかま猫に対して、事務長はある程度守ってくれていたのだが、それもあやしくなってくる。かま猫が病気で休んでいるうちに、他の猫が中傷して、事務長までかま猫嫌いになり、彼は事務所のなかで、まったく仲間はずれにされてしまう。

「とうとうひるすぎの一時から、かま猫はしくしく泣きはじめました。そして晩方まで三時間ほど泣いたりやめたりまた泣きだしたりしたのです。」

それでも他の猫たちの仲間はずれは続いていた。そこに突然に獅子が現れ、「解散を命ずる」と叫び、事務所は廃止になった。

「ぼくは半分獅子に同感です。」

という言葉でこの作品は終りになるが、ここで作者はなぜ「半分」だけ同感したのだろうか。はじめの頃に「かま猫に同情します」と言ったときは、半分などという留保条件をつけていなかったのに。ここに、創作ということの秘密が見事に示されていると思う。

猫の事務所の話を読むと、誰でもかま猫に同情するだろう。作者だって同様だ。そのときに「みなさんぼくはかま猫に同情します」という作者の言葉をなぜ挿入したのか。それは賢治のような人だから、かま猫がかわいそうでたまらなくなったのに違いない。できることなら自分が作中に入りこんで、かま猫を助け、他の猫どもをこらしめてやりたいくらいだったろう。作者が作中人物に同情し切ったような話の展開は、多くの「お涙頂戴」式のお話に見られる。そんなのが「児童文学」だと思っている人さえいる。

賢治はそんなことをしない。ここで自分の気持を表明することによって、かえって作品から距離をとり、猫たちのなすがままにまかせたのである。そうすると事務所の猫は、頼みにしていた事務長まであやしくなり、かま猫をいじめ、かま猫は三時間も泣き続ける。賢治はどうしていいかわからない。

ところが、そこに猫の王である獅子が登場する。しかも、えいとばかりに事務所の解散を命じるのだ。ここのところは賢治にとってもまったく思いがけないことなのだ。作者の思いがけないことが起るものこそ、ほんとうの「創作」である。

これは何と見事なスッパリとした結末ではないか。誰がいいとか悪いとか、いじめをなくするための話合いをしようとか、そんなの全部やめて、「解散！」なのだ。獅子にこう言われてみると、さすがと言いたくなる。しかし、最初にかま猫に同情した賢治にとっては、心残りがする結末だ。せっかく獅子が来たのだったら、調査をして悪い猫を罰してくれたらいいのに……などなど。かくて、作者は「半分同感」ということを表明せざるを得なくなるのだ。

作者が人間の判断を放棄して、解決を猫族に譲っているところが、何とも素晴らしい。

山猫の裁判

おかしなはがきが、一郎のところに舞いこんでくることからはじまる「どんぐりと山猫」の話は、多くの人が知っていることだろう。したがって、あまり細部にこだわらず本質的なところだけに話を絞ることにしよう。

山猫から手紙をもらった一郎は、早速訪ねていくことにする。ところがその道がはっきりわからない。「すきとおった風がざあっと吹くと、栗の木はばらばらと実をおとしました」というあたりから、一郎は山猫の世界に到る道へのヒントを少しずつ得ていく。まず、栗の木に山猫の行方を訊くのだ。この後、笛ふきの滝、きのこの楽隊、りすに道を訊くのだが、話のはじまりで「すきとおった風がざあっと吹」いたことも忘れてはならない。それは、一郎が日常の世界を離れる幕明けなのだ。だから一郎は人間でないものにばかり道を尋ねている。

そのうちに道は「まっ黒な榧《かや》の木の森」に到り、「榧の枝はまっくろに重なりあって、青ぞらは一きれも見えず、みちは大へん急な坂に」なる。ここを越えると「うつくしい黄金《きん》いろの草地」に出るが、ここはもう明らかに、山猫の世界、非日常の世界である。

そこには片目の変てこな男がいて、山猫の馬車別当であると言う。これこそ、まさにゴーシュ・かま猫の系列に属する男と思ったが、実は違っていた。彼は一郎の見えすいたお世辞にすっかり喜んでしまう。なんだか、山猫の世界も俗っぽくなっているのだ。

「そのとき、風がどうと吹いてきて」、山猫が登場する。やっぱり、猫は風と密接に結びついている。猫は一郎に対して、面倒な争いで裁判に困っているので、考えを聞かせて欲しいと言う。そこへ、沢山のどんぐりがやってきて、口々に言い争っている。山猫は、「裁判ももうきょうで三日目だぞ、いい加減になかなおりをしたらどうだ」と言うが、どんぐりは静まらない。どんぐりたちは誰が一番偉いかで争っており、頭のとがったのとか、まるいのとか、大きいのとか、それぞれが自分が一番だと主張しているのだ。

山猫は何度もどんぐりたちを静めようとするが、どんぐりはおさまらない。そこで、とうとう一郎の知恵を借りて、山猫は、

「申しわたしだ。このなかで、いちばんえらくなくて、ばかで、めちゃくちゃで、てんでなっていなくて、あたまのつぶれたようなやつが、いちばんえらいのだ。」

という。すると「どんぐりは、しいんとしてしまいました」。

山猫は大喜びして、一郎に山猫の裁判所の名誉判事になって欲しいと言い、葉書を受けとったら来ていただきたいと言う。一郎は喜んで承知するが、その葉書の文句に、「用事これありに付き、明日《みょうにち》出頭すべし」と書いてはどうかと猫が言うので、「そいつだけはやめた方がいいでしょう」と答える。

山猫は残念がっていたが、おみやげをくれると言う。「黄金《きん》のどんぐり一升と、塩鮭のあたまと」どちらが好きかと訊かれ、一郎は黄金のどんぐりを選ぶ。異界から帰るときのおみやげの選択は、常に難しいことである。

一郎は山猫に馬車で送ってもらう。ところが、その途中でどんぐりはだんだんと光がうすくなり、帰宅したときは、あたり前の茶いろのどんぐりになっていた。山猫も別当も馬車もすべて消えうせ、一郎は自分の家の前にいた。それ以後、山猫からの手紙は来ず、「やっぱり、出頭すべしと書いてもいいと言えばよかったと、一郎はときどき思うのです」。

これで話は終るが、題名が示すとおり「どんぐりと山猫」の世界に、一郎がはからずも招待されて行ったのだが、一度だけでそれ以後は連絡が断たれてしまったという物語である。「どんぐりと山猫」の世界は、非日常の世界である。しかし、別当やどんぐりは、日常世界の考えに汚染されてしまっている。そこで、山猫は一郎に目をつけて招待した。その策はまんまと成功し、一郎の非日常的な知恵によって、どんぐりたちはおさまる。

ところが、ここからが面白いところで、山猫はせっかく一郎を名誉判事にしようとするのに、一郎の方はこのあたりから日常性の方に縛られていく。まず、判事に「出頭すべし」はおかしいと感じる。次に、塩鮭のあたまよりも黄金のどんぐりの方を欲しがる。しょせん、一郎は「どんぐりと山猫」の世界の住人たり得ないのだ。このあたりから山猫の一郎に対する態度が変化するのも注目すべき点だ。猫は別当に、どんぐり一升をもってこいと言うときに、足りなかったらめっきのどんぐりもまぜろとつけ加えている。馬車の仕度をするときも、山猫は半分あくびをしている。

一郎も後で気がついて、「出頭すべしと書いてもいいと言えばよかった」と思う。しかし、もしそのとおり一郎が言い、鮭のあたまを欲しがったりすると、一郎はあまりにもたびたび「どんぐりと山猫」の世界に呼び出され、おそらく、こちらの世界では「変な子」という烙印をおされることになっただろう。山猫とのつき合いも、なかなか難しい。

都会人と猫

ゴーシュも一郎も、猫とのつき合いがあった。しかし、世のなかにはこのような猫の世界のあることを全然知らない、あるいは、勢いこんで否定するような人もいる。人間が自然の一部であることを忘れ、自然と切れてしまっている人のことを、ここでは一応都会人と呼んでおこう。そのような都会人が、突然顕現してきた猫の世界に触れて、どれほどの恐怖を味わうのかを、「注文の多い料理店」は見事に描いている。

「注文の多い料理店」にでてくる「二人の若い紳士」は都会人の典型で、ゴーシュとはまるきり逆の人である。不器用とは縁遠い。イギリスの兵隊の姿で、ぴかぴかする鉄砲をもち、「鹿の黄いろな横っ腹なんぞに、二三発お見舞《みまい》もうしたら、ずいぶん痛快だろうねえ」などといきまいている。

この二人の都会人が大変な山奥に入りこんでしまう。案内してきた専門の鉄砲打ちも、まごついてどこかへ行ってしまう。それに連れてきた白熊のような犬も「二疋《ひき》いっしょにめまいを起して、しばらく吠《うな》って、それから泡を吐いて死んでしまいました」。つまり、二人の都会人はまったく無防備なかたちで山奥に取り残されたのである。さすがに二人は恐ろしくなったのか宿屋に戻ろうとするが、見当がつかない。そのとき、「風がどうと吹いてきて、草はざわざわ、木の葉はかさかさ、木はごとんごとんと鳴りました。」この風と共に、世界はもう一段と深化され、そこに「注文の多い料理店」が顕現してくる。ここで紳士がどんな体験をしたかは、読者は御存知と思うので、詳述する必要はないだろう。ただ、大切なことは、猫の方からはいろいろ指示を出しており、紳士がその意味に気づくとすぐに逃げ出したであろうに、紳士の方は自分の視点からしか見ていないので、それを自分の都合のよいように解釈してしまっている、ということである。

これと同じことは、現在も数多く起こっている。子どもたちのたましいから発する多くのサインは、大人たちによって自分たちに都合のよいように読みかえられる。

「すぐたべられます」などという恐ろしい言葉も、紳士たちは自分たちに都合よく解釈していた。ところが、塩を体じゅうにもみ込めというあたりで、さすがに怪しいと気づいた。「かぎ穴からはきょろきょろ二つの青い眼玉がこっちをのぞいています」となって、二人は絶体絶命、「二人はあんまり心を痛めたために、顔がまるでくしゃくしゃの紙屑のようになり、お互にその顔を見合せ、ぶるぶるふるえ、声もなく泣きました」。

そのとき、死んだと思っていたあの白熊のような犬がとびこんできて、紳士たちは九死に一生を得る。何もかも消え、二人は裸で草の中に立ち、上着や靴などがあちこちの枝にぶらさがっていた。

「風がどうと吹いてきて、草はざわざわ、木の葉はかさかさ、木はごとんごとんと鳴りました。」

先に紹介した山折哲雄さんの授業では、山折さんは「注文の多い料理店」について、「風が吹いて物語が始まって、風が吹いて物語がさっと終わるんです」と語っている。大切な指摘である。ひょっとして、これは風が一吹きする間の一瞬の物語だったかも知れない。風に乗って、恐ろしい猫がさっと現われ、さっと消えていったのかも知れない。

紳士は助かって東京に帰っていったが、紙くずのようになった二人の顔だけはもとのとおりにならなかったと言う。都会人は忘れっぽいのだ。せっかく大切な体験をしても、すぐ忘れたり、否定したりする。したがって、一生忘れることのないように、刻印を残されたのである。

現代人が忘れがちな「あちらの世界」から賢治はものを見ることができた。あちらの世界からのメッセンジャーとして、風と猫は賢治にとって非常に大切なものであったようだ。

Ⅶ　怪猫――鍋島猫騒動

魔性の猫

第Ⅰ章に示したように、猫は実に多様なイメージをもっているが、そのなかのひとつとして、魔性の猫がある。これがポジティブなときは、癒しの魔術になるが、ネガティブなときは、災難や病気などの送り手となる。多くの場合、女性と結びつくことが多く、西洋の中世においては、魔女とのかかわりが強くなる。

どうして、西洋において猫は魔女と結びつくことになったのだろう。フレッド・ゲティングズ『猫の不思議な物語』によると、エジプトにおいて、猫の女神セクメトがあまりにも崇拝されたので、このような異教徒の宗教に対する反撥として、キリスト教は猫を無視、または敵視しようとしたからだと言う。同書によると、「一二三三年、教皇グレゴリウス九世は、異端者(魔女もそのなかに数えられている)が黒い雄猫の形をした悪魔を崇拝したと言って、猫反対の連合運動を推進した」。また、グレゴリウス教皇以前から、「一部の彫刻された悪魔の像は、そのサタンとしての威厳を猫属の顔つきで」表わされていたという。

このような考えによって、「悪魔的な力の象徴たる猫を焼き殺す慣習」はヨーロッパにおいてよく行われたらしい。あるいは、「黒猫はサバトに出席すると広く信じられていたので、猫の尻尾を切ると猫が女主人の魔女と一緒に出かけられなくなると想定し、村びとは慣習として猫の尻尾を切った」。罪もないのに焼き殺されたり、尻尾を切られたりした猫たちは、真に同情に値する。

猫はキリスト教国以外でも悪魔的存在として見なされると述べ、前掲書には、南米のインディオ、ケチュワ族の最強で邪悪な猫の悪霊があげられているが、面白いのは、ハドランド・デイヴィス『日本の神話と伝説』に語られている話として、「しっぺい太郎」があげられていることである。「恐ろしい猫に率いられ猫属の形をした山の悪霊どもに、一家の長女の乙女は人身御供として捧げられなければならなかった」として紹介されている。この山の悪霊どもが酒盛りをして騒ぎながら、

あのことこのこと聞かせんな
しっぺい太郎に聞かせんな
近江の国の長浜の
しっぺい太郎に聞かせんな
すってんすってんすってんてん

と歌うのを知った和尚が、長浜まで出かけていき、「しっぺい太郎」という犬を連れてきて悪霊を退治する話であるが、関敬吾編『桃太郎・舌きり雀・花さか爺 日本の昔ばなしⅡ』によると、この悪霊たちは猿で、大将は大きいひひということである。この話がどこかで猫に変ってしまって、猫も迷惑なことと思うが、ひょっとして類話のなかには、猫のがあるのかも知れない。

「しっぺい太郎」の話はともかくとして、日本の昔話に怪猫が登場することは、既に第V章に紹介した。わが国にも魔性の猫のイメージが強くあるのは事実であるが、この章では、猫騒動としてよく知られている物語を取りあげることにした。そのなかでも有名な「鍋島猫騒動」を、『講談全集』によって紹介しつつ考えてみるが、この講談によると、怪猫談は実に多くあり、「団十郎猫、按摩玄哲猫、熊谷の鍋さげ猫、浦賀の唐茄子猫、石川の猫酒屋など、挙げるにいとまないほど沢山」あるが、その両大関格が「鍋島の猫騒動と、久留米の有馬の猫騒動」であるらしい。

鍋島猫騒動

「鍋島猫騒動」の講談を読む。長いものだがなかなか面白い。おそらく何回かに分けて続きものとして語られたのではないかと思うが、つぎつぎと興味をそそられるエピソードや場面が出てきて、話に引きこまれるようになっている。しかし、終ってみると、これは日本の物語の特徴と言っていいかも知れないが、全体的な構成やアイデアという点では、大したことはない。立体的構成感がなく、面白いと思いながら、筋を追っているうちに終ることになる。長い話なので、細かいエピソードは省略して、ごく簡単に粗筋を紹介する。そうすると味もそっけもないものになってしまうが。

九州佐賀の鍋島丹後守光茂の家中に、龍造寺又八郎という武士がいる。遠い昔に鍋島家の主家であった筋というので、客分扱いで千石を賜わり、無役ながら家老上席に坐るという待遇を受けている。この又八郎と政という夫婦に子どもがなく、家老末席の矢上家の藤三郎を養子にもらう。ところが、政が「五十近くになって、初めて妊娠」し、又七郎という子を生む。この又七郎が疱瘡《ほうそう》にかかり両眼失明。その無念さもあって、龍造寺夫妻は藤三郎にきつく当る。ある日、藤三郎と父親の又八郎が囲碁をするうちに、感情のもつれから、藤三郎は父親を斬って棄て、自らは切腹。二人の生首が碁盤の上でにらみ合うという凄絶なことになる。

龍造寺家の手離したこの碁盤が、めぐりめぐって殿様の光茂のものとなるが、それ以来、光茂は囲碁をすると気が荒くなる。光茂が勝つと家来がへつらったと怒り、負けるとまた怒る。お付きの者も手を焼いていたが、光茂は、龍造寺又七郎を碁の相手として招く。その頃、龍造寺家で、子どもにいじめられているのを助けて以来飼っている玉という「半面斑《まだら》の烏猫」(真黒だが、顔の半面に白い斑がある猫)がいたが、この猫が必死になって又七郎の出かけるのを止めようとする。政も不吉なものを感じて、又七郎に行かぬように説得する。それでも又七郎は登城し、囲碁をめぐる感情のもつれから、光茂に殺される。

光茂も後悔するが仕方がない。近習頭の小森半左衛門のはからいで、又七郎の死体は当時普請中の土蔵の壁に塗りこめ、龍造寺家に対しては、又七郎は帰宅の途中、どこかで行方不明になったと伝える。

政は又七郎の行方を調べるがわからない。しかし、夢のなかで飼猫の玉に真相を告げられ、これは正夢と確信し、猫の玉を抱いて、「そなたの体内を借り受け、畜生道に墜ちたる上、通力を得て、鍋島三十五万七千石の家を覆し、我が子、又七郎の仇を討たん覚悟。のう玉、必ず妾《わらわ》の願いかなえてくれよ」と言いつつ、懐剣を咽喉《のど》に突き立てて自害。玉を自分の斬り口に当てがって、血を飲ませる。何とも凄まじい光景である。猫はそのままどこかに立ち去り、龍造寺家は断絶。用人の石田来助は浪人暮らしとなるが、鍋島家に仇を返そうと機会を狙うことになる。

鍋島光茂は江戸詰となって江戸屋敷に来るが、そこで龍造寺又七郎の幻影を見たりして、うつうつと気が晴れない。そこで、近習頭小森半左衛門は下屋敷の桜があまりに美しいので、光茂の気も晴れようと花見の宴を開く。そこに怪猫が出現、光茂に襲いかかり、光茂も一太刀斬りつける。小森半左衛門が討ちとろうとするが逃してしまう。ところが、怪猫は半左衛門の母親を喰い殺し、その姿に化けていることがわかり、半左衛門が斬りかかるが、この際も取り逃してしまう。

国許には光茂の愛妾、お豊が光茂が国詰となって帰るのを待っていた。そこへ、怪猫が現れ、お豊を殺し、自分が化けてお豊になりすます。そのお豊を光茂が江戸に呼び出したが、そのうちお豊は妊娠。国許に帰った方がいいというので、小森半左衛門以下をつけて送り返す。光茂は安産守護のために家宝の名刀、花切丸をさずける。国許への道中、面白いエピソードがあるが略して、半左衛門は、武士だったが雲助になっていた高木三平と義兄弟の縁を結び、高木三平は、半左衛門が母の仇を討つために猫を退治しようとするのを助けることを誓う。その猫の化けたお豊は半左衛門を陥れようと、名刀花切丸を隠し、これは半左衛門の罪となり、光茂の手打ちを受ける。と言ってもこれは表向き、光茂は半左衛門を手打ちにしたことにして命を助け、浪人とはなっても怪猫の退治に力をつくせと言う。

浪人になった半左衛門、思いがけない幸運などあり、高木三平と共に鍋島家の国許へと帰る。というのも、お豊が帰国して以来、鍋島城下には、夜になると「光りもの」が出現し、人々が殺されたり傷つけられたりすると聞き、怪猫の仕業であろうと考え、退治におもむいたわけである。ここで、怪猫に養父母を喰い殺された怪力無双の少年、伊東惣太と知合い、三人で猫退治を誓う。惣太にまつわる話も、面白い話が続くのだが、これも略しておこう。

鍋島光茂は国詰となって帰国したものの、お豊と接するために、原因不明の病となって引きこもる。夜になるとお豊が見舞いに来るのだが、そのために一層苦しみは増すばかりの様子である。

伊東惣太と高木三平はうまく伝をたどって仲間《ちゅうげん》となり、城内の様子をさぐることになる。夜警中の両人は、手柄を立てて上役に認められる。ここにもいろいろな話があるが、すっとばしてしまって、惣太は士分に取り立てられ、光茂の宿直《とのい》の近習の一人にしてもらう。と言うのは、光茂の病は、平素は何ともないのに、夜の子刻《ここのつ》か二時《や つ》の間にいたく苦しむのだが、そのときになると宿直の者が強い睡魔に襲われて眠ってしまい、光茂の不興を買うということを知っていたからである。

伊東惣太が宿直に出ると、確かに子刻を過ぎると皆が眠りはじめる。惣太は小柄のきっさきを太股に当てたりして眠りをこらえていると、お豊が腰元を従えて光茂の見舞いに上る。お豊が光茂の胸をさすると光茂はにわかに苦しみはじめる。このことを惣太は上役に知らせ、お豊が怪しいと進言。そこで、半左衛門と共に次の夜はお豊を監視し、正体を見破る。腰元も猫の化けたものだった。

そこで、総出でお豊に立向かうが、お豊は猫に変身し手傷を負いながらも逃げてしまう。その後、怪猫は山奥の洞穴にこもり、家来を従えて住んでいる。そこに、半左衛門、惣太、三平の三勇士が鍋島家の手勢を従えて怪猫退治に向かう。これにも、いろいろと苦心談、武勇談が語られる。この間に三平は怪猫と組合って命を失うが、とうとう最後には、半左衛門と惣太は猫を討ち殺し、鍋島家に重く用いられるようになって、めでたしめでたしで話が終る。

そして、怪物の怨霊をおそれ、鍋島家では例の洞穴のあたりに社を建てて、猫どもの霊を祀ることにした。土地の人々はこれを猫魔《びょうま》明神と呼んで、佐賀名所の一つとした。一方、龍造寺家の菩提所、浄林寺へは光茂が使の者を遣わし、龍造寺又七郎をはじめ、お政、又八郎、養子藤三郎などの霊をねんごろに弔った。このため、その後は祟りも何もなく、鍋島家も安泰に収まった。

怨念

極めて簡略化して話の要約を示したが、最後は退治されたとは言え、何とも恐ろしい怪猫の跳梁ぶりである。このように猫が猛威をふるう原動力として、人間の怨念が作用していることを見逃してはならない。猫の姿をとっているが、実は女性の政のたましいが乗り移っているものであり、彼女の鍋島光茂への怨念が猫をつき動かすのだ。

人間のもつ情念のなかで、人間を動かす力としては怨念は相当に強いものであろう。恋愛の情熱も実に強力であるが、持続力という点では怨念に負けるように思う。「執念深い」という表現があるが、これはまさに怨念のための形容詞と言ってもいいくらいである。何度も失敗したり、傷ついたりしながら、怪猫の執念深いところが、この話にはよく描かれている。

ところで、政の怨念が猫に乗り移る前に、もうひとつの怨念話が語られている点に注目したい。つまり、養子藤三郎の養父母に対する怨念である。それは、藤三郎の父親殺しにまで発展してしまう。藤三郎は父親の日頃の仕打ちに耐えられず、思い余って斬り殺してしまう。

父と息子の葛藤による、息子の父親殺しとなると、誰しもエディプス・コンプレックスという言葉を思い出すであろう。フロイトはギリシャ悲劇の『オイディプス王』の話にヒントを得て、すべての男性は幼児期に母親に対して愛着を感じ、その邪魔者である父親を殺そうと考えるが、そんなことは不可能であると思ってあきらめ、その欲望を抑圧してしまう、しかし、その欲望とそれに対する罰の不安とは、男性の無意識内にコンプレックスとして存続し続けると考えた。

何でも物事というのは、あんがいな重なりを示すもので、「鍋島猫騒動」を読む前に、私は立て続けに「父親殺し」の物語を読んだ。まず、アイヌの昔話を読んで、そのなかに出てくる「父親殺し」の話が、エディプスの話などとあまりにも異なるので、いろいろと考えていたが、続けて読んだのは現代の小説で、柳美里さんの『ゴールドラッシュ』。ここには、少年の父親殺しのことが、重要なプロットとして語られる。

「父親殺し」一般についてはまた他で論じるとして、「鍋島猫騒動」のなかで、それをどう考えるかを述べてみよう。『ゴールドラッシュ』のなかでは、少年とその父親との葛藤は実に強く、エディプス・コンプレックス理論が好きな人は、それを適用してみたくなるかも知れない。確かに、一人の男の子が成長していくときに、その前に立ちはだかる父親と、どう対決していくのかということは、『ゴールドラッシュ』のなかの、ひとつの重要なテーマになっている。

それに対して「鍋島猫騒動」では、最初に凄まじい父・息子の怨念を描きつつ、それが物語のなかで、主要なテーマとなっていない気がする。父と息子の生首が碁盤の上でにらみ合う、などというおどろおどろしい光景を提示しながら、話の主題は別の方、つまり、怪猫退治の方に移行してしまう感じがする。人間の心の奥底にある闇を見つめるよりも、化け猫退治の面白さの方に重点が移って行き、話を進めていく原動力として語られた父子の葛藤は、何となく忘れられていく。

ところで、はじめに語られる父親と息子の怨念は横に置いておくとして、猫に乗り移った政の怨念について考えてみよう。そもそも、光茂が又七郎を斬り棄てたのは極めて理不尽であり、その上、それをもみ消そうとして、死体を壁に塗り込め、又七郎は帰宅したと告げるなど、まったく言語道断である。明らかに、光茂が悪業を犯している。とするると、ここで、政が光茂に対して、又七郎の母としてその仇を討とうとするならば、義は政の方にあるのではなかろうか。つまり、政の怨念は正当と言わねばならない。もしも、これが西洋の物語であれば、どのような展開をするだろうか。

政が猫の玉の夢を見て真実を知り、玉を抱いて自害するとき、「今の夢はかならず正夢。もうこの上は鍋島丹後守、汝こそは主殺しの大罪人、夫に別れ子に別れ、生きて甲斐なきこの身を棄てて、やわか仇を討たで置くべきや」と言っている。ここで、息子の仇と言わず「主殺しの大罪人」という表現をしているところが面白い。これは前節にも少し触れておいたが、龍造寺家はもともと鍋島家の主家であった。豊臣、徳川と時代が変るときに、龍造寺家は没落、鍋島は大名となったのだが、その後に主家を探し出して、客分として厚遇してきた、というわけである。したがって、筋で言えば、龍造寺家は鍋島家の「主」とも言えるので、話がややこしい。実質的にはもちろん、鍋島家が主であり、だからこそ権力を行使して、殿様の罪をもみ消そうとしたのである。

このように見ると、又八郎と藤三郎の関係も、養子の関係で実の親子ではない。名目上の親子であることの悲劇であり、名目上の主と家来という政と光茂の話と重なってくる。したがって、二つの物語の怪猫の背後には相当な怨念がはたらき、また錯綜しているのである。

塗り込める罪

光茂が理不尽にも斬殺した龍造寺又七郎の死体は、小森半左衛門のはからいで土蔵の壁に塗り込められてしまった。これで殿様の犯した罪を隠したのだが、話はそれで終らない。「その後、雨のシト〳〵降る晩など、この土蔵の壁に、怨めしげな盲人の姿が、ボーッと映って、それを見た者が、キャッと叫んで気を失」うということが起るようになったという。なかなか罪を隠しとおすのは難しい。

「壁に塗り込めた罪」と猫との関連となると、誰しもエドガー・アラン・ポーの有名な短篇「黒猫」を思い浮かべるのではなかろうか。洋の東西、それに時代も異にしながら、似たような主題が生じるのは、実に興味深いことである（以下の引用は、新潮文庫『黒猫・黄金虫』による）。

「黒猫」は、明日は死刑となる殺人犯の「私」が事件を回顧して語る形式をもって書かれている。「私」はおとなしく情ぶかい性質で、似た性質の妻と結婚する。動物をいろいろ飼ってかわいがっていたが、最後に大きく美しい黒猫を飼う。驚くほど利口で、「黒猫というものがみんな魔女が姿を変えたものだという、あの昔からの世間の言いつたえ」を思い起こさせた。夫妻はこの猫にプルートォと名づけかわいがっていたが、「私」が酒に溺れ出してから話がおかしくなってきた。

「私」は猫をひどくいじめ、最後には猫を殺してしまう。ここの「私」の心の動きは注目に値する。「私」は「してはいけないという、ただそれだけの理由で、自分が邪悪な、あるいは愚かな行為をしている」ことを自覚しつつそれがとめられない。彼は「猫の首に輪《わ》索《なわ》をはめて、一本の木の枝につるした。——眼から涙を流しながら、心に痛切な悔恨を感じながら、つるした。——その猫が私を慕っていたということを知っていればこそ、（中略）つるしたのだ」。やってはいけないとわかればわかるほどやってしまうのだ。

この残酷な行為をした日の夜、「私」の家は火事で全焼する。ところが、一カ所だけ焼け残った壁の「白い表面に薄肉彫りに彫ったかのように、巨大な猫の姿が見えた」。猫の姿がそこに焼きつけられていたのだ。

「私」はこれに懲りず、また一匹の黒猫を飼う。しかし、この猫は「胸のところがほとんど一面に、ぼんやりした形ではあるが、大きな、白い斑点で蔽《おお》われている」。これは、「半面斑の烏猫」の姿を思い起こさせる。猫は「私」になつくが、そのためにこそ「私」は猫を嫌うようになる。ところで、猫の白い斑点はだんだんとはっきりした形となり、それは絞首台の形になった。「私」は恐怖といらいらとで、猫にも妻にもきつく当るが、妻は「辛抱づよく我慢したのだった」。このところは、養父又八郎のいじめに耐える藤三郎の姿を思い起こさせる。

ある日、「私」は激情にかられて猫を斧で打ち殺そうとし、とめに入った妻を殺してしまう。そして、死体を隠そうとあれこれ考えた末、「中世紀の僧侶たちが彼らの犠牲者を壁に塗りこんだと伝えられているように——それを穴蔵の壁に塗りこむことに決めたのだ」。

「私」はその作業を終えた後、猫も殺してやろうと思ったが、猫は知らぬ間にどこかに行ったらしく姿を見せなかった。

一隊の警官が家宅捜索に来たが、何も見つけられず引き揚げようとした。「私」は嬉しくなって「この壁は——お帰りですか？　皆さん——この壁はがんじょうにこしらえてありますよ」と言って、妻の死体を隠してある壁をたたく。すると、そこから「地獄に堕ちてもだえ苦しむ者と、地獄に堕《おと》して喜ぶ悪魔との咽喉から一緒になって、ただ地獄からだけ聞えてくるものと思われるような、なかば恐怖の、なかば勝利の、号泣——慟哭《どうこく》するような悲鳴——」が聞こえてきた。「私」は妻の死体と共に、猫をもそこに閉じこめてしまっていて、その猫の悲鳴が聞こえたのであった。

これは実に恐ろしい話だ。私は学生時代に読んで、最後のところでは、猫の悲鳴がほんとうに聞こえてくるように感じて、ぞっとしたのを今もよく記憶している。人間の心の闇にうごめくものを、ポーは的確にとらえて記述している。どんなにやさしい人でも——いや、やさしければやさしいほど——心の奥底に残忍な心が隠されているのだ。

化け猫退治

これまで述べてきたように、「鍋島猫騒動」の話は、大変な主題をもっている。「父親殺し」「罪の塗り込め」などの点について、一例として、『ゴールドラッシュ』「黒猫」などをあげたが、これらの作品は、人間の心の暗部を正面から見つめるもので、読みすすんでいるうちに、読者は立ちくらみを感じるような体験をすることであろう。人間存在につきまとう恐ろしい影の部分について、考えこまざるを得ない。

ところで、「鍋島猫騒動」の方はどうであろうか。この講談を聞いた後で、帰路に立ちすくんでしまって、人間の心の闇について考えこんだり、自分の心の影の存在の自覚におびやかされたりするだろうか。「ああ、怖かった」と言うにしろ、「ああ、面白かった」と言いつつ、家に帰るのではなかろうか。

怖いと言えば、この講談に語られるシーンも相当なものだ。何と言っても凄いのは、碁盤の上でにらみ合っている二つの生首であろう。あるいは、「「ウーム」と唸りながら政殿、咽喉から懐剣を引き抜きますと、左手《ゆんで》に捉《つかま》えた愛猫玉を、その斬り口へ当てがい、ドク〳〵と流れる血汐《ちしお》を、玉に吸わせます。愛猫玉が、その迸《ほとばし》り出る血汐を、ペロリ〳〵と嘗《な》めるとともに、政殿は七転八倒の大苦しみ」などというところもある。

しかし、鍋島の話はそれほど人間の心を揺さぶらない。これはもちろんであって、そんなことをしていたのでは、一般の人たちは聞きになどきてくれないだろう。誰もが楽しみのために講談を聞きにきているのだ。怖いのも楽しみのうちでないと駄目なのだ。

そう思うと、やはりこのお話は講談らしい工夫がうまくこらしてあることに気づく。この話は、先に示したような人間存在の深みにかかわる深刻なテーマをもっているが、何と言っても、最大の関心事は、化け猫退治なのである。三勇士による怪猫退治、ここに焦点が当てられている。その話を盛りあげるためには、この怪猫がどのようにして出現することになったかを語らねばならぬので、その間にこれまで取りあげてきたような主題が語られることになる。しかし、あくまで話は怪猫退治にもってゆかねばならぬので、猫に両親(養父母なのだが)を喰われた怪力無双の少年、伊東惣太などというのを登場させることになる。

既に述べたように、理性をはたらかせて考えはじめると、猫の(つまり政の)怨念の方に正当性があるようにも感じられるが、そんなに難しく考えることはやめにして、何と言っても、殿様は偉いのだし、鍋島家の城内が平穏無事である、ということが最も大切なことなのだ。それを騒がせるような怪猫は退治しなくてはならない。というふうに話は展開してゆき、その経過のなかで三勇士にまつわるエピソードによって、興味深く話は進み、聴衆はそれに惹きこまれる。

要は心のなかのことなどは言わないのだ、と思っていたら、最後に猫が殺されたところで、怨霊の鎮魂の話になる。さっきまでは怪猫だった存在が「猫魔明神」に祀りあげられる。そして、龍造寺家の者一同についても、「ねんごろに弔いましたが、これにてことごとくの怨霊も、消滅いたしたものと見え、その後は別段の変りもございません」というわけで、めでたしめでたしとなる。

政の怨みは正しいのではないか、殿様の罪は裁かれるべきか、人間の親子はなぜいがみ合うのか、考え出すと難しいことばかりで、いったい誰が善か悪かもわからなくなってくる。そのような困難な課題に立ち向かうのではなく、ともかく怪猫は退治するべきであるとして、勇者がそれを倒し、倒した後で、その猫を神として祀ることにより、怨霊をしずめる。これも昔の日本人の考えた知恵なのかも知れない。難しく考えなくとも、ともかくものごとがちゃんと収まるのだ、ひょっとして現代の日本人もこのパターンを繰り返しているのかも知れない。

VIII 100万回生きたねこ

猫の絵本

ここでは猫の絵本を取りあげることにした。と言っても猫が喜んで見る猫用の絵本というわけではない。もっとも、絵の好きな猫もいるようだから(にしまきかやこ『えのすきなねこさん』)、絵本好きの猫もいるかも知れない。そう言えば、東京の有名な某ペットショップに、猫用、犬用、などと分類された絵本が並んでいるのを、車で通りすがりにちらりと見たような気もする。『新潮』の編集部の人に調べていただいたが、不明なので、猫のことを描いた絵本について述べることにした。

猫の絵本と言っても沢山あるのに違いないし、私は絵本の専門家でもないので、偉そうなことは言えない。ただ、手許にある絵本から選んでお話をさせていただく。なぜこの名作を取りあげなかったのかとお怒りの方は、是非それをお教え願いたい。またの機会に取りあげさせていただくだろう。

猫の絵本というと、表題にあげた、佐野洋子『100万回生きたねこ』を想起する人は多いのではなかろうか。私もこれは大好きなので、猫の絵本代表、および、猫があちこち世界中の絵本のなかに生きかえって活躍している、という意味をこめて、表題にすることにした。猫の絵本でもうひとつ私の好きなのは、長新太『ごろごろ にゃ

『100 万回生きたねこ』の装幀

ーん』である。これについても後に詳しく述べるが、世界の絵本もいろいろあるなかで、好きな絵本として、ぱっと思い浮かぶのが日本の二人の作家の本だというのは嬉しいことである。他のジャンルだと、なかなかこんなことはないかも知れぬ。日本の絵本というのは、国際的に見ても、ずいぶん水準が高いのではないか、と私は思っている。この他、ここに取りあげる絵本は、ジェイムズ・ジョイス文／ジェラルド・ローズ画／丸谷才一訳『猫と悪魔』、J・ワグナー文／R・ブルックス絵／大岡信訳『まっくろけの まよなかネコよ おはいり』、ハンス・フィッシャー文・絵／石井桃子訳『こねこのぴっち』、ワンダ・ガアグ ぶん・え／いしいももこ やく『100まんびきのねこ』である。作者や訳者に著名な人の名があって驚かれたかも知れない。絵本と言って馬鹿にしてはいけないのだ。

最近は、大学や私の勤めているような研究機関でも、「評価」とか「自己点検評価」などということが厳しくなり、年度末には、一年間に書いた論文の数と読んだ書籍の数を報告することになるとかいう話である。そのうちに、大学の研究者で絵本を見る人が増えるのではないかと期待している。佐野洋子『100万回……』など、一回読んでも100万回に数えて報告してもいいのではなかろうか。100万は多いにしても、宗教学の書物百冊分くらいには匹敵するだろう。とは言っても、絵本だからすぐ読めると思うのは浅はかである。ここにあげたような絵本は、絵をみてぼうと考えごとなどしていると、いくらでも時間が経つ。結局は長い時間をかけて、一冊を読み終ることになる。

これらの猫の絵本を見ると、第I章に示した「猫マンダラ」の図が心に浮かんでくる。あれに示したような猫の多面性が、実にうまく絵本に描かれている。単純な話のようだけれども、意味するところをあれこれ考えはじめると、いくらでも深くなってくるし、かわいい絵本なのだが、何だかコワイというのもある。思いがけない「毒」を含んでいたりする。作者に直接訊くと、そんなに考えずに、ただ楽しんでもらえればよい、などと言われるかも知れないが、何となく深読みしたくなってくるような特性を、猫がもっているのかも知れない。

絵本を「絵抜き」で語るのもヤボな話と思うのだが、ともかく、作品を紹介しつつ、私の考えを述べてみたい。

100万回生きたねこ

これは猫の絵本というよりは、すべての絵本のなかでも傑作と言うべき作品である。一九七七年十月に出版され、私が今持っているのは——と言うのは、あげたり貸したりでよく消え失せるので——一九九七年四月の発行で、第六十三刷である。この調子だと、いずれ100万刷まで達するかも知れない。「ひょっとすると大人のための絵本かもしれない」という書評があったが、この本は大人にも子どもにも愛され、実に多くの読者(絵本の場合は読者と言わないかも知れぬが)を獲得している。外国でもよく訳され出版されている。

主人公は雄の「とらねこ」。表紙にその雄姿が描かれている。「猫マンダラ」に示したような、自立性、自主性の体現者という感じ。関西にはダメトラとか言って猫より弱いトラもいるが、この「とらねこ」は虎よりも強いという感じである。独立不羈、恐れを知らぬ強さを感じさせる。

「100万年《まんねん》も　しなない　ねこが　いました。

100万回《まんかい》も　しんで、100万回《まんかい》も　生《い》きたのです。

りっぱな　とらねこでした。」

と最初に書かれている。100万人の人がその猫をかわいがり、その猫が死んだとき誰もが泣いたが、猫は一回も泣かなかった。泣くような女々しいことはしないのだ。

あるとき、猫は王様の猫だった。しかし、猫は王様なんか大嫌いだった。王様は戦争が上手でいつも猫を連れて出陣していたが、ある日、とんできた矢に当って猫は死ぬ。王様は戦いの最中に猫を抱いて泣き悲しんだ。

あるとき、猫は船乗りの猫だった。猫は海なんか嫌いだった。猫は船から海に落ちて死ぬ。このときも船乗りは大変に悲しむ。

こうして、猫はサーカスの手品つかいの猫になったり、泥棒の猫だったり、ひとりぼっちのおばあさんの猫だったり、小さな女の子の猫だったりする。いずれのときも猫は死に飼主は大いに悲しむ。しかし、「ねこは　しぬのなんか　へいきだったのです。」とある。

この場面場面に、絵がつけられている。なかなか楽しい絵だ。絵だけ見ていると、人と猫との楽しい交歓の場面などありそうに思うのだが、いずれの場合も「ねこは……なんかきらいでした。」という文があり、最後に猫は死ぬのである。いったいこの猫の生涯はどうなることなのだろう。ここで場面が変る。

「あるとき、ねこは　だれの　ねこでも　ありませんでした。」

絵を見ると、鋭い目をした堂々たる体のとらねこが、ゴミ入れのドラム罐の上に寝ころがり、食べ散らかした魚の頭などが見える。

「ねこは　はじめて　自分《じぶん》の　ねこに　なりました。ねこは　自分《じぶん》が　だいすきでした。」

多くの牝猫が彼と結婚したいと集ってきた。プレゼントをもってくるのも居た。とらねこは、「おれは、100万回《まんかい》も　しんだんだぜ。いまさら　おっかしくて！」と凄んだ。

ところが、一匹の白い美しい猫だけが、彼に見向きもしなかった。とらねこは「おれは、100万回《まんかい》も　しんだんだぜ！」と威張るが、白猫は「そう」と言った切りである。「きみは　まだ　一回《かい》も　生《い》きおわって　いないんだろ」と言っても、反応は同じであった。とらねこは、サーカスの猫だったことを思い出して、三回も宙返りしたが、白猫は関心を向けなかった。

とらねこはとうとう白猫に「そばに　いても　いいかい」と尋ね、彼女は「ええ」と言った。それ以後、彼はずっと白猫のそばに居るようになり、やがて白猫は、かわいい子猫を沢山生んだ。もう彼は「おれは、100万回《まんかい》も……」と言わなくなった。

「ねこは、白《しろ》いねこと　たくさんの　子《こ》ねこを、自分《じぶん》よりも　すきなくらいでした」。絵を見ると、野原の中央にとらねこと白猫が寄り添っており、その周囲で子猫たちが楽しそうに遊んでいる。彼の目はもうかつてのように鋭くはない。

子猫たちは大きくなり、それぞれどこかへ行ってしまった。子猫の成長に満足し、夫婦の猫は大分年老いたにしろ、ゆったりとして生きていた。「ねこは、白《しろ》いねこと　いっしょに、いつまでも　生《い》きていたいと　思《おも》いました」。

白い猫はとらねこの隣で静かに動かなくなり、死んでしまった。「ねこは、はじめて　なきました。夜《よる》になって、朝《あさ》になって、また　夜《よる》になって、朝《あさ》になって、ねこは　100万回《まんかい》も　なきました」。そのうち、彼は泣きやみ、白猫の隣で、静かに動かなくなった。

最後のシーンは、野原で遠くに家が見える。ここには猫の姿はない。

「ねこは　もう、けっして　生《い》きかえりませんでした。」

以上が『100万回生きたねこ』の粗筋である。絵がないので、魅力は半減どころではない。是非とも原作を手にとって見ていただきたい、と思う。多くの人が、静かで深い感動を味わうであろう。

これに解説をつけるのはヤボであろう。解説などではなく、私の感じたことを少し述べてみよう。この絵本を見て、私はすぐに『チベットの死者の書』を想起した。この書物も最近では広く一般の人に知られるようになったが、私がこれについて知ったのはまだ三十代の頃、これに対するC・G・ユングの解説によってだった。そして、その内容は私にとって実に衝撃的であった。この書は人が死にその魂が四十九日の間、中陰(バルド)をさまよう間に、その魂を導くためのものであるが、まったく単純化して言えば、魂が迷ってこの世に肉体をもって再生して来ないように、つまり、解放され解脱に至るようにと導くものである。

私にとって衝撃的であったのは、「悪しき生」よりも「よき死」を願う態度が明白に示されていたからである。三十代の私としては、死は恐ろしく、何がなんでも拒否したいものであった。ところが、この書物はいかにして再生のチャンス(悪しき誘惑)を拒み、死に至るかということを説いていた。

もっとも、これは単純な読みである。東洋の考えの常として、そこには二律背反的な主張があちこちにこめられており、生と死も、それほど対立的には捉えられないのである。生と死を対立的に捉えると、片方の拒否が他方に至る道と考えるが、そんなものではないのだ。

『100万回生きたねこ』のなかのとらねこは、自分の生活を嫌ってばかりいたが、最後になって、「いつまでも生《い》きていたい」と思う。そして、それ以後、彼は生きかえらなくなるのだ。生と死のパラドックスを深く感じさせる終結である。

これは人間にとっての永遠のテーマであるだけに、ここで取りあげる他の絵本においても、陰に陽にそれが関連してくる。そんな点にも注目しながら、そちらに目を移すことにしよう。

100まんびきのねこ

ワンダ・ガアグの絵本にも「100まん」という数字が使われる。猫の千変万化の姿が、このような数を喚起するのかも知れない。話のはじまりは、おじいさんとおばあさんである。二人は一緒に住んでいたが幸せではなかった。「ふたりは、とても　さびしかったのです」。そこで、おばあさんの「うちに、ねこが　一ぴき　いたらねえ」という願いをかなえるために、おじいさんは旅に出る。絵を見ると、おじいさんが野を越え、丘を越えて旅をするさまが描かれている。やがて、おじいさんは猫の一杯いる丘に着く。「ひゃっぴきの　ねこ、せんびきのねこ、ひゃくまんびき、一おく　一ちょうひきの　ねこ」。というわけで、なるほど絵を見ると、丘は猫で埋まっている。

そのなかから一匹を選んで、おじいさんは連れて帰ろうとするが、つぎつぎとかわいい猫が現われるので、どれもこれも拾ってしまう。おじいさんは猫をかかえて実に嬉しそうだ。結局のところ、おじいさんはそこにいる猫をぜんぶ連れて帰ることになる。

絵を見ると、これは随分と素晴らしい猫の大行進である。猫をいっぱい抱きかかえたおじいさんの後に、猫の大群がずっと続いていく。子どもたちはこんな絵を見ると喜ぶだろう。何しろ大群なので、途中で池の水を飲み干したり、野原じゅうの草を食べつくしたりする。

帰りつくとおばあさんはびっくりしてしまう。おばあさんは猫が一匹だけ欲しかったのだ。「この　ねこたちに、ごはんを　やっていたら、わたしたちは、びんぼうになって、うちも　なにも　なくなってしまいますよ」とおばあさんに言われ、「ああ、それには　きがつかなかった」とおじいさんは言う。一般に女性の方が現実感覚に優れているようである。

結局のところは猫たちに決めさせることになる。「おまえたちの　なかで、だれが　いちばん　きれいな　ねこだね?」というおじいさんの問いによって、猫たちに争いが生じる。猫たちは互いに喰い殺し合いをして全部死んでしまった、と思ったが、一匹だけ残った猫がいた。それは、「ほねと　かわばかりに　やせこけた　ねこでした」。この猫は自分のみすぼらしさを知っていたので、「だれが　いちばん　きれいか」という争いに入らず、そのために生き残ったのだ。

おじいさん、おばあさんはこの猫を大切に育てた。最後は、おじいさんおばあさんが猫をまん中にして、幸せそうに椅子に坐っている場面で終っている。

話はハッピーエンドに終る。宮沢賢治の「どんぐりと山猫」を第VI章に取りあげたが、あのときのテーマが少し変形されてここに語られているようにも思われる。それにしても、何百万、何億の猫が互いに戦って一匹だけ残ったとは何とも凄まじい話だ、ということにもなる。ここで、ひとつの幸せな生のために、百万の不幸な死がある、という言い方をすると、この話はそのまま『100万回生きたねこ』の話につながるとも言える。猫というものは、いや、人間というものは、幸せになることがどれほど大変かをよく知っていなくてはならない。

何億という猫のうち、家の中に入れたのはただの一匹だったというイメージは、何億という精子が旅をしたあげく、ひとつだけが卵子に到達するというのに通じる、などと考えると、この話は残酷でもなんでもなく、ただ自然の摂理をそのまま描いていることになる。この作者はあんがいこのような事実にヒントを得て、この絵本をつくったのではないかと思ったりもする。

ジェイムズ・ジョイスの猫

ジェイムズ・ジョイスの絵本というので驚かれる人も多いことだろう。おそらくこれは彼の唯一の絵本であろう。と言っても彼は絵本を作るつもりなどなかったことだろう。これは、彼が愛する孫に送った私信のなかに語っている伝説をもとに絵本にしているものである。残念ながら発行年月は不明だが、日本版は一九七六年の出版である。これも既に二十年以上が経過している。

絵本は、ジェイムズ・ジョイスが孫のスティーヴンに宛てた、一九三六年八月十日付の手紙文ではじまる。

「二三日前、キャンデーいりの小猫《こねこ》を送りました。でも、きみは、ボージャンシーの猫《ねこ》の話は知らないでせう」

という書出しに続いて、ジョイスが、ボージャンシーの伝説を語る。

ボージャンシーはロアール川の岸辺にある古い小さな町である。ロアール川はフランスで一番長い川で、川幅も広く橋もないので市民が困っている。そこへ悪魔がやってきて、一晩で橋をかけてやるが、一番はじめに橋を渡った者が悪魔の家来になる、という約束を市長に持ちかける。市長がよろしいと言ったら、翌日はもう立派な橋ができていた。市民は橋のたもとに出かけて行くが、向こうで悪魔が待っているので誰も渡ろうとしない。

そのとき市長が盛装して、片方に水のいっぱいはいっているバケツを持ち、片方に猫を抱いてやってきた。市長さんは市民が緊張して見守るなかで、猫を橋の上に置き、バケツの水をかけた。猫はびっくりして橋をかけぬけ悪魔の腕にとびこんだ。

「悪魔《あくま》は、まるで悪魔みたいに腹を立てました」。そして市民に向かって、「君たちはちっともきれいな連中ちやないぞ！　まるで猫みたいだ！」とどなり、猫を抱いて立ち去った。

伝説らしい言いまわしや、詳細は略して筋書きだけを示した。ジョイスの作品というので何か凝った仕掛けを予想した人は、まっとうな話の展開に失望されるかも知れない。しかし、祖父から孫への私信として書かれたこの物語は、このようにまっとうであってしかるべきなのだろう。絵は白黒とカラーの交互の図で、非日常的な世界が日常に顕現してくる感じがよく描かれている。「このお話、気に入るといいね。おぢいちゃん」と最後に書かれているが、最近のわが国の妙に凝った絵本に比べると、これは子どもたちに好かれること受け合いの絵本である。

愉快な話であるが、これまでの話が、ひとつの生命のために百万の命が犠牲になる話とすると、これは百万の人のためにひとつの命――猫の命――が犠牲になる話とも読める。もっとも、西洋では猫と悪魔の親近性が非常に濃いので、ひょっとして、この猫は悪魔のところに帰ったのかも知れない。だからこそ猫は悪魔の腕のなかにとびこんだとも思われる。このところを市長にうまく利用されて、悪魔は腹を立てながらも何とも仕方がなかったのだ、と考えると面白い。

猫の居場所

自分の「居場所」がない、というのは、最近の荒れる思春期の子によく聞く言葉だが、そんな点については、『こねこのぴっち』の話がぴったりである。この本の作者、ハンス・フィッシャーは自分の子どもたちにせがまれるままに話をつくったり、絵を描いたりしているうちに、この作品が生まれることになったらしい。これは多くの児童文学の傑作が生まれてくるきっかけと同様である。

りぜっとおばあさんは猫を飼っている。まり、るり、の親猫と五匹の子猫がいる。ぴっちはそのなかの一匹だが、他の四匹の子のように元気に遊ばず、かごのなかで考えごとをしている。ぴっちは他の子猫とはどこか違っていて、一緒に遊ばず、にわとりのひよこと遊びたいと思う。これが成功しないと、つぎにぴっちはやぎになりたいと思うが、乳をしぼられるのは嫌だと逃げ出す。つぎは、あひるの仲間に入れてもらおうとして、池に入り溺れるが、あひるのおばさんに助けられる。それにもこりず、うさぎのところに行ったりするが、とうとう病気になる。りぜっとおばあさんは家に連れて帰り、ぴっちを介抱する。ぴっちは皆にやさしくされ、結局は「ねこより　ほかの　ものに　なるのは、やめよう」と思う。最後の場面では、ぴっちは猫の家族と一緒にごちそうを食べている。ぴっちだけは、くっしょんをあててもらって、特別扱い。「ぼくは、もう　けっして、よそへはいくまい」と思う。

よくあるようなストーリーだが、楽しい絵によって心温まる気持がする。何か自分の家や家族とそぐわない気になったり、ともかくどこかへ行きたいと思ったりするのだが、やっぱり自分の家が「居場所」だという体験をする子は多いことだろう。ほんとうに「自立」するためには、子どもは自立と依存の間をゆれ動く体験をすることが必要なのだ。これは、「自立的」な猫でも同様である。

次の、ワグナーの『まっくろけの　まよなかネコよ　おはいり』も、居場所と関係していると言えるが、少し不気味な感じもしてくる。

ローズおばあさんは夫と死別して一人暮らし、犬のジョン・ブラウンと暮らしている。猫の話におじいさんやおばあさんがよく出てくるのが特徴的である。やはり、老人の孤独を慰める意味が大きいのだろう。ところで、ローズおばあさんは犬のジョンと仲良く暮らし、まったく幸せである。そのローズさんの庭に、ある晩何ものかが現れる。おばあさんは気にするが、ジョン・ブラウンは見向きもしない。どうも猫らしいとおばあさんは言い、ミルクをやろうと言うが、ジョンはきつく否定する。以後、まっくろな猫を家に入れてやりたいというおばあさんと、それを拒否したいジョンとの間に葛藤がくりひろげられる。そして、とうとうローズさんは病気になってしまう。ジョンは迷いに迷ったあげく、猫を入れることに同意する。まよなか猫が居間に入ってきて、ごろごろと喉をならすところで、この絵本はおしまいになる。

これも絵が素晴らしい。ローズおばあさん、ジョン、それにまよなか猫が実にうまく描かれている。これは単なる仲良しクラブの話ではない。何か不気味な感じがある。最後のところでは、「よかった」と思うものの、果してうまくゆくのかな、という気もする。誰かと誰かが仲良くするということは大変なことだ。これは小さい子どもでもよく知っている。それにしても、ローズおばあさんはジョン・ブラウンとあれほど幸せにしていたのに、どうしてまよなか猫とも一緒に暮らしたいと思ったのだろうか。それも病気になってしまうほどに。人間の心は不可思議だとも言えるし、そのような動きを生じさせるものとしての、黒い猫の不可解な魅力ということも感じさせる。子どもは子どもなりに、その想像力をうんとはたらかせてこの絵本を見るだろう。

ネコのオッサン

最後に、長新太『ごろごろ にゃーん』の登場である。前述のまっくろけのまよなか猫は、何か不気味なものさえ感じさせた。ところで、『ごろごろ にゃーん』の猫たちはどうであろう。ともかく、沢山の猫たちが「にゃーん にゃーん」と鳴いて飛行機に乗りこみ、飛行機は「ごろごろ」と飛ぶ。何やら意味ありげで意味のない、長新太のお得意のナンセンス旅行なのだが、有難いことに、この絵本には、はさみこみで「ネコのオッサンのはなし」が付加されているので、それを読むと無意味の意味がわかるような気になるのである。

まず、「「ここはどこだ？ などと考えてはイカン。われわれは、はかりしれない空間にいるのだ」と、ネコのオッサンが言った」という文がある。こんな文に接すると、何かにつけて「解説」を書きたがる私は、叱られているような気がする。

『100万回生きたねこ』について、「解説はヤボだ」とわざわざ書いておきながら、チベット仏教を持ち出してきたりする。「死とは何かなどと考えてはイカン。100万回生きた猫は、はかりしれない世界にいるのだ」と言われそうだ。何のかのと言わずに、そのまま見たり読んだりして楽しめばいいのだ。「猫と悪魔の関係」なんていうのも余計なこと、猫をつかって悪魔をまんまとやっつけて、ああ面白かったでいいのだ。子どもたちは、そのとおりに絵本を楽しんでいる。

とは言うものの、ネコのオッサンも結構考えているのだ。さっきの文の続きを引用しよう。

「ネコたちは、それぞれ自由に空想のツバサをひろげて、飛行しているのだった。「ひえっ、また、おっかない人間が、つかまえようとして、手をのばしたぞ！」と、梅ぼしほどの心臓を、さらに縮めてしまうネコもいる。「この巨大な手は、われわれの心の内にある人間不信の象徴なのだ」と、哲学的思考をするネコもいるのだった」というわけで、ネコたちも考えている。ここに出てくる「巨大な手」は、猫たちの乗っている飛行機の下から、急に突き出てきた手のことを言っている。ともかく「はかりしれない空間」なので、何がでてくるかわからないのだ。

そして、ネコのオッサンは、猫たちは「空想のヒコーキに乗って、空中を飛ぶ」のだけれど、やはり日常生活においては、人間や犬に気を配って逃げたりしなくてはならないと述べている。ここに取りあげた絵本に出てくる猫たちの姿がそれを反映している。オッサンは最後に「現実を直視する心と、空想に遊ぶ心とのつりあいを、うまくとることが肝要なのです。ニャゴニャゴ、ニャゴニャゴ、ハハハ」と笑うのだが、これを結論としてお借りしておこう。

IX 神猫の再臨

ポール・ギャリコと猫

わが国でもポール・ギャリコの愛読者はずいぶんと多いのではなかろうか。彼のかずかずの名作は邦訳出版されているし、映画化された作品によってもよく知られている。彼の出世作の『スノーグース』、映画化された『ポセイドン・アドベンチャー』、あるいは、『七つの人形の恋物語』など。それに児童文学として『ほんとうの魔法使い』、『トンデモネズミ大活躍』というのもある。いずれも傑作と言うべきもので、読者もどれかひとつくらいには接しておられることだろう。

ところで、ポール・ギャリコは大の猫好きで、一時は二十数匹もの猫と共に暮らしていたとも言われている。彼は「自分の作品の中では猫を主人公にしたものが最も気に入っている」と言ったとのことだが、彼の「猫を主人公にしたもの」のなかの『トマシーナ』について述べてみよう。

ギャリコの作品のなかで猫を主人公にしたものには、『ジェニィ』がある。これは六歳の少年が交通事故にあい瀕死の状況にあるなかで、猫に変身して九死に一生の大冒険をする物語で、これもなかなかの名作である。ギャリコは猫が好きだけに、猫の習性にもよく通じていることが、この作品からよくうかがい知れる。六歳の少年の内面が猫の習性を通じて実に巧みに語られている。『ジェニィ』については、簡単にではあるが、既に他に論じたこともあるので、ここでは『トマシーナ』を取りあげることにした。

ギャリコの作品は、現代人のたましいの癒しの問題を取りあげているものが多く、共感させられる。ただ、伏線の張り方、人物のからみ合い、全体的構成などあまりにうまく出来すぎているところがあり、みすみす作者の術中にはまっていくような感じがして、抵抗を感じることもあるが、それを押し切って感激させられてしまう。大変な筆力である。

『トマシーナ』もそのようなところがあるが、やはり傑作だなと思う。猫のトマシーナを飼っている獣医のアンドリュー・マクデューイとその娘、メアリ・ルーダとの間に繰りひろげられる葛藤が描かれるのだが、その合間、合間にトマシーナの独白が入るという形をとっている。つまり、人間世界のドラマが「猫の目」を通して語られることによって、全体の構図が立体的になってくる。しかも、そのなかでトマシーナが一種の「変身」をも体験するのだから、実に多様な視点から現象が見られることになって、興味はつきない。どこかで、ホフマンの『牡猫ムル』を思わせるところがある。

父と娘

獣医のマクデューイは、入院していたオウムの病気の感染によって妻を失って以来、「奥さんに抱いていた愛情を、こんどは娘に鞍替《くらが》え」して、娘と共に生活している。彼は腕ききの獣医であるが、神を信じない合理主義者だから、「なにしろ治すのも殺すのも手早い」などと言われたりする。治療をしても長くはもたないと判断すると、動物を安楽死させるための「クロロフォルムを浸《ひた》した小さなガーゼをあんまりさっさと持ち出しすぎるという話は、もう有名だった」。

「動物は問題ではない、飼い主の感情が事をむずかしくする」と考えている彼に、いつも反論するのが、彼の友人で牧師であるアンガス・ペディーである。二人は神を信じる、信じないで対立して、論争したり冷やかし合ったりしているが、友人であることは変らない。無神論者マクデューイは、いつかどこかで論敵の真の助けを必要とすることを無意識的に知っていて、時には軽蔑したりしながらもペディーとの友情を保っていたのかも知れない。

マクデューイは周囲の田舎の家畜全般の衛生状態も管理しており、それなりに村人の尊敬を受け、何不自由なく暮らしているが、いつもイライラとして怒りっぽい。彼の姿をうまく描きながら、ギャリコの意図しているところは、彼に典型的な現代人の病を見出そうとしていることである。彼が妻を亡くしていることに象徴的に示されているように、彼は世界との関係が切れてしまって、孤独に陥っている。そんなのは構うことはない。自分のことは自分でやり、すべてを割切ってうまくやっていけるのだ、と彼は言う。

しかし、彼は何かイライラとせざるを得ないのだ。そこで、彼の唯一のつながりとしての娘、メアリ・ルーダに対してはできる限りのことをし、愛情をふりそそいでいる。ところが、その娘からきっぱりと絶縁を申し渡される事件が起こる。父親にとって最大の不幸である。彼は娘との関係を回復しようとしてやっきとなり、そのために思いがけない——命がけの——ドラマがつぎつぎと生じてくるが、それこそは、彼にとってのたましいの癒しとなっていたのだ。その過程が生き生きと描かれるなかで、父と娘の関係の切断と回復のドラマの鍵をにぎる者として、一匹の猫が登場するのである。話がたましいの領域にまで拡大されるとき、人間のドラマにはしばし

『トマシーナ』の装幀

ば動物が登場するものだ。

大人は何でも知っているし、何でもできると思っている。近代科学の知識によって、動物の病気をつぎつぎと治し、治せないときはさっさと片づけている、マクデューイなどは、その典型であろう。しかし、たましいの領域に入ったときは完全に無力であることを教えてくれたのが、彼の娘なのである。そこでは一般社会で無力と考えられている者、子どもや老人、動物などの方がよほど強いのである。このことを、ギャリコは実に見事に示してくれる。

ある日、マクデューイは、娘のメアリが猫のトマシーナを抱いて、彼の診療所の待合室に居るのを見て、驚き怒る。妻が動物の病気の感染で死んで以来、娘が診療所に来ることは厳禁していたのだ。しかし、トマシーナが重病で今にも死にそうとなると、メアリもじっとしてはおられない。腕ききの獣医の父親に治してもらおうと思ったのである。

ところが悪いことに、盲目の老人タマスの盲導犬が交通事故で瀕死の状態でかつぎこまれてきた。あわれな老人は途方にくれ混乱しきっている。マクデューイはほとんど絶望と思われる犬を救うため、全力をあげて手術に没頭する。その手術の合間に、少し手があいたとき、彼は娘に家に帰るように言うが、彼女は納得しない。マクデューイは、盲導犬を救うのは盲目の人の目を救うことなのだ、人間の目と「そんなつまらん猫と、どっちが大事だ？」と説得を試みる。これに対して、娘は「トマシーナよ」と断固として答える。

　そこで、父親は折れて、盲導犬の手術の合間にトマシーナを診てやるから、メアリは待合室で待てと言う。娘もそれに応えて、「あたし、パパの次に、世界中でいちばんおまえが好きよ」と言って、猫を手術室に送りこんだ。

　ところが、獣医の冷たい診断は、猫は処置なしで、安楽死が相当となる。このことを彼は娘に告げる。「死なせてやるのがいちばんだと思うんだよ。万一治ったとしても、ずっとびっこを引くことになるし。トマシーナとはお別れだな」。もちろん娘は納得せず、猛然と反対するが、父親の方もキレてしまって怒鳴り合う。見るに見かねて、助手のウィリー・バノックじいさんが、自分がその猫の面倒を見ると言うが、マクデューイの怒りは彼の方に向かい、クロロフォルムで早く猫をかたづけろ、そして犬の手術にかかろうと言う。このあたりは、実はトマシーナの独白の形で語られていて、これを聞いたトマシーナは「かたづける！　かた、ですって！　わたしです。わたしがかたづけられるんです！　わたしの命、わたしの心、願い、望み、喜び、そしてわたしの存在が終わるんです！」と思う。そして、メアリの烈しい抵抗にもかかわらず、トマシーナは死んでしまう。

猫の死と魔女の出現

　メアリは猫の死を嘆き我を失う。何とか死骸を取り戻し焼却をまぬがれたものの、悲しみは消えない。彼女を慰めようと、友人たちが集まり、「葬送の列」をつくり町を歩いて、野辺送りをするところも感動的である。私は映画『禁じられた遊び』をすぐ思い出し、「喪」の重要性についても考えたが、このあたりは省略しておこう。

子どもたちが「理由なく殺害さる……」という言葉を書いて墓碑銘をつくり、トマシーナを葬ったのは、「魔女」が住むと言われている谷間だった。実は「魔女」とは、俗世を避けて一人暮らしをし、傷ついた動物たちの手当てをして上手に癒している若い女性、ローリーのことである。ローリーはまさに自然のなかに生きており、明らかに科学的合理主義者マクデューイの対極的存在である。マクデューイは役に立たないものは早く片づけろと言う。しかし、ローリーは、役に立たないもの、だめなものと思われがちな、傷ついた野生の動物たちを何とかして救おうとして、できる限りの手当てをつくしてやるのである。

ところで、マクデューイの家では、猫の死以来、娘のメアリ・ルーダがまったくものを言わなくなってしまった。そこには「単なる一個体の死をこえた何物かがあった。メアリにとってトマシーナは、彼女をとりまくさまざまなものよりはるかに生々しく人間的だったからだ。これはまたひとつの愛の死でもあった」。彼女にとって、「全知全能全権全愛であった」父親も死んでしまい、代りにそこにいるのは「ごわごわの赤ひげで、おそろしい声と、鉄のような腕をした、巨漢が居すわっているだけだった」。彼女が父親に口を閉ざすのも無理はない。

うまくいかないときは何もかもがずれてしまうものだ。タマスの犬を必死の手術で奇跡的に治してやったのに、それを告げにマクデューイがタマスの家に行ったときは、タマスはあまりのショックと淋しさで死んだ後であった。沈んだ気持で帰宅した彼を、以前のように「パパ！」と叫んで迎えてくれる娘は居なかった。娘は居たがひたすら沈黙を守るのみであった。

マクデューイは娘の機嫌をとろうと必死に話かける。猫は殺すより仕方なかったのだ。その代りに猫でも犬でも何でも飼ってやる。しかし、これらの話かけは冷たく無視される。遂に彼の心は怒りで満たされる。彼は「子供をわしづかみにして揺さぶってやりたいほどの怒り」を感じるが、外出することによって、それを何とか押さえる。

マクデューイは娘を愛している。それに娘にしても、猫は「パパの次に、世界中でいちばんおまえが好きよ」と言っているのだから、猫が死んで少しは悲しいだろうが、代りで辛抱すればいいではないか。いつまでも楯つくこともないだろう、と彼は考える。これも一理あると言える。

これと同様のことを私は何度、相談室のなかで経験したかわからない。親は子どもを心から愛している、子どものためなら何でもしてやったし、何でもしてやる気だ、と言う。それなのに、彼らの「愛」は子どもに通じない。どうしてなのか。愛こそすべてというのはわかる。しかし、それが通じないときはどうすればいいのか。多くの親が嘆き、そして、結局はその感情は怒りに変る。これほどまでして通じないのは、「子どもがおかしいからだ」と思う。この点を、ギャリコは実にうまく描いている。そして、マクデューイがこれに対するほんとうの答を知るのは、ほとんど絶望と思えるところまで達してからなのだ。それも相談室を訪れる多くの親と同様である。その答については、もう少し後になって述べることにしよう。

猫の死を契機に登場してきた魔女のローリーとはどんな人物であろう。魔女と猫との結びつきについては、これまでに述べてきたところである。ローリーは若い女性ながら、人里離れた森に一人で住んでいた。そこを訪れる人はごくまれであったが、ときどき、山の羊飼いや、荒地の小作人たちが、野原や森で動物が傷ついたりしているのを助けてやろうと思うと、それをローリーのところに連れてきて、彼女の家の外に立っている大きい樫の木にぶらさげられている鐘を鳴らすのだった。その鐘は「愛の鐘」と呼ばれていた。鐘の音を聞くとローリーが現われ、その動物たちを彼女の「病院」に入院させるのだった。彼女の治療法はまさに自然療法であり、何よりも大切なのは、彼女の動物たちに寄せる愛情であった。と言うわけで、彼女は魔女などではなかったのだ。ただ、現代人には理解され難い存在であった。

神猫バスト・ラー

この書物は、猫のトマシーナの独白が挿入されていることが特徴だと述べた。そして、マクデューイが猫を「かたづける」と言ったときの彼女の言葉は先に紹介しておいた。結局はトマシーナにクロロフォルムが押しつけられたところでは、「わたし、トマシーナはもう存在しませんでした」で終りとなる。彼女は死んだのだ。猫の独白はもうあるまいと思っていると、次のような文がでてきて面くらってしまう。

「わが名はバスト・ラー。

われはブバスティスの猫《ねこ》の女神。」

という書き出しで、神猫バスト・ラーのことがいろいろと説明され、彼女の神殿の偉大さが語られた上で、

「こうしたことすべては、いまは変わってしまった。わたしの神殿は小さな石の家である。巫女《みこ》は一人きり。その名をローリーという。(中略)わたしはちがう世界、ちがう時代にいるのだ。以前わたしが地上に住んでいたときから三九一四年たったのである。」

神猫バスト・ラーが紀元前一九五七年のときから再生して、今、一九五七年にこの世に再来し、それはローリーの家に住んでいる。そして、「タリタ」という名を与えられているというのだ。どうもこれはトマシーナと密接に関係しているなとは思うが、ともかく読みすすんでいくより仕方がない。それにしても、この本を読んで下さっている読者は、第Ⅰ章に述べたエジプトの神猫がこんなところに突如として現われたのには驚かれたことで

あろう。私も驚いたが、さすがはギャリコとも思った。第I章の「猫マンダラ」の図において、この神猫を、怒りの神であり、また癒しの神でもあることを示しておいたことを記憶しておられるだろうか。これはまさに現われるべくして現われた神猫である。

　ところで、タリタと呼ばれる猫は周囲から普通の猫扱いをされるので憤慨気味である。彼女の神通力は、しかし、はたらかないので仕方がない。それはどうしてかと言うと、彼女が神通力を発揮するためには、「相手が神であり、神の力をそなえていることを、人びとが信じてくれなければならない」のである。これは実に興味深いことだ。彼女によると「甲虫《かぶとむし》や鼠《ねずみ》や鰐《わに》や牛の中にも、聖なるもの」は存在する。ただ、それをほんとうに信じる人がいる限り、それは効力を発揮する、というのである。

　現代人はこのような信じる力を失っている。したがって、この世に遍在している「聖なるもの」は力を発揮しない。しかし、現代人は「科学技術」というそれに代るものを持っている。こちらの方は「ほんとうに信じているか」などという難しいことを考える必要はなく、マニュアルどおりにやりさえすれば、望む結果がでてくるのだから、何と言っても素晴らしい。マクデューイが優秀な獣医として尊敬されているのもこのためである。もっとも、彼がすぐに「かたづけ」たがるのは欠点であるが。

　神猫バスト・ラーは神としては扱ってもらえなかったが、ローリーは優しいし、他の動物たちともまずまず仲良くやっていけるし、ともかく、ここに「タリタ」という猫として住んでゆけそうに思った。しかし、そこに、一人の男――マクデューイが現われるのだ。

　マクデューイが娘に口をきいてもらえなくなったという噂がひろまるにつれ、人々は以前ほども彼を尊敬しなくなり、彼のところにペットや家畜の診察を依頼にくる人が減って、どうもローリーのところに行っているらしい。これは無免許開業で法律違反だ、とかんかんに怒ってマクデューイはローリーの家に乗りこんできた。タリタは彼を見るや否や、何とも言えぬ恐ろしさを感じて木の上に登って逃げてしまう。

マクデューイは怒りに満ちていた。しかしローリーにはじめて会ったとき、その「やさしさ」にはっとさせられる。「彼女は美人でもなく、目立つほうでもなかったが、その物腰といい、歩き方といい、肩の上の頭のこなしといい、手足のなだらかな線といい、白い腕といい、気立てのよさや、やさしさを物語っていた」。

マクデューイは思わず怒りをおさめそうになるが、心をふるいたたせ、大声で「獣医で、この界隈《かいわい》の衛生官だ」と名乗りをあげる。ローリーが怖がるかと思いきや、大喜びで、今、野生の熊が瀕死状態なのを助けようとしているので手伝ってくれという。彼女の勢いに押され、彼女の「病院」に行き、彼は野生の穴熊が犬に襲われて重傷を負っているのを見る。彼は咄嗟にお得意の言葉を吐く。「クロロフォルムはあるか」。しかし、ここに彼が現われたことこそ神の意志と確信するローリーの態度にうながされ、彼は熊の命を助けるために最善をつくす。ここにまったく信じ難いこと、近代医学と自然療法の協力が成立したのだ。

ローリーと協同作業をしつつ、「マクデューイ氏は不意に言いようもない悲しみにみたされた。忘れていた夢や、人生のふとした偶然必然の出来事にふれてこみあげる、人知れぬ魂の奥底までつらぬくようなあの悲しみだ」。熊は奇跡的に救われた。そして、これも奇跡的に、マクデューイは悲しみを知る人になった。

ところで、そのときバスト・ラー、猫の女神はマクデューイに対して懲罰を下そうと決意していた。「今宵、わたしはその意志に基づき、わるさをして、赤ひげの男をめちゃめちゃにしてやるのだ。わたしがセクメット・バスト・ラー、つまり破壊者、引き裂くものとして知られるのは、故なきことではない」。冷たい合理主義者、マクデューイがローリーのやさしさに触れ、悲しみを知るようになったとき、痛烈な破壊が彼に及ぼうとしているのだ。

癒しのドラマ

本書の最後十章足らずは、実に圧巻である。ギャリコの能力が最大限に発揮され、「癒しのドラマ」はいかに展開するかについてのお手本を示されるような気がする。そこに示される、怒り、悲しみ、やさしさ、愛、歓び、死の恐怖などなど、実に生き生きと巧みに描かれて、いかに人生の運命の糸が互いにからみ合って、見事な織物を織りなしていくかを見せてくれる。「癒し」ということは、最近の流行のようになっているが、それがいかに凄まじく、文字どおり命がけのものであるかをこの物語は如実に示してくれる。

このような文を書いているときに、いつも思うことは、いったいこの話の筋をどの程度に紹介すればいいのか、ということである。古典ともなっていれば、筋書きについては、一般に知られていることを前提に書けばよい。しかし、本書の場合、名著なので読んでいる人は多いと思うものの、そこまで一般的とは言えないだろう。となると、ある程度は筋を紹介しながら、自分の考えを述べていくより仕方がないのだが、それを余りにもやりすぎると、読者はもうその原作を読み直そうとする興味を失ってしまうかも知れない。

そもそも、このような文を書いていて、一番嬉しいのは、これを読んだので、原作が読みたくなって読んだ、と言われることである。そう思っているので、本書のような場合、筋を追うのには抵抗を感じる。特にギャリコの場合、ディテールの描写に素晴らしいところが多いので、なおさらである。

というわけで、読者も想像されるとおり、神猫バスト・ラーはトマシーナそのものなのだが、このあたりの種明かしは秘して、読者が原作を読まれるときの楽しみにしておこう。しかし、だいたいの粗筋は言わねばならない。

マクデューイはショックで寝こんでいた娘、メアリの病がだんだんと重くなり、現代の医学の力が及ばないことを知るにつれ、ローリーのことを想うようになる。そして、彼女のところに出かけて行き、彼女の病院で協同作業をしているうちに、恋に陥ってしまう。それに、驚くべきことにローリーまで彼に恋心を抱くようになった。と言っても、彼女の慎ましさはその表明を許さない。二人とも相手の気持を推しはかりかね、自分の想いのみ積って悶々とする。

その間にメアリの病状は重くなる一方で、だんだんと死に近づいていくことがわかるが、医者も何ともし難いという。後は神に祈るだけと言っても、マクデューイは祈るべき神を持たない。

怒れる神、セクメットの計画は着々とすすみ、マクデューイは、動物を虐待しているところに出かけていき、乱闘にまきこまれ殺されそうになる。しかし、セクメットの知らぬ運命の糸のもつれで、そこにローリーも現われ、ローリーとマクデューイの協力によって二人は九死に一生を得る。

このためにマクデューイはローリーへの愛をおさえ切れず、強引なプロポーズをするが、あまりに直接的すぎて、ローリーは応えられない。それを拒絶と速断し、帰りかけたマクデューイは、猫の墓のところに来て、「理由なく殺害さる……」という墓碑銘を見てショックを受ける。何を馬鹿なと思いかけた彼の心の中で、いろいろな想いが駆けめぐる。トマシーナ、メアリ、ローリーとイメージを追っているうちに、彼は「憐《あわ》れみや同情や人間的共感なしに人生を押し切ることの非を悟」る。「彼は人をも獣《けもの》をも愛さず、ただ自分自身だけを愛してきたのだった」。彼は人間として失格だったことに気づいた。「墓は嘲笑《ちょうしょう》とともに、彼の鼻先に娘の死をちらつかせて見せたのだ」。

尊大なうぬぼれ屋の男は涙を流し、

「神よ、おゆるしください！　お助けください、神よ、お助けを！」と叫んだ。

この一言がすべてを変えた。怒りの神セクメットの心は和み、憎しみは去った。詳細は略すとして、クライマックスは、死に臨んだメアリをマクデューイ、ローリー、牧師のペディーが抱きしめているところに、死んだと思っていたトマシーナが帰ってきて、少女が命をとりとめるところである。トマシーナ、タリタ、バスト・ラーは同一の存在である。一言付け加えておくと、タリタという名は聖書のマルコ伝五章よりとられている。死んだと思われていた少女がキリストの力によって蘇生するとき、「イエス幼児の手をとりて言いたもう。『タリタ、クミ』少女よ、我、なんじに言う、起きよ、との意なり。直ちに少女たちて歩む」。タリタは蘇ったトマシーナだったのだ。

ところで、最後にクライマックスを迎えるこのドラマを、癒しのドラマと捉えると、いったいこれは誰のためのものだったと考えるべきだろう。まず、マクデューイの名があがるだろう。冷たい心、愛することを知らなかった心をもつ孤独な男が癒され、彼と世界との関係が回復される。しかし、考えてみると、娘のメアリも癒される体験をしたのではなかろうか。そう言えば、トマシーナもそうだし、ローリーもそうだと言えるのではなかろうか。単純に誰かが誰かを癒したと言いたくなるときでも、よく考えてみると思いの外に相互的であることが多い。おそらく癒しのドラマというものがそうであって、多くの人間の運命の軌跡がうまくからみ合ってこそ生じると言えるだろう。そのようなからみ合いの焦点に一匹の猫が存在していた。

このような相互関係をもって話は展開しているが、やはりギャリコはこれを「男の目」から見て記述しているように感じられる。たとえば、トマシーナの死にしても、少女メアリの成長に必要だったこととしても読めるわけで、この全体をメアリの目から書いてみると、また面白いものになっただろうと思われる。猫の目からの描写は十分に行われているのだが。

X　とろかし猫

愛撫

猫好きな人は、猫を愛撫するときに特別なよろこびを感じる人が多いだろう。愛撫という言葉は猫のためにある、と言った人もあるが、「撫」という字が猫に見えてきて、愛猫という言葉と重なってくる。猫の一番喜ぶ、頸のあたりを撫ぜてやると、猫はいかにも気持よさそうな顔をして「ゴロゴロ」と喉を鳴らす。そのうちに、人が猫を撫ぜているのか、猫が人間を愛撫してくれているのかわからないような状態になってきて、二人だけの世界のなかに溶けこんでしまうようになる。こんなときには、猫はやっぱり魔性をもっていると感じたりする。どんどんと底なし沼に吸いこまれてしまうような感じになるのだ。

人間も動物の一種なのだが、他の動物と離れよう離れようとして生きてきたとも言える。現代人の日常生活を考えてみると、いかに人間のもつ動物性から切り離された生活をしているかがわかる。まず第一に変な衣服を身につけている。道具や機械を使って好きなことをする。それに言語によって意志の伝達が行われる。これによって、人間は自然を征服したように感じる。それが高じてくると、人間は他の人間たちをも自分が支配し、意のままに動かせると思う。そうして、人でも動物でも沢山のものを意のままに動かせる人が「偉い」人ということになる。そのような偉い人になって、多くの人やものを支配することによって、幸福になる、と考える人もある。

しかし、人間は思いの外にそれほど単純ではなく、何もかも意のままに動かしていながら、あまり幸福と感じていない人が多くいるのも事実である。一九七〇年代のアメリカで、他人から見て大いに成功していると思える、バリバリと活躍している壮年期の男性に、女性がインタビューに行き、「毎日、幸福な人生を送っておられる様子を聞かせて下さい」というような質問を試みた。相手が女性だというので気を許したのか、多くの男性が自分たちは毎日いかに緊張を強いられ、必死で生きているかを語り、実のところ何も「幸福」など感じていないと答えた。なかには、他人には絶対に察しられぬようにしているが、ほんとうは深い不安に襲われている、という人もあった。このあたりのことから、現在では割に一般に知られている「中年の危機」という言葉が生まれてきた。本章はその点には触れず、これら中年で活躍している人が多く語った、「ほんとうに気の休まることがない」という点について考えてみよう。

このような人は、人間関係を強いか弱いか、支配するかされるか、で見る癖がついてしまって、ただ二人がいるだけでほっとするとか、他に献身する、などという関係がわからなくなる。もちろん、そのようなことをどこかで望んでいるので、それを男女関係に求めることになるが、それも知らぬ間に支配するかされるかの関係になってしまったり、セックスが心から切り離されるので、体の関係はあっても心の関係にならない。むしろ孤独を深めるだけになる。セックスの関係のなかで、男女は「愛撫」し合うのだが、それは果してほんとうに、愛撫と呼べるのかどうかわからない。触覚を通じて、心が溶け合うことなど、どんなことかわからなくなる。

愛撫は人の心をとろかしてしまう。疲れやわだかまりが溶け、人と人と、人と世界とが融合してしまう、至福の状態と言うことができる。こんなことを知らない人は不幸な人だ。とは言うものの、このようなことを経験する人は幸福だとも言えないのが、人生の面白いところである。

もっとも、現在では金もうけをしたり、地位が上ったりすることが幸福と考える人が多いようだから、とろける世界の見事さを知ることが必要と思われる。そのとろかしの魔術に猫が大いにかかわってくるのである。

他人と一緒にいるときは、相手が誰であれ緊張し、落ち着かないという人でも、猫とであれば気持が安らぐということもある。ところが、猫の面白いところは猫自身も結構、自分の生活を持っているようで、犬のように「献身的」という感じで、ひたすら忠勤を励むというところがない。そのくせ、人間の心をとろかせてしまうようなところを持っている。「気が休まる」、「ほっとする」そして「我を忘れる」ほどの感じを与えてくれる。

このような体験は別に相手が猫でなくとも何であってもいいわけで、人間関係のなかでも、もちろん体験できる。ただ、人間は複雑なので、あるときは一心同体と思っても、次のときは異なる関係になる。これらすべての関係をこみにしてこそ、人間関係の綾がわかるし、人生も豊かになるのだが、どうしてもそれが難しいとなると、人間の一方的思い込みもあって、猫の愛撫の方に心を奪われることになる。そのような猫の話を語るものとして、谷崎潤一郎の『猫と庄造と二人のおんな』(以下、引用は新潮文庫による)は、相当な傑作と言っていいだろう。この章はこの作品を取りあげることにしよう。

二人のおんな

『猫と庄造と二人のおんな』というのは、何気ないようで、なかなか味のある題名である。この三つの順番をどう並べるかで大分感じが変ってくるだろう。ただ、作者にとって、猫は一番上に来るべきだったのは確かなことであろう。しかし、話は「二人のおんな」から始まるのだ。二人の女、つまり、庄造の前妻の品子から、現在の妻、福子に宛てた手紙で始まるこの冒頭の部分は実によく考えられたものと思う。

「福子さんどうぞゆるして下さいこの手紙雪ちゃんの名借りましたけどほんとうは雪ちゃんではありません、そう云うたら無論貴女《あなた》は私が誰だかお分りになったでしょうね」という最初の書き出しから、二人の関係の普通でないことが察しられる。続けて読んでいくと、「私決して貴女に恨み云うたり泣き言聞かしたりするつもりではないのです。そりゃ、本気で云うたらこの手紙の十倍も二十倍もの長い手紙書いたかて足りない位に思いますけど、今更そんなこと云うても何にもなりはしませんものねえ。オホホホホホ」というわけで、手紙の書き手の性格が少しわかってきたところで、彼女が福子に対して、猫のリリーの無心をしていることが明らかになる。「勿論《もちろん》貴女のあの人を返せと云うのではありません。実はもっともっと下らないもの、つまらないもの、……リリーちゃんがほしいのです」とある。加えて、庄造が「お前となら別れられても、この猫とやったらよう別れん」と言っていたことを述べ、嫌な私を追い出して「好きな貴女」と一緒になったのだから、もう猫は必要ないのではないかとたたみかけた上で、殺し文句が出てくる。「あの人、今でもリリーちゃんがいなかったら不足を感じるのでしょうか。そしたら貴女も私と同じに、猫以下と見られてるのでしょうか」。

なかなか凄い手紙と思っていると、最後にはもっと毒を含んだ言葉が書かれている。「たかが猫ぐらいと気を許していらしったら、その猫にさえ見かえられてしまうのですわ」。

手紙をながながと引用したが、実はこの手紙のなかに、この物語のエッセンスがすべてこめられていると言っていいほどである。関西弁のかもしだす、柔かくまとわりつくような感じのなかに、強い毒がこめられている。

敵対関係にある二人の女の間に、ドンドンパチパチの戦争は起こらない。「オホホホホホホ」という笑いにまぎれて、一人の女は「つまらないもの」をひとつ位くれてもいいでしょうと言っているが、その「つまらないもの」の重要性をはっきりと知って言っている。

福子はこの手紙に触発されたこともあって、晩酌をしながら庄造がリリーとたわむれるのを見て、怒りを爆発させる。このあたりの庄造とリリーのいちゃつきの描写は傑作の名に恥じぬものがあるが省略しておこう。福子は怒りを表に出して、庄造に対して、猫を品子に譲ってやれと言う。

「何でやねん?」と庄造は驚く。実は、リリーを欲しいと品子は前から言ってたのだが、どうもそれには何かたくらみがありそうと感じて、庄造は断っていた。と言っても、彼一流の婉曲表現で、「私はともかく福子が賛成しないので」と言ってきたのだ。もちろん、これは福子も同意すると思うから言っていたのだが、藪から棒に福子に「猫を品子に」と言われて驚いてしまったのだ。もちろん、彼は手紙のことは何も知らない。

福子はだんだんと庄造を追いつめるが、庄造ものらりくらりと必死の防戦に努める。しかし、それも甲斐なく、「リリーどないぞしてくれへなんだら、わて去《い》なして貰《もら》いまっさ」というところまで至ってしまう。

品子と福子は対照的な性格である。品子は学歴はないが几帳面で、いわゆる賢い女性である。それに対して、福子は女学校まで行ったのに、だらしなくて遊び好き、女学校を退学までしてしまう。では、どうして庄造は品子を追い出して福子と結婚したのか。この背後には、庄造の母、おりんの策略がはたらいている。庄造は父を早くから亡くし、母親べったりで甲斐性がない。品子は嫁入道具を売ったり内職をしたりして支えるが家計は大変である。それに、そのしっかりしたところが姑のおりんには気に入らない。そこで、おりんの姪の福子が嫁にいくところがなく、父親が困っていること、福子の家は裕福で、持参金も豊富で、相続した借屋の家賃が月々入ってくるというところに目をつけ、おりんの周到な作戦によって、品子を追い出し、福子を迎え入れたわけである。

庄造

母親が嫁の入れかえを画策しているとき、庄造はどうしていたのか。彼は何となくそれに乗って行動している。と言って、彼は母親の言いなりに動いているのでもない。彼なりの打算をはたらかせながら、ときの流れに乗って生きている。彼の特技は「ぐうたら」と「ひょうたんなまず」である。ともかく何となく上手に生きている。

日本男性のある種の典型のような庄造という人物の描写が実にぴったりで、思わず笑えてくる。寝床に入ってからも福子に追いつめられ、「明日、——明日まで考えさして貰《もら》お」と逃げを打って寝てしまう。ところが、福子に抓《つね》られて、「痛い！　何をするねん！」と怒ってみたものの、「あんた、いつかてリリーに引っ掻《か》かれて、生《なま》傷《きず》絶やしたことないのんに、わてが抓ったら痛いのんか」とやりこめられる。この調子でどんどん責めたてられ、とうとう最後にリリーを品子に渡すことに同意。しかし、すぐに「あと一週間待ってくれへんか」と猶予期間をつくる。

二、三日後に庄造は福子が銭湯に出かけた隙に、「お母さん」とおりんに泣きついてゆく。「幼い時から母親に甘える癖がついているのが、この歳《とし》になってもまだ抜けきれない庄造は、だだッ児のように鼻の孔《あな》を膨《ふく》らがして」母親に頼みこむ。「約束実行せんかて済むように、何とかそこんとこ、あんじょう云うて貰《もら》えんやろか」と。

福子に責められて、庄造はまず「明日」という引き延し作戦に出る。とうとう抗し切れぬとみると、一応は福子の言い分を受けいれ、一週間の猶予を得て、その間に母親に「あんじょう云うて貰」おうとする。庄造も庄造だが、母親も大したものだ。とにかくこの際は福子の気の済むようにして、「ええ折を見て、機嫌直った時分に取り戻すこと出来んもんかいな。――」と言う。

「庄造が母親に甘えるように、母親も見え透いた気休めを云って、子供を賺《すか》すような風に庄造をあやなす癖があった。（中略）いつでも結局この悴《せがれ》を自分の思い通りに動かしているのだった。」

この調子で既に述べたように、おりんは品子を追い出し福子を迎え入れたのだ。そのような庄造を品子は別れてからも嫌いになれなかった。「庄造のことをたよりない人とは思うけれども、どう云うものか憎むことが出来なかった」。まったく心許ない、可哀そうな人間だが「そう云う点にへんな可愛気のある人なので、一人前の男と思えば腹が立つこともあったけれども、幾らか自分より下に見下して扱うと、妙にあたりの柔かい、優しい肌合《あい》があるものだから、だんだんそれに絆《ほだ》されて抜きさしがならないように」なってしまうのだ。言うならば、庄造は品子にとって猫のような存在なのだ。

庄造は、母親からも妻からも一段下に見られている、一人前の男とは認められていない人間なのだが、だからこそ、彼はリリーとの濃密な世界を持ち得たのではなかろうか。庄造と猫との他の誰の介在も許さない関係を、谷崎は巧みに描いてみせてくれる。その点は、原作でお楽しみいただきたい。猫好きにはこたえられない文であろう。

実は庄造が結婚する前、おりんと住んでいたときに、リリーを尼ヶ崎の知人にやってしまったことがある。そのときは、何と一カ月も経ってから、尼ヶ崎から芦屋までをどうして歩いてきたのか、リリーが帰ってきたことがある。犬ならともかく、猫には実に珍しい話である。庄造とリリーとの結びつきはますます濃くなった。そんなところに嫁入ってきたのだから、品子にしても、福子にしても、たまらないのも当然である。彼女たちがどうあがこうと手の届かない世界に、庄造とリリーとは住んでいるのである。

猫

こうまで庄造に好かれる猫のリリーとは、いったい何者なのだろう。

イギリス人に言わせると、リリーのような毛並の猫のことを鼈甲猫《べっこうねこ》と言うらしいが、「茶色の全身に鮮明な黒の斑点《はんてん》が行きわたっていて、つやつやと光っているところは、なるほど研《みが》いた鼈甲の表面に似ている。何にしても庄造は、今日までこんな毛並みの立派な、愛らしい猫を飼ったことがなかった。ぜんたい欧洲種の猫は、肩の線が日本猫のように怒《いか》っていないので、撫《な》で肩の美人を見るような、すっきりとした、イキな感じがするのである」。なかなか美しい容姿だが、庄造はリリーの外見よりも、むしろその性質に惹かれたのだった。最初にリリーを飼い出したときは、「まだほんとうに小さくて、掌《てのひら》の上へ乗る程であったが、そのお転婆でやんちゃなことは、とんと七つか八つの少女」という感じであった。そんな「少女」といちゃつくのは、庄造にとってたまらない魅力を感じさせた。

「少女」のリリーはすぐに成人して、仔猫を生むようになる。「庄造は又、リリーが始めてお産をした時の、あの訴えるようなやさしい眼差《まなざし》を、忘れることが出来ないのであった」。リリーがお産をするように押入の函の中に入れてやると、リリーは悲しげに「ニャア」と泣いて庄造を呼ぶ。庄造がそれに応えて押入を覗いてみると、リリーもこちらを見ている。

「畜生ながらまあ何と云う情愛のある眼つきであろうと、その時庄造はそう思った。全く、不思議のようだけれども、押入の奥の薄暗い中でギラギラ光っているその眼は、最早やあのいたずらな仔猫の眼ではなくなって、たった今の瞬間に、何とも云えない媚《こ》びと、色気《いろけ》と、哀愁とを湛《たた》えた、一人前の雌の眼になっていたのであった。」

こんな深い感情体験を与えてくれたリリーを、庄造はあっさりと品子に譲ってしまったのだ。考えはじめると庄造は残念で仕方がない。「福子の迫害と、母親の説教ぐらいで、脆《もろ》くも腰が挫《くじ》けてしまって、あの大切な友達をむざむざ他人の手へ渡した自分の弱気と腑甲斐《ふがい》なさとが、恨めしくなって来るのであった」。猫のお蔭で、庄造も男らしくすべきであるなどと気づきはじめた。

庄造の悔恨はますます深まるばかり。リリーが何度もお産をして、どんどん「老衰」していくのに、そんなことにお構いなしに平気でいたことも悔まれた。考えれば考えるほど、リリーに済まないという思いで一杯になってくる。「彼は随分リリーに「苦労」をかけたと云う気がするのである。彼の方が彼女のお蔭で慰められているわりに、リリーの方は一向楽をしていないように思えるのである」。

この最後のところなど、息子が年老いた母親に対して感じる感情とそっくりと言えないだろうか。ここまで引用してきたところをつなぎ合わせてみると、庄造は、一人の男性が幼な友達や恋人、妻、母親などとの関係のなかで経験する人生の哀歓をすべてリリーとの間で深く体験してきたと言える。それに比べると、彼と品子、福子、おりんとの関係は極めて浅いものと感じられる。これはどうしてだろう。

たとえば、庄造と品子との関係を考えてみよう。前にも述べたように品子は結構、庄造が好きである。それでも実際に生活してみると、庄造はあまり稼ぎがない。姑のおりんと対決しなくてはならない。文句のひとつも言いたくなるし、そのたびに庄造はのらりくらりと逃げを打つ。つい庄造を馬鹿にするようなことも言ってしまう。

というわけで、関係の深まるときがない。それに対して、庄造の方も「品子が悲しそうな眼つきをしてもそんなに胸を打たれないのに、どう云うものかリリーの眼つきには不思議な傷《いた》ましさを覚える」あり様なので、どうしてもうまくいかないのである。

現代人の日常生活は、まったくすべてのことが表層で行われる。機能性、能率性などを考えると、表層的であるほど効果があがるのだ。買物に行って、世間話をしたり、あれこれ選り好みをしながら、値段の交渉をしたり。これに比べると、現在のスーパーマーケットのシステムは、はるかに能率的である。しかし、これでいいのだろうか。そのうちに、人間が生まれてもの心がついてくると、どのような人生がお望みですか、社長コース、スポーツ選手コース、学者コース、などいろいろございますと言ってどれかを選ばせ、バーチャルリアリティで、その一生を短時間で経験し、得意の絶頂で即死させてくれるようなビジネスができるのではないかと思う。何もかも能率的にうまくいって、何がほんとうにオモロイのか、と言いたくなる。

そこへ、猫が一匹入ってくると、すべてが能率どおりいかなくなる。十三匹の小鯵を酢づけにして料理しても、知らぬ間に猫の方にやる分が多くなったりする。人間のままならぬことが起こってくる。このことを、品子が経験することになるところが面白い。

品子は何でもきちんきちんとこなす性格である。だから、リリーにはあまり好かれていなかった。彼女がリリーを譲り受けたのは、何もリリーが好きだからではない。リリーを忘れられない庄造が会いにやってくる間に、関係が戻るようにとの計算ずくなのだ。ところが、ものごとは計算どおりにはいかない。リリーは何も食べず絶食を続ける。その上、とうとう逃げ出してしまうのだ。

品子が庄造の家を追い出された自分と、リリーの身の上を重ね合せて感じ、リリーを心《しん》からかわいそうと思ったとき、リリーはひょっこり帰ってくる。このときにはじめて、品子はリリーとの計算を超えた関係を感じるようになる。何のはからいもなく誰かと共にいることの温かさを、品子ははじめて知るのである。やっぱり猫は偉大である。

母

『猫と庄造と二人のおんな』に登場する重要な人物でありながら、題名に入れてもらえなかった者、庄造の母おりんについて、最後に述べねばならない。この物語はすべて庄造という人間の性格から生まれてきているとも言える。題名どおり、猫と二人のおんなの板ばさみになり、追いこめられて破滅に至るとも言えるし、だからこそ他人の知ることのない人生の味を知ることになるとも言える、庄造の生き方からすべてのことが生じる。しかし、それはこれまでにも紹介してきたように、母親おりんとの関係によって生じてきたものではないだろうか。庄造の生き方は母親抜きで語れない。

それに、品子、福子、という二人の女を登場させて、庄造をますます破滅に追いこんでいくのも、もちろんそれを意図したわけではないけれど、おりんの仕業と言えないわけではない。話のすべてを動かしているのは、実は、母親なのだ。とすると、猫はどうなるのか。何でもかでも母親の言いなりになる庄造が、猫は自分の意志でもらってきたものなのだ。それでも、その猫を通じて庄造の体験する「とろかし」の世界は、まさに母なるものの世界と言えないだろうか。それは至高の愉楽と、破滅の闇とにつながっている。

ここでも、われわれはエジプトの猫の女神の姿が背後に存在しているのを感じる。すべてのことは、おりんとリリーの軸上に展開し、その軸の最深部に、あるいは最頂点に、神猫が位置しているように思う。

関西弁はそのような世界に非常に適合するものと感じられる。母なるものの世界の限りない優しさと温かさ、と同時に、それのもつ残酷さ、すべてのものを溶解する力、それらを語るのに関西弁は便利であり、谷崎潤一郎はそれを縦横無尽に駆使している。この作品は関西弁抜きで語ることは不可能である。

庄造は最後の最後になっても、母に頼ろうとする。福子の留守に、母親に頼んで、「ちょっと其処《そこ》まで行って来」ようとする。もちろん、そのときは意識していないにしても、どこかでリリーに会いたい気持がはたらいている。それを感じとっている母親は何とか妨害しようとする。庄造は「いったいお母さん僕のお母さんか、福子のお母さんか、孰方《どっち》だす？　なあ、孰方だすいな」と大声を出す。猫のおかげで、庄造も母親に少しは刃向かう力がでてきたのだ。

庄造は自分の意志で行動し、知人に金を借りて、リリーの好きな鶏肉を買い、それを持って品子の住んでいる家の周囲をうろつくが、とうとう会えずに帰る。このあたりが猫の女神の不思議さである。最初は母なるものとして現われてきたのだが、このあたりになると、むしろ、庄造がおりんに反抗し離れてゆくための吸引力をもつ、恋人の役割に移行しつつある。

と言っても、庄造の力はそれほども強くない。リリーに会いに行ったことがバレて、福子がおりんの指し金だろうと責めたてているのを盗み聴きして反射的に逃げだしてしまう。福子によると、おりんが庄造がリリーを見に行ったことを知りつつ福子に隠しているのは、おりんが庄造とグルになって自分を追い出すつもりなんだろうということになる。これは見当はずれのことなのだが、ともかく、おりんとしては隠しごとをしたのがバレたのですぐに抗弁できない。庄造に至っては、ものも言わずに逃げ出している。

このような「勘ぐり」の多いのも、母なるものの世界につきものである。言語表現が少ない分だけ勘ぐりが増えてくる。ここにはいちいち紹介しなかったが、三人の女性がそれぞれ勘ぐり合戦をしたり、ひそかに策略を練ったりするところも興味深い。割り切らない分だけからみ合いも複雑になってくる。これも味があると言えばあると言えるし、うるさいと言えばうるさいことだ。

福子のところから飛び出した庄造はどうなるのか、希望どおりにリリーとの再会を果すが、その後の展開は、破滅のクライマックスと言えるような形で終りを迎える。具体的には是非原作をお読みいただきたいが、文学作品としては見事な結末と言えるだろう。

ここに描かれた庄造の生き方を、破滅という言葉によってのみ理解するのは、あまりにも一面的である。悪とか闇とか破壊などと呼ばれることにこそ、名状し難い美や味わいのあることを、作者は示したかったのだろうと思う。

文学作品としてはともかく、実生活ではどうだろう。ここで、庄造の伯父さんに心理学者がいたりして、「お前も、もっと母親から自立しなくてはならない」などと説教して、庄造もそれに応えて自立の努力をしたらどうなるだろう。この世ならぬリリーの美の世界は消え失せるだろう。と言って実際に生きるとなると、現在はあれかこれかではなく、あれもこれもだと言うことになろうが、何とも難しいことである。

XI　少女マンガの猫

少女と猫

少女と猫とは、どこか非常に似たところがある。第IX章に取りあげた、ポール・ギャリコ『トマシーナ』のなかに次のような一節がある。

「女の子と猫とは、ある意味で似たところがないとは言いきれません。ちっちゃな女の子って、いわく言いがたい不可思議なところがあるものです。いかにも秘密を知っていそうな感じですし、またじっと人を見つめるときの静かな、しかしどこか頑なな様子は、わたしたち同様、しばしば大人を困らせ、苛立たせます」。そして、「猫にせよ女の子にせよ、愛を強要できないのとおなじように、したくないことを無理にさせることはできません」ということになる。

ギャリコは、少女には「いわく言いがたい不可思議なところがある」と言う。確かにそのとおりで、ひょっとしてこの世の中で一番理解し難い存在ではないかと思ったりする。本人もわからなくて困っているのじゃないかしらん、と思うことさえある。私は人を理解することを職業にしていると言うことができるが、実のところ、少女に会うのは敬遠している。会ってもあまり役に立てないと思うのである。

思春期の女性が相談に来たとしても、私は避けて、そのような女の子に会うのが上手な人にまかせている。彼女たちより少し年上の女性が会うのがよいようだ。そして、そのようなカウンセラーは、少女を「理解しよう」などとはせずに、一緒にマンガを見たり、粘土で遊んでみたり、音楽を聴いたりしているうちに、問題が解決することが多いのである。これも「理解」の一種かも知れないが、言語表現による了解可能なかたちでのコミュニケーションとは異なるものである。非言語的に伝わる何かがあり、それを共有するうちに、何となく、よくなってしまうのだ。

思春期の少女の内界を記述することは、まず不可能ではないかなどと思っていたときに、ここに取りあげる、大島弓子『綿《わた》の国星《くにほし》』をはじめとする、その他の少女マンガを見て、それが見事に表現されていることを知り、驚嘆してしまった。

私はマンガ世代に属しておらず、マンガは一切見ない。ところが、鶴見俊輔さんと多田道太郎さんがマンガの面白さについて話合っているのを聞いているうちに、自分も読んでみたいなどと口走ってしまった。お二人の話を聞いているうちに、マンガを読まないで日本文化を語るのはモグリであるような錯覚に陥ったためである。そうすると、鶴見さんが面白そうなのを後で送りますよ、とつぎつぎとマンガの名作を送って下さった。マンガ世代ではない私はそれらを苦労しながら読んだが、大島弓子、萩尾望都、竹宮恵子、などといった人たちの少女マンガには、前記のようなことで、いたく心を動かされたのである。

大島弓子『綿の国星』の主人公は、チビ猫である。しかし、このチビ猫は人間の服装をしている。外見は人間そっくり、頭の毛の間から角のように猫特有の耳が出ていなかったら、誰も人間と間違ってしまいそうである。これは、チビ猫が「人間には二つのルート　ひとつは人間の形をした普通の赤んぼうから　大人の人間に成長す

るルート　もうひとつは　猫がある時点で変身して　人間になるルートがあって」、どちらも人間から生まれてきており、自分もいつの日か人間に変わるのだと確信しているためである。

彼女は飼主から捨てられ死にかけていたところを、須和野時夫という予備校生に拾われ、須和野家に飼われている、というよりも彼女の感覚では一緒に住んでいるわけである。彼女は人間の言葉を解し、猫族の言葉も知っているのだが、彼女の言葉は——猫の鳴声として——人間には通じない。そのときの状況によっては、何とか推察されることもある。

これは思春期の少女の心をよく表わしている。彼女たちは仲間とはコミュニケーションが可能であるが、人間(大人たち)とは、言葉が通じないと感じることが多い。ともかく、お互いに「異種」の存在であると感じる。このとき、大人たちをダサイと感じて自分たちを優位とすることもあるが、そのうちに自分も人間(大人)になるのだが、今は「猫」なのだからと感じることもある。それがもっと強くなると、自分は生れたときから猫だったと思う。そんな馬鹿なことと言われそうだが、自分はこの家の本来の家族ではない、どこかから貰われてきたのだなどと思う思春期の子どもは多い。強烈な「異種」感覚が、いろいろな作用を起こすのである。

強い「異種」感を味わっている少女に、「あなたは人間と異なる動物だとすると、何ですか」と質問してみるのも面白いだろう。「猫」と答える子は多いのではなかろうか、猫のもっている、独立性、不可解さ、優しさ、残酷さ、などピッタリのところが多くあると思われる。

家　族

『綿の国星』はパート23まで続いているが、これは最初の1で完結しているつもりで書かれたもののようである。おそらくあまりに好評だったので続篇がつぎつぎと生まれたのだろうと推察される。これは、漱石の『吾輩は猫である』の場合と同様で、興味深い。どちらの場合も、続きを書けと言われるならつぎつぎと書ける構造だったということができる。『綿の国星』はパート23まで続いたわけであるが、これを終りとするかどうかは、最後のところに述べる。すべて読切連載風に描かれているので、全体を通して一貫する話の筋があるわけではない。このことも極めて少女的である。何かを積みあげて、ひとつのものをつくりあげるなどということはないのだ。

したがって、ここに論じるにしても、1から23までを通して論じるという必要はない。極端に言えば、1だけでも、そこにすべてのことが含まれていると言うことさえできるのである。その1であるが、これは須和野家に拾われていったチビ猫が、その一家の家族のなかにどう落ち着いていったかが描かれている。つまり、思春期になって、急に「異種」の自覚を感じた子どもが、いかに家族たちと折合いをつけていくか、が示されている。

まず、母親である。この母親は強い猫アレルギーで、猫に触れるだけで熱がでてくるのだ。これは実にうまい設定だ。というのは、母親で「思春期アレルギー」の人が相当にいると思うからである。このような母親が、自分の娘が思春期になると冷淡になったり、時に嫌悪感を抱いたりする。これはどうしてだろう。それは母親が自分の思春期のときの体験をまったく忘れているのだが、そのときに体験した自分自身に対する不安や、つかみどころのなさ、あるいは衝動的傾向(時には、それに身をまかせて行動したことを忘れてしまっている)、などが心の奥底ではたらくので、それを抑えこもうとして、娘を拒否したり嫌ったりするのだと思われる。それまで、「女の子」と思っていたのに「女」になっていく不気味さ、と言ってもいいかも知れない。時には、意識的にはよい母親であろうと努力するのだが、「アレルギー」のために何だか関係がうまくいかないというときもある。

『綿の国星』の装幀

お父さんは、ここでは脇役である。思春期の女性が父親を急に不潔視したり、嫌ったりすることもあるが、このチビ猫はまだ思春期の入口ということもあるし、ここの家庭はなかなかの心の交流がある温かい家庭だということもあろう。どんなに素晴らしい人間関係のある家庭でも、子どもは思春期が来れば「異種」の存在になるところが大切なのだ。しかし、猫は猫なりに一生懸命にお父さんを愛している。ただ、「異種」のかなしさで、それがストレートには通じないだけである。

ここのお父さんは文筆業らしい。ものを書くのに苦しんで頭をかかえこんでいるが、ついに死にたいほどの状態にまで追いこまれる(パート6)。チビ猫は何とかしたいと必死であるが、何ともできない。ここで面白いのは、お母さんはお父さんの状態を見ながら悠然としていることである。妻の目から見る夫の状態と、思春期の少女の見る父の状態はまったく異なるのだ。妻から見ると「いつものこと」であるし、娘から見ると「お父さんが大変だ」ということになる。チビ猫は仲間の幹事猫から、奇跡を起こす呪文として、「ピップ・パップ・ギー」というのを教えてもらい、お父さんに向かって言ってみるが効果はない。また会った幹事猫から「呪文っていうのはいいかげんな気持ちでいってもききめないからね」と教えられ、全身の力をこめて「ピップ・パップ・ギー」と唱えると、見事に効き目を発揮する。お父さんの創作の扉が開くが、チビ猫はおしっこをちびって恥かしい思いをする。

これなど、父と娘の愛情を描いていて素晴らしい。娘の愛が父親にとどくには、おしっこをちびるくらいの状態にならないと駄目だ。現代の少女たちは、おしっこをちびるような恥かしいことはできないので、父親を捨て て、よその男性と「援助交際」をしたりしている。ほんとのところ、どちらが恥かしい行為なのだろう。

チビ猫と一番親しいのは、彼女を救ってくれた時夫君である。チビ猫は時夫を第一の恋人であると思い、大きくなって人間になったら結婚しようと決めている。時夫は兄ではないのかと思う人があるかも知れないが、それこそ少女の特徴で、兄と恋人が同一人物というのが理想なのである。ほんとうの恋人よりは少し安全で、ほんとうの兄よりは少し危険なところが、ぴったりくるのである。この点については、恋人のところでもう一度考えてみることにしよう。

恋人たち

少女にとって、兄=恋人、というケースは多い。それは少年にとって、姉=恋人や妹=恋人が多いのと対応している。血のつながりがあって、どこかで安心していられるのに、変な胸さわぎがしたりするわけである。チビ猫にとっても、時夫は第一の恋人であったが、すぐに第二、第三が見つかる。一人の恋人ではなく、恋人たちであるのも、少女の特徴と言えるだろう。それが、ほんとうに一人に絞られてくるのには時間を必要とする。

チビ猫は、時夫に連れられて予備校に行く。お母さんが猫アレルギーなので、時夫の不在中にお母さんが困ってしまうからだ。しかし、時夫は実際は予備校になど行っていなくて、さぼって公園に行く。そこで、「ひっつめみつあみ」の女子学生に会い、時夫は心を奪われる。時夫の様子が変ったのを感じとって、チビ猫は「わたし

は　まだ子供の猫だから　直感だって　きっと　たしかなものじゃない　これが　きっとこれから　彼の全部を支配してしまう恋だなんて直感は」と考え、「はずれるにきまってる」と断定する。そして、ともかく早く自分が人間となって、時夫を自分のものにするのだと思う。そして、「人間になれ!!　いますぐ!」と祈ったところへ、世にも美しい雄猫が現われる。

ラフィエルと名乗るこの猫は、「猫は人間になれないよ」と断言する。これは彼女にとってはショックであり、なかなか承認できない。ラフィエルは、チビ猫を説得するために、竹藪のなかで死んだ猫の姿を見せる。そして、厳しい現実、猫は猫のままで死ぬしかないことを納得させる。しかし、それと同時にファンタジーを語ることも忘れない。それは死んだ猫が話をしていた「綿の国の夢物語」である。それは真綿の原の国で「身も心もしずみこむような　すてきなかおりがする　一面の綿の野」で、そこには「ホワイトフィールド」という美しい姫が待っていると言う。

死の現実、猫であることの現実に直面した後に、ラフィエルはチビ猫にまだ驚くべきことを語る。「おれはあんたをはじめてみたとき　猫の直感で　これがおれのホワイトフィールドだって思ったのさ」。ラフィエルは、自分の直感は確かで、チビ猫が成長すると「すこぶるつきの　だれもかなわぬ　美猫になるよ!」と言う。

少女は時にこんな体験をする。生も死も、失恋も得恋も、夢も現実も、みんないっしょになってやってくる。喜怒哀楽すべての感情が一挙に押し寄せてくる。何が何かわからない。その結果、チビ猫のしたように家をとび出したりする。大人たちは驚きあわてて、見つかった少女を問いつめる。「なぜ、家出をしたのか」と。そんな問いにすぐ答えられるくらいだったら家出などしなかっただろう。「勝手者」「不可解」などという烙印が押されたりする。猫も少女も昔から不可思議で、独立した生物なのである。

チビ猫はラフィエルと旅に出ることを夢見て家出する。しかし、ラフィエルは居ない。藪のなかをチビ猫は歩きまわり、迷ってしまうが、チビ猫のことを心配して探しに来たお母さんに見つかり、抱き合う。お母さんの猫アレルギーもこれで癒されたのだ。チビ猫には恋人も必要だが、やはり大切なのはお母さんである。既に述べたように、お母さんは思春期アレルギーになることが多い。しかし、この例のように、少女の家出を契機にして、二人の仲が回復することがよくある。その「家出」の牽引力として「恋人」が存在しているとしても、それは大人が考える「恋人」とは少し違っている。

チビ猫はその後また家出をする。そこで鈴木君というブチ猫と知合いになるが、彼に対してチビ猫は自分の恋人たちのことを話す。恋人たちの「第一が時夫　第二がラフィエル　第三は　時夫のお母さん　時夫のお父さんヨーデル猫に　ひっつめみつあみ」と言う。鈴木君はこれを聞いて「第三の恋人が多いなあ」と感心している。時夫には失恋したのではないか、などと言ってもはじまらない。時夫の相手のひっつめみつあみまで第三の恋人のなかに数えられているのだ。これはどうしたことだろう。

その答は、「パート5　カーニバルナイト」に語られている。夢かうつつか、カーニバルナイトに、彼女の願いどおり、ラフィエルがつぎつぎと沢山現われて、彼女と手をつないで輪になって踊るのだ。一人のそして沢山の恋人と輪になって、「ひとつになった」と感じる。これは最高ではないか。恋人は「一にして多」、「多にして一」であるのだ。少女の内界の恋人はこんなのだから、その「多」のなかに男や女や、大人や子どもなどいろいろ含まれていてもいいのだ。要は「ひとつになった」という体験が大切なのである。内界がこんな状態なので、少女は外的には「唯一の恋人」とつき合ったりすることは少ない。

仲間

チビ猫はラフィエルに「鳥は鳥に」「人間は人間に」「星は星」と教えられる。つまり、彼女の仲間は猫であって人間ではない。家族とは明らかに異なるのだ。こんなわけで、彼女が仲間と通じるのと同じように、家族とは通じないのだ。彼女は須和野一家が親戚のところに行って一人ぼっちになったとき、気も狂うほどの大騒ぎをする。つまり、家族は絶対に必要なのだ。しかし、家族のまったく知らぬ世界を猫は——少女は——持っている。彼女の恋人のなかに、ヨーデル猫がいることなど、彼女の家族は思ってもいないことだろう。

どんなよい家族に囲まれていても家出したくなるのが、少女の特徴である。チビ猫は、「ペルシャ」という素晴らしいところがあると知り、ペルシャへ行こうと家出をする。もちろん、歩いていくつもりである。少女にとって、「距離」とか「時間」とかいう概念が消え失せるときがある。

チビ猫は鈴木君とペルシャへの旅を続ける。そのうちに、鈴木君が「秘伝鳥取術」で、鳥を捕るのを見て、自分が今まで平気で食べていたものが、「生きもの」であったことに、はたと気がつく。「ちくわも　さつまあげも　みりんぼしも　おせんべも」みんな生きていたのだと気づくと、彼女は何も食べられなくなる。拒食の状態だ。

それより前、チビ猫が家出して一人旅をしているとき、「ポリバケツがたおれていて下さってたすかった」とばかり、ゴミのなかから食物を探して、ガツガツと食べるシーンがある。こんなの「少女マンガ」に描いていいのかな、と思う人があるかも知れないが、これこそ少女の世界なのである。これは過食の世界である。

少女期に拒食症、過食症という症状に陥る者があることは、この頃はよく知られてきた。過食になると、彼女たちはガツガツと食べる。生肉を食べる子もある。手を使わず直接に口を当てて食べる子もある。ともかく、食べだすと止まらないのだ。思春期は、それまで「子ども」としてはある程度完成した存在が、大人になるために大変換を経験するのだ。動物から天使までの、人間のもつすべての要素が、かきまぜられつくり直される。そんなときに、少女は自分が「動物」であることを体験する。

ところが、それが反転すると、ともかく食物を食べることは動物に等しい、というわけで、それを全面的に拒否したくなる。自分が身体というものを持っているだけでも、うとましいのだ。普通の食物でも、ポリバケツのなかの残飯と等しく感じられる。かくて、拒食と過食が交互に現われたりする。

家出、拒食、過食、それに思春期に特徴的に生じることに、万引がある。これは少年の場合も同様である。「パート7　日曜日にリンス」には、万引のテーマが描かれる。これもすべて「仲間」に教えられることだ。どんなに裕福な家の少女でも、発作的に万引したくなることがある。チビ猫も同様である。と言っても、彼女は万引ということを知らない。人間が魚を買うのと同じように、自分も「買える」と思っているのだが、何しろお金をもっていないのだから、うまくいくはずがない。そんな彼女を尻目に「どろぼう猫」は、上手に魚をかすめ盗る。それを見て、彼女もやろうとするが失敗ばかり、「猫の本能がない」などと仲間に冷やかされたりする。

えらく苦労して須和野家に帰りつくと、汚れている彼女を見て、時夫はシャンプーで洗い、リンスをしてくれる。彼女は「いいにおい　花のにおい」にうっとりとする。最後のシーンでは、彼女は雨あがりのアスファルトの道の上で、水に映る自分の姿を見て、「歩くと　アスファルトの鏡に　リンスのかおりが　映るような気がしました」と思う。

さっきまでの魚盗みの活劇など嘘のようだが、これが少女というものである。仲間といるときと、家族といるとき、一人のとき、同一人物とも思えぬほどの変化であるが、これが少女――猫――というものなのだ。

永遠の束の間

チビ猫の恋人、須和野時夫君の名は、「すわ、というとき」を示している。時間は同じ速度、同じ厚みをもって平板に流れているものとも言えるが、ある個人にとって、「すわ」というときがあって、そのときに呑気に構えていたら大変なことになり、取り返しがつかない。火事になったときとか、家族が急病とか、事件にあったときとか。もちろん、よい方の話もある。役者で思いがけない大役の代役がころがりこんだとか。ビジネスマンで途方もない、もうけ話とか。しかし、そんな「すわ」のときは、人生でめったに来ないと人々は思う。特に中年になると、毎日が単調で同じことの繰り返しと思ったりする。

思春期は「すわ」のときの連続である。チビ猫は毎日毎日、「すわ!」と感じて生きている。もっとも、思春期の子どもたちはあまりにも「すわ」にふりまわされているので、それを大人から隠すために、まったく無表情だったり、何を訊かれても「別に」としか言わなかったりする。あるいは、「すわ大変!」と思って大人に訴えても、チビ猫のように、まったく言葉が通じない、ということも多い。

このような大変極まりない「すわ」のときが積み重なってどうなるのか、というと、別にどうともならないのである。積み重なりによって別のものができるのは大人の世界である。思春期の「すわ」は、何度も何度も永遠に続き、「束の間」の時間がバラバラにある。このままで、身体だけ大人になると「永遠の少女」という存在になる。ただ、残念ながら、一般には、このような少女体験の底に、時間の流れとともに大人になっていく過程が存在する。思春期から青年期にかけて、この二つの流れの衝突が生じ、結局のところは多くの人が大人になっていく。

しかし、猫は猫であって人間になれないように、マンガの主人公チビ猫は大人にはなれない。それでいいのだ。チビ猫はチビ猫のままで永遠に続いてもいいし、いつ終ってもいいのだ。もう終ったと皆が思って、十年も二十年も経って、ひょっこりチビ猫のまま現われてもいいかも知れない。私はそんなふうに思っていた。そして、「パート22　ねのくに」で、これは一応終りかなと思っていた。

「ねのくに」は恐ろしい話である。チビ猫は、病や死や、運命の抗し難い力などを体験する。ジステンパーになって団地の飼主から棄てられた「病猫」に、チビ猫は平気で近づいていって看病する。チビ猫の仲間のノラ猫たちは、近づくと自分も病気が感染して死ぬときつく忠告するが、チビ猫は平気である。

ノラ猫たちは恐ろしがったり、悲しがったりして、病猫とチビ猫のため葬式の花輪を二つ用意する。こんなのを見ると、そろそろ『綿の国星』も終るのじゃないかなと予想している読者の姿が、ノラ猫たちに重なって見えてくる。ところが期待に反して(?)チビ猫は死ななかった。彼女はジステンパーの免疫注射を受けていたのである。

ところが恐ろしいことが起こった。病猫が夢のなかで落ちこんでいった世界には、病猫の住んでいた団地のミニチュアがあり、もぐらたたきの槌がおいてある。彼がその槌でポカンポカンとミニチュアをなぐると、たちまちにして、その効果が団地の方に出るのだ。

まず、彼が落下していったとき、思わず手が触れてオーブントースターを落とすが、それはそのまま彼の元飼主の家で起こり、オーブントースターは主人の頭上に落下する。主人は激怒し、オーブントースターの置き方が悪いと妻に怒る。夫婦げんかの最中に、病猫はもぐらたたきの槌で、ミニチュアにヒョッコリ出てきた飼主の妻をたたくと、それはこちらの世界では、夫婦のなぐり合いに発展し、夫婦げんかは烈しさを加える。

これは実に大変なことだ。一家の運命をその家の飼猫が握っている。もぐらたたきの一撃で夫婦関係がこわれるどころか、とうとう病猫の遊びのために団地全体が壊されてしまうのだ。そんな馬鹿なと言う人は、一人の少年の「遊び」が、団地どころか国中を震撼させたことがあったのを思い出していただきたい。子どもだから、猫だから、と言って馬鹿にしてはいけない。猫や少女のもつ破壊力がどんなに凄いものかを、われわれは弁《わきま》えていなくてはならない。

思春期猫のもつこれほどの力が明らかになって、何となくこれで一応終りかな、というのが私の予想だった。しかし、作者は「終り」の作品「パート23　椿の木の下で」を描いた。ここには、まったく思いがけなく、もう一匹の病猫が時夫に拾われて、須和野家に、つまりチビ猫の前に登場するのだ。病猫は点茶と名づけられてかわいがられるが、何のことはない、皆の知らぬ間に悪さをして、それをすべてチビ猫におしつける。チビ猫は必死になって訴えるが、誰にも通じず彼女はどんどんと窮地に追いこまれる。話は急転直下、点茶がよそに貰われていって解決するが、この作品について、脇明子が明快な解釈を書いている（『綿の国星4』白泉社文庫、解説）。点茶は読者によってかわいく無邪気な主人公にされてしまったチビ猫の「もう一人の私」だった。とすると「話しても通じないというチビ猫の嘆きは、本当に描きたい物語から次第に遠ざからざるをえなかった大島さん自身の嘆きではなかったかと思えてならない」と。

漱石は急に嫌気がさしてきて、「猫」をやめるため主人公を殺してしまった。大島さんは、点茶の突然の出現によって、この永遠に続くかも知れぬ話に終止符を打った。なかなか終りというものは難しい。

XII 牝猫

『猫だましい』もこれで最後の章になる。猫に関する名作はまだまだあるが、一応ここで終止符を打つことにする。

第I章は、猫について全般的なことを書いた。続いて、最初に取りあげた作品が『牡猫ムル』である。「牡猫」ではじまって、今回の「牝猫」で終るというのも、対比の妙があって面白いと思う。

コレットと猫

ここに取りあげるのは、フランスの作家、シドニー・ガブリエル・コレットの『牝猫』である。コレットは二十世紀フランス文壇の女王と呼ばれた人で、一九五四年に亡くなったとき、フランスは彼女のために女性ではじめての国葬をいとなんだ。そのような大家の描く、猫の姿はさすがに意味深く、猫を素材とした文学のなかでも名作中の名作と言ってよい。本書の掉尾を飾るにふさわしいものである。なお、すでに取りあげた、日本の文豪、谷崎潤一郎の『猫と庄造と二人のおんな』も、この作品も、共に猫に魂を奪われた男性が登場する点で共通しており、本論でも少しは触れるが、この両者を詳細に比較検討すると、なかなか興味深いのではないか、と思う。

『牝猫』のなかの、工藤庸子の解説によって、コレットのことを少しだけ紹介しておこう。彼女はなかなか多彩で波乱に満ちた生涯を生きている。結婚を三度しているし、その間に、義理の息子との熱烈な恋愛に陥っている。ミュージック・ホールの踊り子になったり、パントマイムも演じたりしているし、自分の作品を役者として舞台上で演じたりもしている。同性愛を作品のなかで取りあげているが、彼女自身も同性愛の体験をしている。工藤庸子の次の言葉はコレットの本質をよく表わしている。

「コレットは、十九世紀末のいわばヴィクトリアンな雰囲気のなかで、ジョルジュ・サンドの精神主義的な恋愛小説を愛読して育った。彼女はそうしたなかから出て、女である自分の身体を正視し、身体の語る言葉に耳を傾けようとした最初の作家である。」

「身体の語る言葉に耳を傾けようとした」コレットが、猫好きだということは、当然のような気がする。本書のなかで多くの例を示したように、猫はまさに身体で語る才能を豊かに持っている。工藤庸子は、『牝猫』の解説のなかで、コレットが五十五歳のときの次のような文章を引用している。

「動物と人間をいっぺんに愛することなんてできない。わたしは日に日に、仲間の人間たちにはうろんな女になっていくらしい。でもあのひとたちが、ほんとうに仲間なら、うろんに見えるはずはないのだもの……。」（『夜明け』）

「わたしはもう、だれとも結婚したいとは思わない、ただし、とても大きな牡猫と結婚してみたいなと思うことはある。」（同）

動物園で彼女が檻のまえに立つと、猛獣が（おそらく猫科の動物だろう）大人しくなって、とろりとした目で彼女を見つめた、という。「コレットは動物を愛玩したのではなく、動物の世界と交感した」というのが、本質をついた言葉である。この解説に掲載されている「コレットと猫」という写真を見ていると、コレットの顔が猫のように見えてくるから不思議である。

ここに語られる「うろん」などという表現を見ると、谷崎潤一郎の、「庄造」のことを表わすのにぴったりだ、と思ってしまう。庄造のうろんさが、ほんとうによく描かれていたと言える。人間は何かに魂を奪われると「うろん」になる。ところで、『牝猫』にも、猫と離れられない一人の男、アランが登場するが、アランの「うろん」ぶりは、この作品では、どのように語られるのだろうか。

男と女と

『牝猫』には、二十四歳の青年アランと、十九歳の女性カミーユが登場する。おそらく当時の結婚適齢期の男女であろう。話は結婚前一週間の二人の状況からはじまり、続いて新婚生活が語られる。中産階級の恵まれた生活をし、どちらの家からも祝福され、幼なじみ同士の新婚家庭は、幸福であるはずだし、それは確かに幸福と言えたのだが、実は長くは続かなかった。なぜ、と誰もが問いたくなるような破局に至る鍵は、一匹の牝猫によって握られていたのである。

アランは絹を扱っているアンパラ商会の跡継ぎで、父親亡き後、母親と共に広大な庭つきの邸宅に住んでいる。それは「王国」というのにふさわしいほどで、彼の母親が「二十年もたたないうちに、こんな住まいやこんな庭園はだれももてなくなるだろう」と言ったのを、彼はよく覚えている。彼はこの庭をこよなく愛している。そして、そこに共に住んでいると言いたいほどの牝猫のサアも。

アランは、「小柄で完璧なシャルトルーと呼ばれる純血種の猫」サアを呼ぶとき、

「頬っぺたのふくらんだ小熊ちゃん……きれい、きれい、きれいの牝猫さん……青い鳩さん……真珠色の魔物くん……」

と讃辞を並べたてる。また、猫の方も心得たものだ。明りを消して眠ろうとベッドの上に横たわるアランのところにやってきて、「大切な友だちの胸をそっと踏みつけはじめた。踏みつけるごとに一本だけ爪をのばし、絹のパジャマをとおして、アランがはらはらしながらも快感をおぼえるように、たくみに肌に爪を立てるのだった」。これでは、まったく恋人、若夫婦の関係ではないか。

アランはサアとこのような関係にあるが、猫は猫、人は人である。彼はちゃんと素晴らしい恋人を見つけ、と言って、もともと幼なじみだったのだが、婚約し、もうあと一週間で結婚というところまで漕ぎつける。アランも、恋人のカミーユも、もちろん幸福である。カミーユがどんな姿をした女性か、ここに紹介しておこう。

「白い服を着た彼女は、きちんと切りそろえた黒髪をこめかみにひと房たらし、小さな赤いスカーフを首にまき、唇に同じ色のルージュをさしていた。化粧はひかえめだがなかなか凝っており、彼女が非常に若いということは、ちょっと見にはわからないけれど、そういえばオークル系の化粧のしたには白い頬があり、ほとんど黒に近い大きな目のまわりの、ベージュのパウダーをはたいたまぶたには小皺《こじわ》ひとつない。左手にはめたままあたらしいダイヤの指輪が、虹色の反射光を放っていた。」

こんな様子で現われてくるのだから、アランが「快い血の躍動に胸をしめつけられ、ぽっと頬を赤らめて、カミーユに見とれ」るのも無理はない。そして、実はアランの方も金髪で容姿端麗の青年なのだ。このような美男美女が愛し合うときは、現実のことがさっぱり忘れられることが多いのだが、彼らはそんな間抜けではない。

アランがアンパラ商会の後継者で、凄い館に住んでいることは既に紹介した。カミーユの方は、マルメール脱水機製造業者の娘で、こちらの方は、アンパラ商会の扱う絹があまり、ぱっとしない商品になってゆくのに対して、新しい洗濯機の人気で、商売は隆盛に向かっている。このことについて、アランの母親は「あたしたちとは考え方のずいぶんちがう娘さん」を嫁にもらってやるのだと言っている。つまり、少し格下の娘で、この庭には恐れいっただろうと言いたいが、結構、相手の商売繁盛ぶりを計算に入れているのだ。これに対して、カミーユの方では内々でアンパラ商会のことを話合うときは、「アンパラも絹はもううまくいってないし、母親と息子は商会の利権をもっているだけだ、それにあの息子は社長の器じゃない……」などとちょっと見下した調子で言っている。しかし、心のなかでは、何と言ってもあの邸宅は……とも思っている。つまり、アランもカミーユも、しっかり現実認識をして、長短を見極め、お互いにこの結婚を得策と考えている。

新婚夫婦は、アランの大邸宅の一部に、新築の家を建てて住むはずだったが、工事がだんだんと遅れてきたので、カミーユの友人のパトリックが海外に行って不在の間、高層住宅の十階のアパートを借りることになっている。パトリックが帰国するまでには、新築工事も完了しているだろう、というわけである。

そして、結婚式の前には、かっこうのいい車、ロードスターが手に入ることになっている。結婚後、二人であちこちにドライブに出かけようと、特にカミーユは心をわくわくさせている。

こんなわけで、幸福な新婚生活へと手はずはすべて整っていた。後は、はじめての夜を二人でどう過ごせるかである。アランは期待と不安の混じった気持で、それを迎える。新婚の日の朝、アランは「とにかく、いちばん面倒なところはすぎたんだ。もの足りないような、精根つきはてたような、初めての夜って、たいていこんなものなんだろうか。とてもうまくいった感じが半分と、惨憺《さんたん》たる感じが半分と……」と思う。つまり、それはうまくいったのだ。

何もかもうまくいったようだが、この男と女とは結局のところうまくいかない。猫がその鍵を握っているなどと言ったが、実のところ、これは現代の男女の関係の困難さを如実に示している作品である。ここに語られる問題はすべての男女について言えることなのだ。猫は、それを明確に示すために登場している。猫のような存在がいないため、問題の所在がわからないまま、不平不満を抱きながらよそ見には平和に暮らしている夫婦も多い。

切り離されたもの

初夜の明けた朝、目を覚ましたアランは、カミーユが素っ裸で歩きまわっているのを見てあきれるが、ともかくまあ落ち着いて、二人は朝食のテーブルにつく。会話の途中で、カミーユは「あなた、なにをさがしているの?」と言い、アランは「いや、べつに……」と受け流すが、実は彼はコーヒーの香りに刺戟され、思わずサアを目で探していたのだ。それだけではない。アランはカミーユを愛撫しているとき、「無意識に《サアのため》の愛撫をカミーユにやりかけ、そっと爪を立てて腹をひっ掻いた」。これにはカミーユはぎょっとして、アランが変態なのかとさえ思う。もちろん、そんなことはなくて、彼女はほっとするのだが、アランは、「変態」よりももっとひどい状態にあったのだ。

アランは十階の地面から切り離された生活に、どうしてもなじめなかったのだ。彼は新妻と展望のよい住居にいるよりは、自分の「庭」の方に居たかったのだ。彼は《こんな空中に住むのはやりきれない、ああ!》と溜息をつき、《木の枝のしたがいいよな……小鳥の腹が見えるところ……》と自分の「庭」をなつかしみ、その庭でサアとたわむれるところを夢みるのだ。アランは、土からも猫からも切り離されて、孤独の極みにある。しかし、カミーユはそんなことを考えもしていない。彼女と居ることで彼は幸福であると信じて疑わない。考えてみると、それが当然だ。新婚ほやほやで、美しい妻と友人のアパートに仮住いしているが、彼らの住むはずの住居は新築中で、もうすぐ完成だ。それに、初夜の体験もうまく共有できた。よいことずくめではないか。しかし、彼女の幸福を信じ切っている健康さが、アランには重荷に感じられるのだ。

アランは「新築現場」を見る口実で、自分の実家を訪ねる。「彼は家をぬけ出して朝帰りした少年のように、庭にしのびこんだ。水をまかれた腐植土の濃密な匂い、高価な大輪の花を養う肥料から立ちのぼるかすかな臭気、そよ風にはらいおとされるしずく、彼はそういったものを胸いっぱいに吸いこみ、そのとたんに、自分がだれかになぐさめてほしいようなやるせなさをかかえていることに気がついた」。

もちろん、彼はすぐに愛猫を呼んだ。サアはすぐに現われた。「ところがいつもは狂ったように、命がけだといわんばかりにアランの手のなかに頭からつっこんでくるサアなのに、それをやりかけた瞬間に、猫は彼の手をくんくん嗅いでみて、一歩あとずさりした」。アランは昔のとおりのアランでなくなっている。

しかし、サアの方にも変化があった。母親によると、サアは全然ものを食べないという。牛乳も飲まない。このことはすぐに、『猫と庄造と二人のおんな』において、庄造と別れさせられた猫のリリーが、品子のところで何も食べようとしなかったことを思い出させる。男に愛される猫の態度は、洋の東西にかかわらず似てくるのである。男と猫は切り離されて生きてゆくことはできない。

アランとカミーユは工事の具合いをよく見に行く。つまり、アランはサアによく会うのだが、サアはどんどんと衰えていく。そこで、アランは遂に決心して、サアを十階の自分たちのアパートに連れてきてしまう。彼らは再び共生することになった。しかし、それは、サアが土から切り離されることを意味していた。切り離しはそれだけではなかった。サアの出現によって、アランとカミーユが切り離されてゆく。

どうしてこんなことが起こるのか。若いカップルの関係がうまくゆかない「原因」を見出したい人は、すぐにそれを見つけることができる。たとえば、こんなことになったのも、アランがマザコンだからなのだ、と言う人は多いことだろう。訳者の工藤庸子が「解説」のなかに指摘しているように、この作品における、母親の描き方は見事である。アランが結婚するまでは、彼女の「手」だけが描かれたり、声だけが聞こえてきたり、つまり、彼女は背景全体のなかに存在して、アランを包みこんでいるのだ。アランが結婚してからは、一人の人間としての姿を現わし、彼と向き合って話を交す。さすがに西洋の母と息子らしい、互いの人格を認め合った会話のようだが、裏に流れるものは、二人の間が切り離されていないことを示している。つまり、アランは母と切れていない。

ここでも、また、アランの姿は庄造と重なってくるのではないか。もちろん、アランと庄造とでは、その外見的態度に大きい差がある。庄造はいつも頼りなくふらふらしているし、アランは他に対しても対決的に接していくが、その本質は同じで、どちらも母親から切れていない。つまり、マザコンである、ということになる。

土から切れた高層建築、自然から切れた文明生活、心から切れた身体、などと表現するとき、われわれはその切断を否定的に受けとめている。それに対して、母からの切断のみを、「自立」として肯定するのは矛盾しているのではなかろうか。このことは実に深刻である。土、身体、などはすべて「母なるもの」の領域に属している。いったいマザコンなどという単純な用語で、男女関係のことを理解したり、論じたりしていいものかと思う。

人でなしの男女

サアは環境の激変にもかかわらず、何とか適応しようとしていた。「ほんと、あたし猫がこんなに早くあたらしいところに慣れるとは思っていなかったわ……」とカミーユは感心したが、実は、猫に彼女が適応することの方がはるかに難しかったのである。

猫がきて以来、アランとカミーユの間には少しずつ亀裂が生じてくる。そして、アランは、《カミーユが、ぼくの家に住まないようにするには、どうしたらいいだろう?》と真剣に考えはじめる。それに呼応するかのように、彼の「家」の使用人たちが、カミーユがこの家に住むのにはふさわしくない、どこかデリカシーに欠けると感じているらしいことを、噂しているのをアランは盗み聴きしてしまう。アランは、どうもカミーユをこの庭つきの家に住まわせるのに抵抗があることを、母に打ち明けてしまう。母親の方も口先はともかく、まんざらでない様子である。

彼が帰宅すると、カミーユのどなり声がきこえてきた。「このにくったらしい汚いけだものめ！　死んじまえばいいのよ、まったく！」カミーユは不意に現われたアランに狼狽し、階下のうるさい犬にどなっていたと弁解するが、それはあまりに見えすいていた。

それでも二人は外出し、郊外の高級レストランの食卓についたときは、アランは「いかにも自慢げなそぶりを見せた」。まわりの連中は皆、美しいカミーユに注目している。「彼は、妻と微笑をかわし、うなずき合い、《素敵なカップル》にふさわしく気どってみせた」。

その夜、二人はサアのことを話題にせざるを得なくなる。アランは「ぼくにとってサアは大切だ、しかもきみのやきもちは、ぼくが幼友だちに対して熱烈な友情をもっているからといってやきもちをやくのと、ほとんど同じじゃないか……」と言う。「ぼくが動物をかわいがるのを邪魔しようとする」とも言った。しかし、アランのこれらの言葉も見えすいた弁解と言えないだろうか。

破局は遂に来た。カミーユは十階のベランダからサアを突きおとしたのだ。ところが、サアは奇跡的に助かった。三階の日除けがショックをやわらげてくれて、何とか着地したのだ。アランは十階から落ちたサアを抱きあげて帰ってきて、「文明になれて野生を失ったことに原因がある」などと言っていたが、サアのカミーユに対する恐怖と怒りの表現からすべてを悟る。

アランは庄造のようにふにゃふにゃしていない。「じゃ、ぼくは、出てゆくよ」と言い、サアを籠に入れ、「われわれは出てゆく」とわざわざ言い直して出て行った。行きつくところは、もちろん、「庭」のある家である。彼はすぐにサアを籠から出し、「サア、ぼくたちの庭だよ……」と言った。

真夜中の息子の来訪に対しても、母親はあまりあわてていなかった。それに、「おまえのベッドにはシーツがかけてあるわ」と彼女は言った。さすが母である。

翌日、カミーユがアランに会いに来た。彼らの会話はだんだんと悪い方に進んでしまう。アランは遂に決定的な言葉を言う。「きみは人でなしだ……ぼくは人でなしとは暮らせないよ……」と。「なんの罪もないちっちゃな生き物、最高に素敵な夢みたいに青っぽい、ちっちゃな魂」、それをカミーユは殺そうとした。どう考えても「人でなし」ではないか。

これに対するカミーユの反撃も凄まじい。「たかが動物じゃないの!」と彼女は言う。たかが一匹の動物のために妻を犠牲にしようとするのかというのが彼女の言い分である。

「あなたよ、人でなしは」

とカミーユは言い放った。これにはアランも「え?」としか言えなかった。カミーユは「そうよ、あなただわ」と言いたてるが、「残念ながら、どうしてそうなのかうまく説明できないけど」とつけ加えた。無垢の生物を殺そうとしたカミーユを「人でなし」というのは言いやすい。しかし、カミーユも直感的に、人でなしはアランの方なのだと言い返したものの、すぐにはうまく説明できなかった。それでも彼女は元気をふるい起こして、「邪魔なもの、自分を苦しめるものを殺そうとするのは、女にとってはあたりまえ」、「それは、正常なことよ」と抗弁する。つまり、アランもカミーユも「人でなし」というわけである。

身体・心・たましい

アランとカミーユは互いに相手を「人でなし」と極めつけた。これでは夫婦関係を続けていけるはずはない。現代の夫婦で相手を「人でなし」と呼んだり、呼びそうになった人は多いのではなかろうか。アメリカの離婚率の高さを見ると、おそらく沢山の男女が相手を「人でなし」と判断したことと思われる。日本もアメリカほどではないが、離婚率は上昇しつつある。

アランとカミーユの場合、どんな解決策があるだろうか。マザコン説は既に紹介した。そして、それほど事は単純ではない、とも述べた。いったいこれをどう考えるといいだろう。コレットはこれに対して次のように言っている。

アランはカミーユとサアをめぐって口論した際に、確かに彼はサアを愛しているけれど、「サアはきみのライバルじゃない」と言っている。その後に次の言葉が続く。「彼は言葉を切って、秘密をとじこめようとするかのように目を細めた。それは無垢なるものをめぐる秘密だった」。コレットはここに「無垢なるもの」の秘密がある、という。

彼女の言う「無垢なるもの」は、私の考えている「たましい」というのに近いと思う。アランはサアを「ちっちゃな魂」と呼んでいる。「たましい」というのは、あるのかないのかわからないし、これが「たましい」だと言って見せることはできない。しかし、人間を心と体に切り離して、それらを合わせてみても、もとの全体としての人間には戻らない。そのとき、心と体とを全体として、一個の生命ある存在にならしめているものを、たましいと呼ぶのである。アランとカミーユの身体はうまく結合できた。心は、考えられるすべての点でうまく結合するはずだった。しかし、「たましい」のことは不問になっている。アランは、たましいの顕現であるサアなしでは生きてゆけず、それに嫉妬したカミーユは、「人でなし」と呼ばれた。彼女は直感的にアランこそ「人でなし」だと言ったが、その理由をうまく言えなかった。議論のなかに、たましいのことを持ちこむ術を知らなかったからである。

近代の特徴は、たましいの存在を否定してしまったことである。ものごとをすべて明確に区別して考える。心と体とを区別する。精神と物質を区別する。近代はこのようにして驚異的繁栄を見た。カミーユのマルメール商会の扱う洗濯機はそのひとつの象徴である。すべての汚れ、あいまいなものを洗いおとしてしまう。これに対して、絹などという、どこかでたましいとかかわる商品を扱っているアンパラ商会は、マルメールの繁栄と反比例して、落ち目になっていくのだ。近代の洗濯機は、すべてを「清潔」にして、無垢なるたましいを洗いおとしてしまったのだ。

コレットはこのような近代に我慢できなかったのではなかろうか。「猫と結婚してみたい」などという彼女の言葉に、それが示されている。義理の息子との恋、同性愛。それらの彼女の行為に、何とかたましいの関係を見出そうとした彼女の努力の跡を見ることができる。彼女の言う「無垢なるもの」は、この世に顕現してくるとき、この世では一般に拒否されたり、低く評価されたりすることになることを忘れてはならない。

現代では「人でなし」であることは、それほど恥ではない。一般に最も恥とされているのは「オカネなし」である。それは、この世で、人でなしでオカネありの人が、尊敬されたり、出世したりしているのを見れば、よくわかる。アランにしても、庄造にしても、あまり「尊敬」される人間にはなりそうもないのである。「うろん」でさえある。

ここに不思議なことがある。アランはサアにたましいの顕現を見ている。しかし、人間であるカミーユもたましいを持っていることに、まったく気づかない。これは不思議と言えば不思議だが、よく起こる現象である。ひとつのひねくった壺や茶碗にたましいの存在を感じつつ、家族の誰一人に対しても、たましいの存在を感じない人など多いのではないか。

たましいは広大無辺である。それがどんなものかわかるはずもない。したがって、何かにその一部の顕現を見ることによって、人間は「生きる」という行為の支えを得ようとする。しかし、他人とほんとうに生きようとする限り、それを超える努力をしなくてはならない。カミーユがアランと共にサアを愛するようになったり、アランがカミーユにもたましいのあることを認めて生きようとしたり、いずれにしろ、命がけの仕事をするより外に、この二人の関係を維持する道はないだろう。

猫は、どういうわけか、人間にとってたましいの顕現となりやすい。猫を愛する人は、猫を通じて、その背後に存在するたましいにときに想いを至すといいのだろう。

参考文献一覧

E・T・A・ホフマン、秋山六郎兵衛訳『牡猫ムルの人生観 並びに楽長ヨハネス・クライスラーの断片的伝記(反故紙)』上・下、岩波文庫、一九三五―三六年。

山口昌男『アフリカの神話的世界』岩波新書、一九七一年。

寺山修司『猫の航海日誌』新書館、一九七七年。

グリム「猫と鼠のおつき合い」

『源氏物語 若菜』

ルートヴィヒ・ティーク、大畑末吉訳『長靴をはいた牡猫』岩波文庫、一九八三年。

アーシュラ・K・ル＝グウィン、S・D・シンドラー絵、村上春樹訳『空飛び猫』一九九三年、『帰ってきた空飛び猫』一九九三年、『素晴らしいアレキサンダーと、空飛び猫たち』一九九七年、講談社。

関敬吾編『日本の昔ばなし』Ⅰ・Ⅱ・Ⅲ、岩波文庫、一九五六―五七年。

関敬吾編著『日本昔話大成』全十二巻のうち第二巻と第六巻、角川書店、一九七八年。

河合隼雄・梅原猛編著『小学生に授業』小学館文庫、一九九八年。

佐藤栄二「宮沢賢治童話集『風と山猫』(WIND AND WILDCAT PLACES)について」『四次元』二〇二号、宮沢賢治研究会、一九六八年。

宮沢賢治『新編 銀河鉄道の夜』(「セロ弾きのゴーシュ」「猫の事務所」)一九八九年、『注文の多い料理店』(「注文の多い料理店」「どんぐりと山猫」)一九九〇年、新潮文庫。

フレッド・ゲティングズ、松田幸雄・鶴田文訳『猫の不思議な物語』青土社、一九九三年。

ハドランド・デイヴィス『日本の神話と伝説』

『講談全集』「鍋島猫騒動」大日本雄弁会講談社、一九五五年。

柳美里『ゴールドラッシュ』新潮社、一九九八年。

エドガー・アラン・ポー、佐々木直次郎訳『黒猫・黄金虫』新潮文庫、一九五一年。

にしまきかやこ『えのすきなねこさん』童心社、一九八六年。

佐野洋子『100万回生きたねこ』講談社、一九七七年。

ワンダ・ガアグ ぶん・え、いしいももこ やく『100まんびきのねこ』福音館書店、一九六一年。

ジェイムズ・ジョイス文、ジェラルド・ローズ画、丸谷才一訳『猫と悪魔』小学館、一九七六年。

ハンス・フィッシャー文・絵、石井桃子訳『こねこのぴっち』岩波書店、一九七六年。

J・ワグナー文、R・ブルックス絵、大岡信訳『まっくろけの まよなかネコよ おはいり』岩波書店、一九七八年。

長新太『ごろごろ にゃーん』福音館書店、一九八四年。

ポール・ギャリコ、矢川澄子訳『トマシーナ』角川文庫、一九八〇年。古沢安二郎訳『ジェニィ』新潮文庫、一九七九年。

谷崎潤一郎『猫と庄造と二人のおんな』新潮文庫、一九七〇年。

大島弓子『綿の国星』全四巻、白泉社文庫、一九九四年。

シドニー・ガブリエル・コレット、工藤庸子訳『牝猫』岩波文庫、一九八八年。

お茶の水文学研究会『文学の中の「猫」の話』集英社、一九九五年。

阿部昭編『猫』日本の名随筆3、作品社、一九八二年。

平岩米吉『猫の歴史と奇話』築地書館、一九九二年。

日高敏隆『ネコたちをめぐる世界』小学館ライブラリー、一九九三年。

ポール・ギャリコ、スザンヌ・サース写真、灰島かり訳『猫語の教科書』筑摩書房、一九九五年。


〈英語引用文献〉

Barbara Hannah, *The Cat, Dog and Horse Lectures*, Chiron Publications Willmette, Illinois.
Patricia Dale-Green, *The Archetypal Cat*, Spring Publications, Inc. Dallas, Texas.

II

おはなしの知恵

はなしのはじまり

おはなしの復権

人間が古来からもっている「おはなし」がいかに深い「知恵」を蔵しているかを本書のなかでお示ししたいと思う。神話、伝説、昔話、それに説話なども加えて、皆さんに是非読んでいただきたいと思う「おはなし」を紹介し、それについて考察してみたい。「おはなし」はいろいろな考えを引き出す力をもっているので、読者と共にあれこれと考えてみたいと思っている。

自然科学とそれに基づくテクノロジーによって、すべてのことを支配できると考える人は、「おはなし」を馬鹿にしたり、嫌になったりする。こんなに科学が発達している時代に、昔話のように「桃から子どもが生まれる」とか「魔法によってかぼちゃが馬車になる」などという話をすると、子どもが現実から逃避するようになって駄目になるのではないか、と小学校の熱心な先生から質問されたことがある。近頃の子どもはそんな馬鹿げたことに興味を示さない、という人もある。

自然科学もテクノロジーも大切だ。これがなかったら現代人の生活は成り立たない。しかし、それによって人間が生きることに伴うすべてのことが解決されるわけではない。まず自分自身のことを考えてみる。「私」という人間がこの世に今存在し、しかも必ず死ぬということは、まったく不思議なことである。他人の死については自然科学的に解明できるだろう。しかし、一人称の死、二人称の死についてはどうか。なぜ最愛の一人息子が交通事故で死んだのか。その「死因」について科学的説明を受けても納得がいかないだろう。「なぜ」という問いは心に残り続ける。それが自分自身の死となるとどうなるか、それを心のなかに収めることは困難なことだ。

一人称の死、二人称の死を受けいれるために、古来から宗教はいろいろな教義や説明を用意してきた。天国とか地獄とか。そして、これまで多くの人がその実在を信じてきた。これはどういうことか。宗教の世界が科学の世界まで覆っていたのである。近代になって科学は巻き返しを計り、多くの「迷信」を打破してその勢力を拡張し、そのため、宗教の世界は消滅したとさえ考える人も出てきた。しかし、人間の「死」はなくなっていない。

死は恐ろしく、非合理である。自分は禁酒・禁煙、清く正しく生きてきたが癌で早く死ぬことになるのに、知人は煙草を吸い、酒を飲み、好き勝手なことをしていながらピンピンしていると嘆いた人があったが、人間の生命や死は、そのような合理的な考え方ですべて了解できるものではない。他ならぬ「私」の生死をかけがえのないものとして、自分の腹に収めるのは、簡単なことではない。

「あまりに立派な生き方だったので、天国の方が待ち切れなくなった」という言い方をするときがある。そしてそのような表現が、「二人称の死」を語るときにピッタリと感じられるときがある。あんな立派な人が、だから夭逝したのだと。このとき天国の実在や、天国からの召命の書類を調べる必要はない。唯一のメルクマールは、自らが主体として感じとる「そうだ」という体験である。

そんな主観的なことにはまちがいが多い、客観的な正しさのみが必要と言う人がある。だが、人は生まれてから死ぬまで「客観的に正しい」ことばかりしているなら、それはどんな人間にも通用することで、要は誰がしてもいいことだから、他ならぬ「私」の人生とは言い難いのではないだろうか。
と言ってもその主観的判断がまったくの身勝手なものとなるときは、他人との関係が切れてしまう。主観的であり、かつ、他との何らかのつながりを有する説明の方法として「おはなし」がある。おはなしは非合理であったり非論理であったりするが、主観的な納得を他の人々と共有できるという意味での普遍性をもっている。

このような普遍性をもった「おはなし」は、したがって荒唐無稽な外見にもかかわらず、時代の風雪に耐えて生きのびてきた。日本人で「桃から生まれた桃太郎」や「龍宮城を訪れる浦島太郎」の話を知らない人は、まずないであろう。しかし、日本の大人で「桃から子どもが生まれる」ことや「海底に乙姫さまが住んでいる」と信じている人は、まずないだろう。このことは、このような「おはなし」が、どこかに普遍的真実を有していることを示している。

最近になって、自然科学にのみ頼って世界観、人生観を築くことがあまりにも一面的であることに人々は気づきはじめた。人間が自分の人生を、かけがえのない全き人生として生きるためには「おはなし」を必要としている。自分の人生を「おはなし」として見ることができなければ、せっかくこの世に生を享けた甲斐がないのではなかろうか。そんなわけで、この科学・技術の盛んな時代に「おはなし」が復権してきたと思われる。

「おはなし」の危険性

最近は「自分探し」という言葉が流行しているが、自分探しを完成させていくためには「おはなし探し」が必要である。しかし、これは実に困難で危険に満ちた仕事である。簡単な例をあげてみよう。夜道を数人で歩いていると、あちらの地平線よりＵＦＯのあがってくるのが見える。「あれっ」と言ったが他の人は気づいていないどころか、何も見えないようだ。そのあいだにもＵＦＯが近づいてきて信号を送ってくる。「お会いできて嬉しいです。これから交信を続けましょう」ということになる。ＵＦＯの発見とその後の交信は、自分だけにできることである、という意味で、自分を支える重要な「おはなし」になる。しかし、自分の周囲の人はそれを誰も信じないとなると、相当な孤独に悩まねばならない。うっかりすると「異常」とか「病気」というレッテルを貼られるかも知れない。

多くの人と共有し得る「おはなし」を生きるときは元気が出る。威勢がよい。たとえば、五十年以上前のことであるが、日本のほとんどの人が「日本は神国なり」、「大東亜共栄圏」などという「おはなし」に酔って、随分と威勢よく頑張ったものである。しかし、その結果は御存知のとおり。「おはなし」は、このように危険極まりない特性をもつ。

私は思春期に日本の神話を信ずることと、その崩壊の両方を短期間に経験したので、日本の神話など馬鹿くさくて話にならない、と思った。ところが実際は日本の神話そのものは悪でもないし馬鹿げてもいない。それの受けとめ方が問題だったのだ。そう気がついて、日本の神話の豊かさをほんとうに味わえるようになるまで随分と時間がかかった。思春期に受けた傷があまりにも大きかったからである。

「おはなし」の恐ろしさを、今また日本中が体験しつつある。「ハルマゲドン」などという「おはなし」が、どれほど多くの人を危険な方向に導くものであるか、その実例を目のあたりにしている。どうして理科系大学出身の優秀な青年があのように馬鹿げたことを信じるようになるのですか、という質問を受けることがよくある。要するに「異常」なのですね、と一言で片づける人もいる。

しかし、もう少しつっこんで考えてみよう。ハルマゲドンの話をただ笑っているだけでいいだろうか。これは「終末」にかかわる「おはなし」である。そこで、「自分の終末についての「おはなし」をもっていますか」と質問されたら、あなたは何と答えるだろう。現代は「生きていく」ことについての「おはなし」は——貧しくとも——誰しももっている。「そのうちに部長になる」、「持家をもつのだ」、などなど小さいのから大きいのまで。なぜこれを「おはなし」というのか。それは、それを生きている人にとっての「部長」とか「持家」とかが、他人と異なる何らかのその人固有の意味合いをもつからである。部長が何だ、家が何だ、と言う人もいるはずである。しかし、その人たちも何らかの「おはなし」を生きる上でもっているはずである。しかし、終末、死に対してはどうか。

人間の生は死によって裏打ちされている。生と死とこみにして考えてこそ人生と言えるのではないだろうか。しかし、現在は生の方に重心がかかりすぎて、人々は「死のおはなし」をもたないまま生きている。日本ではかつて、「いさぎよく死ぬ」ことを生きることの目標としたり、「後世《ごせ》に助かること」を中心において生をいとなんだりしていた。しかし、現在はその伝統はほとんど生かされていない。

このような状態のなかで「ハルマゲドン」の「おはなし」をたたきこまれると、免疫のまったくない伝染病に感染したのと同じことになる。一挙に「感染」してしまって当然である。秀才とかエリートとか言ってみても、それは理科系の知識や技術についてのことであって、「おはなし」という点に関しては赤子と同じくらい未熟であると言っていいだろう。

というわけで、現代人はもう少し「おはなし」に対する免疫を必要とすると思われる。死の方がインパクトが強いので、そのことを取りあげたが、生きる方にしても、自分がどのような「おはなし」をなぜ生きているのか、他にはどんな「おはなし」があるのかさえ知らずにいる人が多いのではなかろうか。そこで、この「おはなしの知恵」では、いろいろな「おはなし」を取りあげ、それがいかにわれわれ現代人の生死に深くかかわっているかを考えてゆきたい。

世界のはじまり

「おはなし」は取りあげたいものが沢山あって選択に困るほどである。今後、思いつくままに選んでゆくだろうが、今回は最初なので、「世界のはじまり」の話を取りあげてみよう。終りも大切だがはじめも大切である。次に示すのは『古事記』の冒頭の言葉である。日本人だから、やはり日本のおはなしは知っておくべきだろう。

天地《あめつち》の初発《はじめ》の時、高天《たかま》の原《はら》に成りませる神の名《な》は、天《あめ》の御《み》中主《なかぬし》の神。次に高御《たかみ》産巣日《むすび》の神。次に神産巣日《かみむすび》の神。この三柱《みはしら》の神は、みな独神《ひとりがみ》に成りまして、身《み》を隠したまひき。

次に国稚《わか》く、浮かべる脂《あぶら》の如くして水母《くらげ》なす漂《ただよ》へる時に、葦牙《あしかび》のごと萌《も》え騰《あが》る物に因りて成りませる神の名は、宇摩志阿斯訶備比古遅《うましあしかびひこぢ》の神。次に天《あめ》の常立《とこたち》の神。この二柱《ふたはしら》の神もみなに独神《ひとりがみ》に成りまして、身《み》を隠したまひき。

これは最初の引用なので敬意を表して、原文の読み下しを示した。私は文献学者でないので、読みには自信がないし、私の述べたいことは内容に関することなので、――と言っても厳密に考え出すと問題があるが読者のお許しを願って今後は多くは訳文に頼る。研究熱心な方は是非、原文を自分でお調べ願いたい。

ところで、日本の神話は『古事記』のみではなく『日本書紀』にも語られる。そちらを井上光貞訳で読んでみよう(井上光貞監訳『日本書紀』中央公論社、一九八七年)。

むかし、天と地とがまだ分かれず、陰と陽ともまだ分かれていなかったとき、この世界は渾沌《こんとん》として鶏の卵のように形も決まっていなかったし、またそれはほの暗く、広くて、物のきざしはまだその中に含まれたままであった。やがて清く明るい部分はたなびいて天となり、重く濁った部分は滞って地となった。しかし、清らかでこまかいものは群がりやすく、重く濁ったものは固まりにくいものである。だから、天がまずでき上がって、地はのちに定まった。そうしてのちに、神がその中に生まれたもうた。そのありさまは、開闢《かいびゃく》のはじめ土壌が浮かび漂うこと、ちょうど魚が水に浮かんでいるようであったが、そのとき、天と地の中間に一つの物が生まれた。その形は葦の芽のようであってこれが国常立尊《くにのとこたちのみこと》という神となったのである。

日本人は当時「はじまり」を考えるに当って、それをひとつに統一したわけではなかった。『日本書紀』には、他の書物によればと断り書きして、これ以外に五つの話が記録されている。ただし、それらは大筋においてここに示した二者と異なるものではない。ここに語られる「世界のはじまり」の話は、中国の影響を強く受けていることがつとに指摘されているが、そのような点は不問にして、ともかく「おはなし」として見ることにしよう。この世界が誰かによってつくられるのではなく、自然発生的にできあがってくるところが特徴的である。

『日本書紀』を見ると、「渾沌として鶏の卵のように形も決まっていなかった」とある。ところで、ギリシャ神話のオウィディウスの『変身物語』のはじまりを見ると、「海と、大地と、万物をおおう天空が存在する以前には、自然の相貌は全世界にわたって同一だった。ひとはこれを「混沌《カオス》」と呼んだが、それは、何の手も加えられず、秩序だてられてもいない集塊にすぎなかった」とある（中村善也訳『変身物語』上、岩波文庫、一九八一年）。

こんなのを見ると、日本およびの中国などのおはなしとギリシャのおはなしの類似性を強く感じる。はじまりとしてのカオス。そこには何の区別もない。それは世界のはじまりとして述べられている。しかし、それは「私」がこの世に生まれでてきた「はじまり」のときの、私の心の状態も同様だと言えないだろうか。そして、実際に「私」のことと言えば「世界」はそこからはじまったのだ。つまり、宇宙論はすなわち心の様相についての論議とパラレルである。

孤独を癒されたいと思うとき、あるいは、一人で安らかに休息したいと思うとき、故郷に帰る人がある。故郷が自分を包みこむ。ところで、先程の「はじまり」のはなしに従うと、心の故郷はカオスだと言えないだろうか、何の区別もない茫々とした存在。心をそこへ帰らせることによって安らぎを得るのではなかろうか。睡眠はそれに近い状態である。「近い」とわざわざ言うのは、睡眠が深いときでも、おそらく心はカオスにはなっていないと思うからである。

「世界のはじまり」の話をしているが、それはあんがい終りにも通じていないだろうか。死ぬとは、もとのはじまりのカオスに帰ることではないだろうか。こんなことを考えていると、別に生まれ故郷を訪ねてゆかなくとも、一人で心の安らぎを得ることもあるし、死ということも少しは親しみやすくなってくる。

おはなしの文化差

日本の話とギリシャの話の類似性を指摘した。実際、このような話を調べていると、思いがけない場所に類似の話を見出して驚くときがある。これは伝播によるときもあるが、別個に似たような話が異なる場所に発生することもあるようだ。これらを「立証」することは難しい場合が多い。しかし伝播にしろ、そのような話が長く語り伝えられるという事実は、その話のもつ普遍性を示している。人類に共通の心のはたらきがあると思われる。しかし、一方で相当な文化差を感じさせられる場合もある。たとえば旧約聖書で語られる、世界のはじまりは、これまでに示した話のパターンとまるで異なっている。旧約聖書の最初を見てみよう。

はじめに神は天と地とを創造された。地は形なく、むなしく、やみが淵のおもてにあり、神の霊が水のおもてをおおっていた。

神は「光あれ」と言われた。すると光があった。神はその光を見て、良しとされた。神はその光とやみとを分けられた。

これは先に示した自然発生型の話とは、まったく異なっている。はじめにあるのは「神」であり、その神がすべてを創造する。何も区別のないところに、光と闇のような区別が生じてくるのは同じだが、それをなし遂げる絶対者として神が存在する。これは凄いことだ。

同じ「世界のはじまり」についてのおはなしでも、日本や中国などとキリスト教文化圏とでは、こんなにも異なっている。われわれはその差を実感することが必要である。日本と欧米との間に生じる多くの摩擦や誤解の根元は、ここにある、と言っていいかも知れぬほどである。片方は言う、世界を神がつくったなどと言っても、それじゃその神を誰がつくったのかと。これに対して、他の方では、何もかも自然にできあがってくると言っても、それは誰の意志、誰の意図によってできあがってくるのか、と言う。おそらくこの議論は果てしなく続くであろう。結局は、相手を「話のわからん奴」と思うところで終るのではなかろうか。

キリスト教がはじめて日本にもたらされたとき、日本人が非常にわかりにくいと感じたのは、この「神」であった。世界を創造する唯一の神など、どう考えても思い浮かんでこない。日本にも「神」が居るが八百万の神々なのだから何ともそれでは、キリスト教がわかるはずがない。西洋の宣教師がそこで考え出した方法が面白い。まず、科学の実験をして見せる。「魔術だ」と騒ぐ人々に対して、「これは魔術ではなくて、ちゃんと証明ができる」と説明をする。そして、ものごとには必ず、原因があり結果があることを説明し、その原因を遡ってゆくと、「第一原因」がある。それが「神」だと教える。日本の当時の上層階級は、この合理的説明に感嘆して入信した。フランシスコ・ザビエルは、本国に対して、日本へは科学的知識をもった宣教師を送るようにと要請している。

こんなところで「おはなし」と科学とが関連してくるのが面白い。実際、近代の自然科学はキリスト教文化圏にのみ発生し、他の文化圏は高い文化をもっていながら自然科学を生み出さなかったことの背後に、既に述べてきた「世界のはじまり」のおはなしの差があると思われる。

極端な言い方をすると、自然科学もおはなしの一種なのだが、外的事物を操作するのに飛び抜けて優秀な「おはなし」だと言うべきだろう。それがあまりにも有効なので、自然科学の語るおはなしが、そのまま「現実」だと思い違いをはじめたために、現代人は混迷しはじめた。「現実」との真の接触を回復するには、人間は自然科学以外のおはなしも沢山知る必要がある。

またもや「おはなし礼讃」になってきたが、話を戻して、世界のはじまりについて、まったく異なる「おはなし」があるのを知った上で、われわれはどうすればいいのだろう。かつて人々はその属する文化のなかで正しいおはなしを供給され、それを信じることによって生きた。そのおはなしを信じないものは「悪」であった。しかし、われわれは今、沢山の「おはなし」を知ろうとすればいくらでも知ることができる。ここには紹介しなかったがインドやゲルマンなどと言い出したら限りがなく、それについて大部の本を書くこともできる。

私が今考えている立場は次のようなことである。「おはなし」に正誤はない。要はどれが好きかの問題である。私は『古事記』のはなしが好きであるとか、場合によっては、好きな話をつくるのもいい。それは「私」が好きだという意味で、「私」に深く関連する。しかし、好きなものは他人に押しつけられない。他人は他人で好きなものがあることを否定できない。人間のいいところは、好みを共有しなくとも仲良くできることである。仲良くするためには、好みは共有できないにしても、相手は何を好きかを知り、それを理解しようと努めなければならない。そしてわれわれ日常の生活は、自分で気づいているよりはるかに多くの「おはなし」によって支えられている。そのことを認識することが「はなしのはじまり」である。

桃太郎

おじいさんとおばあさん

「昔々、おじいさんとおばあさんがありました」というのが、一般によく知られている「桃太郎」の話のはじまりである。これは「舌切雀」のはじまりも同じであり、他に多くの例をあげることができる。こんなわけで、日本人にとって昔話というと、「昔々、おじいさんとおばあさんがありました」という文を想い起こす人が多いのではなかろうか。このパターンはヨーロッパにもあるが、頻度となると、圧倒的に日本に多い。実は話のはじまりだけではなく、ヨーロッパの昔話と比較すると、日本のには老人の登場する率が高いことは、外国の学者からつとに指摘されているところである。

どうして日本人は老人が好きなのだろう。と言って、ヨーロッパの話にはまったく老人が出てこないのではない。典型的なのは、主人公の若い男女が困り果てたときに、思いがけない援助をもたらす役割で出てきたり、その逆に、思いがけない不幸をもたらすために出てきたりする。後者の場合は、魔女として出てくることが多い。老人の知恵や力がまったく非日常的な性質をもつことを示している。これは、もちろん日本の話にも対応するものがあって、仙人とか山姥などがその類である。

日本の話では、「花咲爺」「こぶとり爺さん」「舌切雀」など、老人が大いに活躍する。「桃太郎」の場合は、桃太郎が主役だが話のはじまりは「おじいさんとおばあさん」である。

昔話の語り手としては老人が多いのだから、ひょっとすると老人がよく登場する方が普通かも知れない。ヨーロッパの昔話は周知のようにグリム兄弟の努力によって急に注目を浴びるようになるのだが、グリム兄弟の時代のロマン主義の影響を受け、若い男女の結婚の成就をもってハッピーエンドとする話が強調されすぎたのではないかと疑われる。それに昔話の「研究」ともなるとすべてヨーロッパからはじまったわけであるし、近代のヨーロッパの時代精神を反映して、昔話の本格的なものは、若い男女の結婚を主題としている、と考えられたのではなかろうか。

若い男性がつぎつぎと難関を突破し、時には強い敵を殺しなどして、美しい女性と結婚する、というヨーロッパの典型的な昔話は、西洋近代に生じてきた、自我の確立の過程を非常にうまく象徴的に表わしている。この点についてはこれまであちこちに書いてきたので繰り返しは避ける。このような勇ましく強い男性像は、欧米における理想像であった。そして、今でもその傾向は相当に保持されていると言っていいだろう。

日本にはそのような昔話が実に少ないのに、「桃太郎」はそれに相当合致している点で、日本の昔話としてはむしろ特異である。五大お伽話(かちかち山、さるかに合戦、舌切雀、花咲爺、桃太郎)のなかで、これだけが「勇ましい男性」の物語であることにも、それが示されている。そんなわけで、日本が近代化を焦り「列強」に肩を並べるため「富国強兵」を重視した時代に、桃太郎はにわかに注目されることになった。私は御存知の「サイタサイタ　サクラガサイタ」の国定国語教科書を小学一年生のときに習ったのだが、この「巻一」の最後に「桃太郎」の話があった。このときから教科書に色刷りのさし絵が載り、画期的なことだったので、桃太郎のさし絵などを、今もよく記憶している。

西洋の昔話と比較すると、一番異なるのは、西洋であれば若い男女が結婚して幸福に暮らしました、となるところを、日本では桃太郎が宝物をもって帰り、「おじいさんとおばあさん」が幸福になるというところである。西洋的な英雄像に比肩しつつ、最後は若者の自立を願うのではなく、若者の孝行の話になるのだから、日本の軍閥が喜んだのも無理からぬことである。

ところで、平成の現代、「おじいさんとおばあさん」が二人で住んでいるのは、ひょっとして、「桃太郎」の話が生まれてきた時代よりも頻度が高いかも知れない。沢山の老夫婦が住んでいても、孝養をつくしてくれる「桃太郎」は、現在どのくらいいるのか考えてみるのも面白いだろう。もっとも、昔であっても「桃から生まれた桃太郎」などというのは、極めて特殊な例であったと言える。

英雄の誕生

「桃太郎」の話の魅力のひとつは、桃から生まれてくる、というところである。昔話の英雄について異常誕生が語られるのは、世界中に共通と言っていいだろう。神話の世界では英雄ヘラクレスの場合のように、ギリシャの主神ゼウスと人間との間に生まれた子ども、という話もある。

このことは親の側から言うなれば、子どもはたとい自分の子であっても「授かった」のだという感覚に通じるものであろう。桃から子どもが生まれて来るように、子どもが生まれるということ自体が「奇蹟」なのであり「恩寵」なのである。

あるいは、すべての親は自分の子が「桃太郎」であることを期待している。つまり、自分の子は何らかの意味で「英雄」であれと願ったり、時にはそうであるべきだと思っていたり、ということになる。これは、人間すべての心の奥に、このような素晴らしい子ども像が存在しており、それをわが子に向かって投げかけるのだと考えられる。このような期待や願いがあってこそ、子どもを育てられるのだと言えるが、そのような期待が子どもを圧し潰してしまうこともある。

ここで、桃太郎が生まれてきた「桃」についても少し考えてみよう。『古事記』には、イザナギが死んだ妻のイザナミを黄泉《よみ》の国に訪ね、イザナミの禁止を破ったために怒りを買い、逃げかえってくる際に、この世と黄泉の国との境にある黄泉比良坂《よもつひらさか》で桃の実を三つとって投げると、追いかけてきた黄泉軍が退散してしまう、という話が語られている。桃はこのように古来から悪霊を防ぐ呪力があるものと認められていた。そこから桃の実には神霊が宿るという考えも導かれ、「花咲爺」の犬も桃から生まれたなどという話もある。こんなわけだから、桃太郎は「神の子」のように考えることもできる。

ところが、桃太郎の類話のなかには次のような興味深いものがある(関敬吾編著『日本昔話大成3』角川書店、一九七八年、には「桃太郎」の類話が数多く記録されている)。徳島県三好郡で採集された話に次のようなのがある。

「桃太郎は遊んでばかりいる。爺は桃太郎に仕事をしろという。桃太郎は山へ行くが、木や柴の切り方を知らない。株になるような木を根元から引き抜いてかついで帰る。家に着き、木を家にたてかけると、家がつぶれて、爺はめしぞうげ(夏に飯を入れておく籠)に、婆は雑炊鍋《ぞうすいなべ》に首を突っ込んで死ぬ。」

これはうっかり「神の子」など産むと大変なことになることを端的に示している、示唆に富む話である。香川県三豊郡採集の話では、桃太郎は仲間と柴刈りに行くが昼寝をしている。大木を引き抜いて帰るが、大木なので家が倒れ爺さん婆さんは下敷きになって死ぬ。つまり、桃太郎は怪力なのだが、その力が災いのもとになり、鬼退治ではなく、おじいさん、おばあさんを殺してしまう。

こんな話を読むと、私などはすぐ最近の家庭内暴力の例を想起する。子どもはせっかく「神の子」として生まれてきたのに、親は人間のはからいで「よい子」に育てようとする。遊んでばかりいる桃太郎に爺さんが仕事をしろ、というのとよく似ている。人間の浅はかなはからいで「よい子」にされてしまうと、神の子の力は破壊力としてしか作用しなくなる。家庭内暴力をふるう子どもの暴力は凄まじいが、それは残念ながら使い方や使い所を誤った強力なエネルギーや才能の顕われなのである。もちろん、人間は一人一人異なるので、すべての家庭内暴力がこのようだなどという気はない。しかし、暴力をふるっている子どもをこんなふうに見ると、その本質が了解されるときがある。

桃太郎の国定教科書的理解では「気はやさしくて力持ち」ということになっているが、類話を見ると、桃太郎は遊んでばかりいるとか、皆が働いているのに「何もしない」でいる、というのが割にある。島根県隠岐郡の話では、「七つ八つのときは悪いことばかりする」。おじいさんおばあさんが叱ると、「考えがあってやっているのだ」と桃太郎は言って、鬼退治に行く話になる。こんなのを見ると、やはり「桃太郎」を育てるのが難しいことがよくわかる。才能の豊かな子、繊細な子などは育てるのが難しいのだ。昔話には何気なく語られているようでも、意味深いことが多いものである。

桃太郎が鬼が島へ鬼退治に行くとき、それほど成人したという話がないままで家を出ていくような感じの話が多い。既に紹介したように「七つ八つのとき」などというのもある。類話のなかでの年齢の最高は十五歳である。やはり桃太郎はまるっきりの大人では感じが出ない。

「親指太郎」「一寸法師」などの話では、子どもが極端に小さいことが強調される。これらはすべて「子ども」のもつ威力が実は常識を超えたものであることを示している。これは実際に子どもを育てると実感されるが、幼い子どもでも「～したい」とはっきりと意思を表明するときは、力ずくでならともかく、なかなかそれをごまかしたり、変えさせたりできぬものである。大人の方が子どもの意思に負けてしまうことも多い。

もっとも、この話を自分の内界のこととして考えれば、自分の心のなかに生じてきた「小さい」あるいは「幼い」意思や希望も、実に大きい結果を生み出すことがある、という読み方もできる。誰しも自分の心のなかに「桃太郎」がいる。それをどのように成功させるかが課題である。

犬・猿・雉

桃太郎は鬼退治に出かけるが、これが唐突なところが面白い。それまでに鬼がはびこって困っていたとか、殿様が鬼退治をしたものに褒美を与えるとお触れを出した、などということはない。「桃太郎」の多くの類話を見ても、桃太郎が急に思いついて出かけるところが共通である。なかには、おじいさんとおばあさんが心配して止めるという話もある。まだ大人になっていないないし駄目だというわけである。ところが桃太郎は自信たっぷりで「きび団子」をつくって欲しいという。

桃太郎は子どもであるのに大きい仕事を達成するのだが、それにはそれを達成するための方策がいる。一人でやったわけではない。そこで大切になってくるのが家来の「犬・猿・雉」であるが、その前に「きび団子」がまず必要である。もっとも家を壊して、おじいさん、おばあさんを死なせてしまうような馬鹿力を出すのだったら、一人でもできるわけであるが。

人間誰もその心のなかに「桃太郎」が住んでいる、とも言えるが、実際にそれにこの世で仕事をしてもらうには、適当な準備や援助が必要である。厳密に言えば「桃太郎」ではなく、「英雄の卵」とでも言うべきだろう。それを実現化するのに必要なものは、桃太郎の場合は、きび団子や後に従ってくる家来たちということになるが、英雄の性格によって、その方策が異なるのは当然である。

『日本昔話大成3』で異常誕生が語られる「こんび太郎」というお話では、こんび太郎が旅に出るときに、おじいさんおばあさんに「百貫目の金棒」をこしらえて欲しいと言っている。これは「桃太郎」とは随分と異なる道具立てである。もっともこの「こんび太郎」は途方もなく無精者だったじいさんばあさんの「こび」(垢)でつくった人形が変化したものなのだから、そもそも発生の仕方が桃太郎とは大違いである。こんなわけだから、われわれも自分の心のなかの「英雄の卵」を育てて仕事をしてもらうとなると、よほどその性質を見極める必要がある。

桃太郎は「日本一のきび団子」をもって出かける。そこへ犬、猿、雉が順番にやってくるが、「お腰につけたきび団子、ひとつ下さいお供します」という繰り返しが子ども心にも印象的でよく覚えている。私の父がわれわれ子どもたちに話をしてくれたときは、桃太郎がこれに対して、「ひとつはやられん半分やろ」と、きび団子を半分やることになっていた。それもなんとなく面白くて、子ども同士で何か欲しいと言われたとき、「ひとつはやられん半分やろ」などと冗談まじりによく言ったものである。

ところが、国定教科書にはそんなところはない。私の父は茶目っ気のある人だったので、父の発明と思っていたが、関敬吾編著『日本昔話大成』の類話を見ると、京都府北桑田郡採集の話に「途中、犬・猿・雉に団子の半分だけをやりお供にする」というのがあって、他にもあることがわかって嬉しかった。私は兵庫県篠山町の出身だが、昔で言えば丹波なので、京都府には近く、このあたりで「半分やろ」の話が伝わっていたのかも知れない。「ひとつはやられん半分やろ」という科白によって、英雄桃太郎に親しさを感じたものだが、全国的にはどの程度分布しているか調べてみると面白いことだろう。

犬・猿・雉のお供はうまく三人三様にできている。地面を走る者、木に登る者、空を飛ぶ者である。この特性に従って、鬼退治のときにそれぞれが活躍する。このように属性の異なる存在がつぎつぎと現われ、きび団子をめぐる桃太郎との会話の繰り返しをしながら、鬼が島に着くまで話を盛りあげていくのは昔話のお得意の技法である。子どもたちが喜ぶのも無理はない。

日本の昔話研究の大家である小澤俊夫さんが、昔話のこのような繰り返しを音楽の様式と比較して論じられるのを聞いたことがある。まったくそのとおりと思った。これは昔話が口承文芸であるという特性を如実に反映している。「音」は聴いた途端に消え失せるので、適当に反復して印象を強化する工夫がいるのである。

桃太郎は犬・猿・雉という部下をもったので、自分が門によじ登ったりなどをする必要がない。英雄にはあまりはしたないことをやらせたくないので、お話としてはこのような工夫がこらされる。しかし、既に述べたようにこの話を心の内界のこととして読むならば、自分の心のなかの桃太郎に活躍してもらおうとするなら、自分の内界に住む犬・猿・雉にも協力を願わねばならない。このことを忘れて桃太郎だけを大事にしていても事は成就しない。

私が子どもの頃聞かされた話にこういうのがあった。日本の海軍の軍艦は戦うことを第一義としているので、軍人の寝食については最小限にしているために、その分だけ兵器を多く積める。それに対してアメリカの軍艦は、兵隊の居住スペースを多く使っているので駄目なのだ、と。私たちは日本の軍隊の勇ましさに感心していたが、その結果がどうなったかは皆さん御存知のとおりである。桃太郎の強さにばかり気をとられ、きび団子や犬・猿・雉抜きでやろうとして敗けてしまったのではなかろうか。強いことはいいことかも知れぬが、強いばかりでは鬼退治もできない。

鬼退治

桃太郎の最大の仕事は鬼退治である。鬼は日本の昔話にしばしば登場する。しかし「退治」されることは少ない。鬼が退散する話は多い。「桃太郎」の類話にしても鬼が「降参」する話が多い。鬼たちは「もう悪いことはしません」と言い宝物を差し出して降参するので、桃太郎は許してやることになっている。

先にも少し触れたが西洋における英雄の話では、竜などの怪物は退治されることが多い。あくまでも敵を打ち倒すことが大切である。こんなことを知るとすぐ喜んで、西洋人は残酷ですぐに敵を殺すことを考えるが、日本人は「和」を尊しとするので、敵の退散にまかせたり降伏を許したりする、などと言う人がいるが、戦争中に日本軍のしたことを思い出すと、こんなことは単純に言えない。世界の民族や国民などを比較してどちらが「残酷」かなどとはめったに言えない。

ついでのことだが昔話の比較になると、面白いことにヨーロッパ人は日本の「舌切雀」の話を聞いて「だから日本人は残酷」と言うし、日本人は「シンデレラ」の母親が自分の娘の足を靴に合わそうとして削った話を知ると「ヨーロッパ人は残酷」と言ったりする。いずれにしろ、残酷なのは他人と決めつける傾向があるのは、人間一般に共通なのかも知れない。残酷な話はどの国の昔話にもあり、それはそれで意味をもっている。

そもそも日本の鬼という存在の性格もあいまいである。西洋の悪魔や怪物のように絶対的な「悪」とは言い難い。絶対的な悪には降参とか宝物を差し出すなどということは考えられない。西洋の場合は善悪の区別が極めて明確である。何事につけそのような「切断」が厳しいので、怪物を退治した後で、そこに囚われていた乙女と結婚するという「結合」の主題が重視されることになると思われる。一旦切断した世界と再び結合するのである。

桃太郎は鬼退治をするが結婚のことは語られない。もともと結婚話はあったのだが、小学生に聞かせるべきではないと考えて落としてしまったのだろうという説がある。確かに「浦島太郎」の方にはその説があたっている。古い文献を調べると『風土記』をはじめとして浦島太郎の結婚について語っているのが多いので、このことがよくわかる。しかし、「桃太郎」はそのようなことがなく、類話を見ても、実に多くの類話のなかで福島県双葉郡で採集された話に「犬を連れて嫁さがしに行く。雉子が山の向こうに娘を見つけこれを嫁にする」というのがあるくらいで、実に少ない。この話では鬼退治が語られないので、西洋の英雄話ともパターンは異なる。浦島の結婚にしても、最後は悲劇に終るのだから、西洋のパターンと異なることはもちろんである。

日本の軍閥は「勇ましい」のは好きであったが、恋愛は「軟弱」と見なしていたので、鬼退治をしても女性と結婚せず、宝をもち帰って孝養に励む「桃太郎」の話を好きになったのも当然である。桃太郎は「強く」はあっても、西洋の英雄のように母や家を否定し「個」を確立する強さをもってはいけないのだ。軍閥がもっとも恐れたのは、真に自立し個の意識に目覚めた青年である。そんな点で、グレートマザー軍団の戦士としての強さを示す象徴として、桃太郎を見ることもできる。

桃次郎

実を言うと、私は弱虫の泣虫だったので、子どもの頃から勇ましい男性に憧れながら、自分は駄目だとよく思ったものだ。しかし、今から考えてみると、桃太郎も強いだけでは駄目なのだから、それほど悲観しなくてもよかったのだ。

こんなことを考えていたら、次のような歌に出会った。

兄きに　似てない　桃次郎
よわむし　寒がり
ひねくれや
よいやさ　きたさ

大きくなったが　桃次郎
鬼にうなされ
しっこたれ
よいやさ　きたさ

俄然嬉しくなったが、いったいこれは何だと思った。これは阪田寛夫さんの『桃次郎』(楡出版、一九九一年)のなかに出てくる歌で、沢山の人が、ゆかたを着て三列縦隊になって、こんな歌を歌って踊っているのだ。何とも面白い話だが、ともかく、このことについて最初からもう少し詳しく紹介しよう。

「桃次郎は桃太郎の弟だ。
にいさんのことならだれでも知っている。気はやさしくて、日本一の力持ちで、いぬ・さる・きじを連れて、鬼が島へ鬼たいじにいった。」

これが「桃次郎」の書き出しである。これに続いて、桃太郎には歌が二つもあると紹介した後に、次の文が来る。

「ところがその桃太郎に弟があったなんて、知っている人はあまりいない。名前くらいは知っていても、どんな性質だったか、どんな顔だちだったか、強かったか弱かったか、ばかかりこうかとなってくると、もうだれに聞いてもわからない。本にも書いてない。」

桃太郎の弟に桃次郎がいるなどということは、おはなし好きの私も不覚にも聞いたことがなかった。しかし、これで思い出すのは英雄ヘラクレスの弟イピクレスのことである。この二人の誕生にまつわる話は、それ自体が非常に興味深く、いつか取りあげてもいいと思っている。簡単に言うとこの二人は兄弟(それも双子)なのだが、ヘラクレスはゼウスの血を享けているのに対して、イピクレスは人間の父の血を享けている。双子は容貌はそっくりだが性格はまったく異なる。ゼウスの正妻が、ヘラクレスを殺そうとして、彼らが八カ月くらいのときに蛇を揺籃に投げいれると、イピクレスは逃げ出したが、ヘラクレスはすぐに蛇をつかまえて殺してしまった。

というわけで兄弟でも素姓が異なると性格も大いに異なる、とも考えられるし、人間は誰しもヘラクレス的側面とイピクレス的側面をもち、両者を合わせてこそ、人間らしい人間なのだとも言える。

桃次郎の素姓はわからないが、ともかく彼は桃太郎の弟である。阪田さんは何とか桃次郎のことを知りたいと思うがどうしていいかわからない。そこでふと「きび団子」で名高い岡山へ行くとわかるのではないかと思いつき、早速、新幹線で岡山にやってくる。

阪田さんがそこでどんな不思議な体験をしたかについては、読者が阪田さんの本を読まれるときの楽しみのためにとっておこう。阪田さんはともかく、はじめにあげたような「弱虫」の桃次郎について知ることになる。この「よわむし　寒がり／ひねくれや」の桃次郎は、それでも鬼が島まで行かせられるのだから大変である。そして、かわいそうに桃次郎は、

村の広場に　すえられて
おしりをぶたれて
なきじゃくる

というところにまでなってしまう。以後どうなるかについては、阪田さんの営業妨害にならぬように、語るのは止めておこう。

阪田さんはこの不思議で愉快なおはなしの最後に、自分が小学校へ行っていた頃は、通信簿に、「第一に力ある人　第二に力ある人　第三に力ある人」という標語が印刷されていた、と書いておられる。

阪田さんと私とは同年輩、違っても一年くらいの差であろう。子どものときの経験は似たようなことなので、

よくわかる。私も小学校のときに、「桃から生まれた桃太郎　気はやさしくて力もち」の歌を、運動会に歌って、体操とも踊りともつかぬのをやらされた覚えがある。小学校二年生の頃だろうか。上手・下手よりは、何しろ大声で元気にやることが肝心なのだ。ところが、その最後の節の「キジガツライク　エンヤラヤ」というのが意味不明で私は困ってしまう。実は「雉が綱引く」なのだが、誰もわからないままに「キジガツライク」と大声を張りあげる。私は子どもながら妙に意味不明にこだわって、ほそぼそと歌っていて「コラッ、元気を出せ！」と叱られた。

阪田さんは「第一に力ある人　第二に力ある人　第三に力ある人」という標語で教育されたのに「わたしはいまでも臆病だ」と書いておられる。二人で桃次郎ファンクラブでもつくりたい心境である。と言っても、私は桃太郎も好きである。ヘラクレス、イピクレスではないが、やはり両者合わせてこそ完全に近づくのだろう。弱さをもっていなくては強さもモロクなる。

それにしても、桃太郎一辺倒で教育されたわれわれの時代に比べると、桃次郎のイメージも自由に語れる現在は、随分豊かで面白くなったと言うことができる。もっともそれだけに以前とまったく異なる問題が生じてきてはいるが、それはまた別のこととして論じることもあるだろう。桃次郎が堂々と生きていられる平成の御代に生きていられることを慶びたい。

白雪姫

母と娘

「白雪姫」は外国の物語だが、日本人でも知らぬ人はまず居ないだろう。これまで二度、日本の昔話を取りあげてきたので、今度は外国の話で、しかもよく知られているものとして「白雪姫」を取りあげることにした。類のない美しさ、そして優しさをもった娘が、悪い継母に迫害されて危うく生命を失いそうになるが、素晴らしい王子様が現われて、最後はめでたく結婚ということになるので、誰でも好きになる話である。子どものときに「白雪姫」を読んで、憧れの気持で胸をときめかした人は多いことであろう。

「白雪姫」(『完訳 グリム童話集2』金田鬼一訳、岩波文庫、一九七九年)の冒頭には、「雪のように白く、血のように赤く、窓わくの木のように黒い子ども」が欲しいと願う母親の姿が語られる。そして彼女は望みどおりの女の赤ちゃん――白雪姫――を産むが、すぐに死んでしまう。一年後に継母が来るが、彼女は美しくはあっても高慢で嫉妬深く、白雪姫の存在をよく思わなかった。このため、継母による「継子いじめ」がはじまる。結局のところは、彼女は娘を死に追いやろうとする。

「継子いじめ」の話は、世界中にあると言ってもいいだろう。日本にも沢山ある。どうして人間はこれほど

「継子いじめ」の話が好きなのであろう。ところで、グリム童話のその後の研究によると、これはもともと継母の話ではなくて、実母と娘との話であったという。「ヘンゼルとグレーテル」でも、子どもを棄てる母親は継母となっているが、これももともとは実母の話であった。それらを、グリム兄弟が集めて書物にするとき、実母がこんなことをするのはあんまりだと継母に変えてしまった。しかし、ほんとうのところ実の母と娘の間でも、このような凄まじい感情がはたらくこともあるのだ、と考えた方が人間を理解するのに役立つのではなかろうか。

白雪姫の実母と継母として対照的に描かれている特性は、実は母性というものの両側面である。限りなく子どもの幸福を願い、子どもを慈しむ面と、子どもの存在をまったく無視して、死をさえ願う側面と。この両側面がうまくバランスをとって母性ができあがっている。このような事実が見逃されて、たてまえのこととしては、母性というと、子どもを育てる、慈しむという面のみが強調される傾向がある。わが国においては、それが非常に強かったと言える。したがって、ひたすら子どもに献身する母物語が多く語られる反面、それを補償するためもあって、母性の否定的な面が「継母」のこととして語られる「継子いじめ」の話を多くもつことになったと考えられる。ほんとうのところは、別に「継母」などにする必要はなかったのである。

母と娘の関係は、血でつながっている上に同性であるので、まったく密着したものになりがちである。それは文字どおり一心同体になる。男性のはいり込む隙がない。現代の日本でも、このような母・娘結合を維持したまで、娘が誰かと結婚している場合がある。昔の日本では、このような点を補うために、男性を形式的にでも「家長」として認めることにしたり、結婚した女性はそこの「家」の嫁となるのだから、実家に再々帰ってくるものではないという掟をつくったりして、母・娘結合に対するバランスをとってきたが、ここにあげたようなルールは封建的というので戦後は評判が悪く撤廃された。そうなっても、母・娘結合の歴史は人類はじまって以来続いている強さをもっているので、それがにわかに力を得て、結婚した娘が実家との、特に母親との関係を基盤として生き、夫はその付録のようにして生きている姿を、現代の日本でも見ることがある。

このような母・娘結合を断ち切って娘が自立していくためには、母性の否定的側面が必要になってくる。つまり、マイナスがプラスの意味をもつのである。早い話が「白雪姫」の物語に「継母」が登場しなかったら、それは「話にならない」。自立しようとする女性は、自分の母性のなかにあるネガティヴな側面を意識しなくてはならない。これは、なかなか難しいことなので、一般には、自分の母親に何らかのネガティヴな面を感じる、という場面が多い。それを通じて、自分の内面の自覚に至ることによって自立できていくのだが、そこまでに至るのは大変なことなので、母・娘の間で小さい争いを繰り返しながら、母・娘一体感の上にあぐらをかいて生きている女性もいる。

日本の女性のなかには、以上のような点がわからず、自分のなかの母性のネガティヴな面に気づき、自分は悪い母親ではないかと罪悪感をもっている人がある。しかし、実際はポジティヴとネガティヴとの微妙なバランスの上に立って母性は本来的なはたらきを遂行できるのである。

家出

白雪姫の母親は魔法の鏡をもっている。この鏡が彼女の「国のなかで一番美しいのは誰か」という問いに対して、彼女も美しいが白雪姫はその千倍も美しいというものだから、腹が立って仕方がない。そんなに立腹するくらいなら、自分の方が美しいと思っていればよいのにと言いたくなるが、そうはいかない。もちろん、私の方が美しいのよとか、彼女なんか大したことないよ、と口で強いことを言っていても、心のなかの「鏡」がほんとうのことをささやくのでいらいらしてきてたまらない、などという人もある。人間は自分をだまそうと努力しても、なかなかうまくいかぬもので、真実を照らす鏡がそれを妨害する。こんな鏡などもたない方が得策だと思うが、もっている限り仕方ないし、善意で行動しない人の方が、このような鏡をもたされることが多い気もする。

白雪姫の母は嫉妬にかられ、一人の男に命じて彼女を森に連れ出して殺させようとする。男は白雪姫があまりにもかわいそうなので殺すのをやめ、白雪姫の肺と肝臓をもって帰ってくるようにという母親に対して、猪の子を殺してそれを白雪姫のだと偽ってもち帰る。「お料理番が、いやおうなしにそれを塩づけにすると、悪魔のような女は、ぺろりとたいらげてしまって、じぶんでは、白雪姫の肺臓と肝臓を食べたつもりでいました」ということになる。

こんな話を読んだり聞いたりすると、童話は何と残酷なことを話すのか、と言う人がある。なかには教育的配慮によって、そのような表現を変えたり、削除したりする人もある。このような教育的な人は、現代ではそんな残酷なことをする人は居ないと信じている。しかし、実際はどうであろうか。高校生の娘が陸上競技部に入りたいという。「そんな激しい運動は、健康のためによくありません」と母親が禁止する。あるいは、娘が恋愛をすると、「あんな男と結婚すると不幸になるにきまっています」と反対する。そんなときに、母親は娘の魂をにぎりつぶすようなことをしてはいないだろうか。あるいは、自分の子どもを「食いもの」にして生きている親はいないだろうか。それは肺や肝臓を塩づけにして食べるのと、どちらが残酷だろうか。今日でも、残酷なことは多く行われている。しかし、それは善意とか教育とかいう名によってごまかされていることがよくある。そんな点を自覚するためにも、このような話は必要である。

白雪姫は殺されることは免れたものの、結果的には家出をしてしまったことになる。自立するためには娘は「家を出る」ことが必要だ。しかし、それをいつどのようにしてするかが問題である。白雪姫の場合にしても、もし小人たちの家を見つけることができなかったとしたら、どうなっていただろうか。人生には多くの「もし」とか、「たら」があって、考え出すと怖くなってくる。しかし、危険を何も冒さずに意味あることや、幸福やらが手に入ることなどあるはずがない。

とは言うものの、「家出」に伴う危険は相当に大きいものがある。私も「家出」をきっかけとして転落の人生を歩むことになった人たちの例を知っている。家出をして暴力団に引き込まれてしまった人もある。男性よりも女性の方が、家出によって受ける危険の度合いは高い。

自立を目指して「家を出る」のは一挙にやり抜く必要はない。むしろ、少しずつ家を出る練習を重ねていくべきだ、と言える。このため、実際に「家出」のような手荒なことをしなくとも、象徴的な家出の練習によって自らを鍛えていくのが、一番よい方法だと言えるだろう。自宅から通えるよい大学があるのに、娘がわざわざ遠い所にある大学へ進学したがり、下宿をするとき、それは必要な「家出」の練習としての意味をもつことがある。あるいは、女子高校生が友人と二人で旅行したいなどと言い出すとき、親としては女子高校生が二人で何泊かの旅行に出るのなど危なくて仕方がない、と言いたくなるのだが、それも家出の練習のひとつと考えられる。

これらの「家出の練習」は、成長に必要なことだから、どんどん許可をすればよい、などと言うほど人生は単純ではない。遠隔地に下宿したことや、旅行に出かけたことが、転落のきっかけとなる場合もある。親として、いろいろなことが心配なのは事実だから、心配なことは言って、子どもと話し合うことである。どうしても下宿したいとか、一人旅がしたいという子どもの気持と、ひたすら危険を避けて欲しいという親の気持とがぶつかり合うことによって、そこに適当な解決策が見つかってくる。

白雪姫の場合は極端で、母性の否定的な力が強烈で、家出よりはむしろ家を追い出された形で出てきた。危険性ははるかに大であるが、幸いにも小人たちの家にたどりつく。

仕事

白雪姫と七人の小人。ディズニーの映画を見た人は、この組合せの妙に感心し、微笑をもらしたことだろう。美しい乙女が家出をして、男性の集団のなかに飛びこんだのだから、危険この上ないようだが、幸いなことに、この「男性集団」は白雪姫を「性」の対象として見なかった。

少女の内界に存在するこのような男性の集団については、もっと研究する価値があるように思う。一対一の異性関係に結晶する以前に、内界の男性集団とのいろいろな関係によって、異性との関係について経験を積むことが望ましい。あるいは、それによって男性という存在を理解する方法を少しずつ学ぶこともできる。このような男性の集団はいろいろと特徴があって、時には少年の群として現われることもある。少女マンガの主題として、これはよく取りあげられている。

白雪姫の場合は、相手が小人で、すべて大人たちであった。小人たちは白雪姫が彼らの家に留まるための条件を出してきた。

「おまえがね、おいらたちのうちのめんどうをみて、煮炊《にた》きをしたり、ねどこをなおしたり、洗濯をしたり、針しごとや編みものをしたり、それから、うちじゅうをなにからなにまで、きちんと始末して、清浄《きれい》さっぱりとしてくれるなら、おまえは、このうちにずうっと居てもいい。なにひとつ、不自由なおもいなんかさせることじゃないよ」と小人たちは言い、白雪姫は「ええ、やりますとも」と答える。

「家出」の後には何らかの試練が待ち受けている。試練というのがきついのなら、何らかの仕事をし遂げねばならない、と言ってもいい。「昔話」の特徴のひとつとして、こんなときに白雪姫がどれほど苦労したかとか、その感情については語られない。しかし、実際には、白雪姫は環境の激変のなかで、これだけの仕事をするのは大変だったであろう。

「家出」はしたものの「仕事」をやり抜いていない、中途半端な自立をしている人は扱いが難しい。こういう人は自分が仕事を成就していないことを棚にあげるか、自覚がないか、ともかく、自分は損をしているとか、世の中は不公平にできているとか、いろいろと文句を言うことに自分の自立性の大半を費やしている。

昔話に語られる「仕事」は、多くの場合、「黄金の鳥を捕えてくる」とか、「まぜ合わされている米と麦をより分ける」とか、「竜を退治する」とか、非日常的で象徴性の高いものが多い。それに対して、ここに語られる「仕事」は日常性そのものであることが特徴的である。これには次のような理由が考えられる。まず、白雪姫にとってもっとも大切なことは、次節に述べるように「ガラスの棺」に入って長期間何もせずに居ることであるので、この仕事はむしろ副次的なものである。あるいは、白雪姫があまりにも非日常的な美しさをもっているので、その補償として日常性が強調される。あるいは、当時の女性として身につけるべきだと考えられていることを、グリム兄弟が教育的観点からつけ加えた、などと考えられる。

最後の場合のことも考えると、ここに語られる白雪姫の仕事の内容については、それほどこだわる必要はないが、ともかく家出の後に何らかの仕事をしなくてはならぬこと、それに男性集団がかかわることの事実は認めていいであろう。つまり、ここでは一対一の関係としてのある特定の男性ではなく、少女の発達の過程で、「男のように」とか「男たちのために」とか「男に負けずに」とかの言葉で表わされるような努力を必要とするのである。

私どもが行なっている心理療法のひとつに「箱庭療法」というのがある。砂を入れた箱にミニチュアの玩具を入れて、その人の好きな作品をつくってもらう。そのような創造的な表現のなかで、その人が立ちあがっていく過程がおのずから生まれてくる方法である。非行少年などというレッテルを貼られている少年に箱庭をつくってもらうとその作品のなかで、白雪姫が重要な役割を演じることが、ときどきある。

箱庭の表現のなかに、本人の姿を反映するような人物(時には事物)が置かれるときがある。たとえば、山の上の一本の枯木を指して、「これが私です」などと言うときもある。シンナーを吸ったり、窃盗をしたりしていた少年が、白雪姫を「これが私です」とは言わないにしても、全体の構図や、続いて置かれる作品のどれにも白雪姫が重要な役割をもって登場することによってそれが自我像であろうと推察されることがある。いつか韓国に行って、同じような少年の事例の箱庭の作品に、白雪姫が重要人物として登場するのを見て嬉しく思ったことがある。

ここで、男性でありながら白雪姫を自我像として選ぶのは、自分があまりにも無力であり、否定的な母性によってどれほど迫害されたか、という点を強調したいからと思われる。彼らにとって、「桃太郎」のイメージは自分たちから遠すぎる。運命と戦うのではなく、運命の前に立たされ、それに受動的に従うより外なかった自分の姿は、かわいそうな白雪姫と重なり合うのである。

箱庭の作品に小人たちが登場しはじめると、少年は白雪姫に興味を失って、だんだん男性像を大切にするようになる。白雪姫よりも小人たちの方に近づき、やがて白雪姫は箱庭に登場しなくなり、男性が自己像を示すものとして置かれてくる。こうなると少年の自立も近いというわけである。おそらく、欧米では似たような状況に置かれた少年でも、白雪姫をこのような形で置くことはないだろう。私のこれまでの経験では未だ見たことはない。このようなところで比較文化的研究をしてみるのも興味深いことであろう。

内閉の時期

白雪姫は小人たちと一緒にしばらくは楽しく過ごす。しかし、継母は魔法の鏡によって姫が生きているのを知り、再び殺そうとしてやってくる。小人たちはどうせ継母がやってくるだろうから、誰も家に入れてはいけないと姫に固く言いつけておくのに、彼女はやすやすとだまされて、継母の変装を見破ることもできない。

最初は継母は小間物売りの婆さんになってやってくる。白雪姫はこんないい人ならと思って家に入れ、五色の絹糸で編んだひもを一本買うことにする。婆さんはその胸ひもをしめるときに、急にぐっとしめつけるので、白雪姫は息がとまって倒れてしまう。継母は姫が死んだと思って喜んで退散するが、小人が帰ってきて、大騒ぎをして何とか白雪姫を蘇生させる。次に継母がやってきたときは、白雪姫も大分慎重にしていたのだが、上等の櫛を見せられると欲しくなってしまう。ところがそれは毒の櫛だったので、櫛を髪にさすや否や姫は倒れてしまう。このときも危うく小人たちの助けが間に合って彼女は命をとりとめる。こんな失敗を繰り返しても白雪姫はほんとうに他人を疑うということができない。最後は、とうとう継母のもってきた魔法のリンゴをかじって今度は息が絶えてしまう。

こんなのを読むと、白雪姫というのはなんとおめでたいのだろうと思う人もあるだろう。せっかく小人が忠告しているのに、それを忘れて、胸ひもとか櫛とかに心惹かれて危険を冒してしまう。もっとちゃんと小人の言いつけを守っておればいいのに、と思う。

ところで、もし白雪姫が忠実に小人たちの忠告を守っていたらどうなっていただろう。胸ひもにも櫛にも、つまり女らしいアクセサリーなどに目もくれず、ひたすら七人の小人の家政婦的役割に専念していたら、おそらく長い年月の後に、彼女もしわだらけの白雪婆さまになって、「私の生涯は、この七人の小人のための献身の一生でございました」と述懐したりするのではなかろうか。それもまたひとつの立派な生き方であるが、そればかりがいいとも言えない。他に生き方はいろいろあり、白雪姫は異なる生き方を選んだ、と言えるだろう。

白雪姫の少女らしい好奇心、美しくありたいと願う気持は、小人たちの「安全第一」の人生観を破り、大変な危険を冒し、遂には死と同然の状態となり、ガラスの棺のなかに身動きもせずに居ることになる。しかし、これも次の王子の出現を待つのに必要な状態と考えられないだろうか。

少女が徐々に女性らしくなり、髪形を気にしたり、アクセサリーに関心が向いたりしているうちに、「内閉の時期」に入ってしまったと感じることはないだろうか。かわいかった子が何となく無愛想になり、無口になる。体の動きも重くなったように感じられる。実は、このような時期は成長のために、ある程度必要である。心のなかはこのような状態でも、何とか外面は普通に取りつくろって生きている子も多い。

このような時期を、私は「さなぎ」の時期とも言っている。毛虫が蝶になる間に「さなぎ」の時期があり、その時は、まったく外的な動きがなく殻のなかに閉じこもっているが、内的には実にものすごい変化が生じている。この内的変化を成就せしめるためには、外の堅い守りが必要なのである。子どもが「さなぎ」の時期に入ると、親としてはどうしていいかわからないような気持になるときがある。お互いの間に気持の交流がないように感じるからである。子どもがどこか他の世界に行ってしまったように感じる。しかし、焦らずに、外側から見守るような気持でいると、子どもはだんだんと成長し、またお互いに話し合ったり、理解し合ったりできるようになる。さなぎから蝶が生まれてくるのだ。

さなぎの時期に親があわてて、その殻を破るようなおせっかいをすると、子どもは破滅してしまう。子どもにとって必要な内閉の時期を尊重することは、親にとってなすべきことである。しかし、自分自身の不安の高い親は、子どもの内閉に耐えられず、ついつい余計なことをしてしまう。

少女の内閉の重要性は、昔話のなかによく出てくる。白雪姫のガラスの棺はその典型である。一般によく知られている例としては、「眠りの森の美女」のおはなしのなかの、姫の「百年の眠り」をあげることができる。百年は長すぎるようだが、これはその必要性を強調するための数であろう。グリムの昔話のなかの「ラプンツェル」では、少女は高い塔のなかに閉じこめられている。このような内閉の時期を十分に体験していると、大体は、そこに一人の男性が現われることになっている。それは素晴らしい青年で、王子であることが多い。白雪姫の場合も、一人の王子が現われる。

結婚

白雪姫は長い間、棺のなかで眠ったままでいたが、やがて内閉の時期も終りになる。どこかの国の王子が現われて、小人たちに熱心に頼んで姫をもらい受ける。内閉の時期の終りには、異性が現われるものである。

王子は、棺を家来たちにかつがせてもって行くが、途中で家来たちがけつまずいた拍子に棺がゆれ、その衝撃で白雪姫の喉につまっていた毒リンゴが外にとび出し、姫は蘇生する。白雪姫は、いったい自分がどこにいるのかと不思議に思うが、王子はこれまでのことを説明し、プロポーズする。白雪姫はそれを受けいれ、めでたく結婚する。

前回の「桃太郎」のときにも少し触れたが、西洋の昔話では、最後は結婚でめでたしめでたしと終るのが多い。それに比して、日本の昔話は皆さんよく御存知の「夕鶴」(鶴女房)などのことを考えていただくとよくわかるとおり、結婚によるハッピーエンドの物語とはなっていない。特に西洋に多い、男性の英雄が怪物(竜)を退治して最後は結婚する話が極端に少ないのである。

しかし、日本の昔話で「米福粟福」などの話は最後に娘が結婚して終りになる。これは、「継子いじめ」の果てに、いじめられていた継子が幸福な結婚をする「シンデレラ」型の話である。このような話は日本にも割とあるのに、男性のヒーローによる話が極端に少ないのはどうしてだろう。

西洋の昔話の男性英雄の話では、男性が母親から自立してゆき、何らかの仕事を成就して、素晴らしい女性と結婚をする。これは男性の自立の物語としても読めるし、心のなかのこととして読むなら、人間が自我を確立していくときに、積極的に行動し、他と戦って成功していく、いわば男性型の自我をつくる(これは男性にとっても、女性にとっても同様である)ことを意味している。

白雪姫の話で非常に特徴的なところは、白雪姫の喉につかえていたリンゴが、まったく偶然にとび出して、姫が蘇生することである。男性の何らかの仕事の成就によって事が解決するのではない。もちろん、王子は棺に横たわっている白雪姫をもらい受け、自分のところに運んで行こうと決意している。これも大切なことだ。つまり、王子は偶然を生かす重要な受け皿として行動しているのであって、一義的に自分の行為によって姫を救うのではない。ここが、男性を主人公とするか、女性を主人公とするかによって、話が変ってくるところである。

積極的に戦いとっていくのではなく、運命をうまく受けとめていくことによって生きる知恵を身につける。このような、いわば女性型の自我をつくる(これも、男性にとっても、女性にとっても同様である)ことは、日本において重視されてきたのであろう。したがって、女性の主人公によるハッピーエンドの結婚の物語は、日本に多くあると思われる。

戦うのではなく、まず耐えることを学ぶ。これが「継子いじめ」の物語の大切な点である。ただ面白いのは、西洋には男性型と女性型の両方があるのに対して、日本は片方だけであり、西洋は両方の話をもっているのに、むしろ、一般的傾向としては、男性型の方を生きているのが実情である。人生の実際ということになれば、どちらか片方に決めつけてしまうのも残念な話で、できることなら両方の生き方をバランスよく、ということになるのかも知れない。難しいことではあるが。

落窪物語

日本の昔話には、「米福粟福」のような継子いじめと、継子が幸福な結婚をするという主題をもった話があるのは、既に述べたとおりである。しかし、ここでは同様の主題をもつ平安朝の物語について少し触れることにする。『落窪《おちくぼ》物語』は十世紀後半に『源氏物語』に先立って書かれた物語である。昔話は「むかし、むかし」のことで年代がわからないが、物語は書かれた時代が大体推定できる(時に作者も)利点をもっている。これは典型的な継子いじめ型の話であるが、このような物語が十世紀にわが国に存在したという事実は、世界の文学史のなかでも驚異的なことである。西洋で物語らしい物語が生まれてくるのが、ボッカチオの『デカメロン』と考えると、それは十四世紀のことになるので、まったく比較にならない。そのことはさておき、物語の方を少し見ることにしよう。

中納言源忠頼《ただより》には北の方との間に三人の息子と四人の娘がいたが、その他に忠頼が通っていた女性との間にもうけた娘がいた。北の方はその娘を、わざわざ床の窪まった部屋に住まわせ、「落窪の君」と呼ばせた。そして、彼女に雑用を言いつけたり、彼女の母の遺品である鏡の箱を取りあげたり、つぎつぎと「継子いじめ」を繰り返す。ところが、右近少将道頼という素晴らしい男性が落窪の君に恋をし、姫の腹心の侍女あこきの手引きで一晩を共にする。このあたりは平安朝の物語だけあって、現代のスタンダードとは異なっており、男女関係の方が先行する。しかし、北の方はこのことを知り、彼らの仲を壊そうとして、姫を小屋に監禁してしまう。「落窪」という名称や、この監禁が、先に述べた「内閉の時期」を示していると思われる。その内閉を破ろうと継母が画策するのも、白雪姫のときと同様で、北の方は、このように監禁した姫に対して、典薬助《てんやくのすけ》という老人に姫を与えるから好きなようにしてもいいと言う。

典薬助は大喜びで夜になって小屋にやってくる。このようなとき、西洋の男性型の物語であると、姫の恋人道頼が現われ典薬助を打ち倒して姫を救出する、というように話が展開するはずだが、そうはならないのが日本の物語の特徴である。「白雪姫」の場合は、偶然にリンゴが喉からとび出てくるが、日本の場合はどうなるであろうか。日本の場合も思いがけない話の展開がある。

典薬助は小屋にやってくるが、落窪の君は侍女あこきの助けをかりバリケードをつくって扉が開かないようにする。じいさんは何とか開けようと苦労するが、冬で寒い夜だったのでだんだんと冷えこんでくる。「そのころ腹そこなひたるうへに、衣いと薄し、板の冷えのぼりて、腹こほこほと鳴れば」じいさんもたまらない。「ひちひちと聞ゆるは、いかになるにかあらむと疑はし。かい探りて「出でやする」とて、尻をかかへて惑ひ出づる」などという、えらく直接的な表現があり、結局のところ、老人は下痢でよごれた袴を洗っているうちに眠ってしまい、落窪の君は難を逃れることになる。

ここで、美しく弱い女性を迫害しようとする、いやらしい男に対して、それをこらしめる「正義の味方」は、勇敢な男性ではなく、自然現象であった。このようなことを物語の解決策として思いつくところに「平安」時代の特徴がよく出ている。この事件の後で、恋人の道頼は落窪の君を救出して結婚することになるが、力による対決が避けられている。これも一種の「偶然」の力による解決と思われるが、「白雪姫」に比べて、下痢の描写などが丹念に行われるところが日本的な感じを受ける。

典薬助は後で北の方のところに行き、まじめくさって不首尾な結果を報告する。それを聞いて北の方のまわりの侍女たちが、死ぬほど笑ったとのことである。平安時代のユーモアが、いかに人間の生きている現実と直結したものであったかが思いやられる。

ところで、『落窪物語』では話が続いて、道頼夫妻が、継母に対してつぎつぎと復讐をするところが語られる。詳細は略するが、その「復讐」もやたらに厳しいものではなく、最後のところでは、継母と和解することになる。これは「白雪姫」の物語で、継母が結婚式に招かれて、行ってみると、真っ赤に焼かれた鉄の靴をはかされ、たまらなくて荒れ狂って死んでしまった、というのと好対照をなしている。やはり、平安の物語では、どこかで話がマイルドになる。もっとも、これを「日本」の特徴とは言えないことは、日本の他の時代の物語や、昔話などを見るとわかる。平安時代というのは、よほど特別な時代だったのかも知れない。

「白雪姫」でも『落窪物語』でも、姫の父親のことがあまり語られない点は共通している。話の主眼は母と娘のことなので、父親の出る幕ではないとも言えるし、母・娘の話には男がいかに無力であるかを示しているとも言える。

＊注　「白雪姫」は、岩波文庫版のグリム童話集では「雪白姫」、角川文庫版では「雪姫」と訳されている。ここでは一般の呼び名に従って「白雪姫」にした。このようなところだけ厳密な訳にこだわってもあまり意味がないと思う。

絵姿女房

日本の昔話に「絵姿女房」というのがある。割とよく知られている話で、類話も沢山ある。韓国にも似た話がある。なかなか考えさせられるところが多い話であるが、御存知ない人もあろうかと思うので、その話の要約をはじめに紹介することにしよう。

最愛の妻

類話は沢山あるが、ここに取りあげた岩波文庫の『こぶとり爺さん・かちかち山 日本の昔ばなしI』(関敬吾編、一九五六年)に所収されている「絵姿女房」では、主人公は「ちっとばか足らぬ権兵衛どん」という男である。この男、年が三十になっても四十になっても嫁にくる者もなかったのだが、ある晩にきれいな姉《あね》さまが来て、一晩泊めて欲しいと言う。そして、その晩にその姉さまが自分を嫁にして欲しいと言うので、権兵衛さんは喜んで結婚する。

権兵衛さんはその嫁が気にいって困ってしまう。「草鞋《わらじ》を作るにも嬶《かかあ》の顔ばかり見ているものだから、五尺も六尺もあるのを作ってはかれなくなる」というようなあり様である。そのうち畑打ちに行っても、一うね打つたびに最愛の妻の顔を見に帰ってくるので仕事にならない。凄い愛妻家ぶりである。日本の昔話で、これほどまで夫が妻を愛している様子が語られるのは珍しいのではなかろうか。

ともかく、これでは仕事にならないので、女房は絵かきに自分の絵姿を描いてもらい、権兵衛はそれを畑にもって行き、毎日その絵を見ながら畑を打っていた。これでうまくいくと思っていたのに、あるとき大風が吹いて、その絵が天に舞いあがり、どこかへ行ってしまった。権兵衛は泣く泣く家に帰ったが、妻は、また描いてもらうからと慰めた。

絵姿は天に舞いあがり、殿様の庭におちた。殿様はその絵を見て一目ぼれをし、家来は殿様の命令で権兵衛の妻を見つけ出し、無理矢理に連行しようとした。権兵衛は泣いて抵抗したが無駄であった。女房は仕方なく出ていくが、大晦日にはお城に門松を売りに来るようにと権兵衛に告げる。

権兵衛は約束どおり門松を売りに行くと、殿様の奥方になっている権兵衛の妻がにここと笑う。これまで奥方が笑ったことがないのを気にしていた殿様は門松屋を呼び入れる。奥方がますますにここにするので、殿様は門松屋と着物を取りかえ、「門松やあ」と売り歩くと、奥方は今までよりもっと嬉しそうに笑う。殿様は喜んで門から出て、「門松やあ」と呼んで歩く。そのときに奥方は家来に言いつけて、門をしっかりとしめさせる。

殿様は帰ってくると門がしまっているので驚いて、門をあけろと騒ぐが、門松屋が何を言っていると誰も相手にしない。お城のなかで、権兵衛さんは、もとの妻と一緒になり、沢山の家来を使って安楽に暮らした、というのが話の終りである。何とも楽しいおはなしである。

この話では、権兵衛は「ちっとばか足らぬ」ことになっているし、三十歳、四十歳になっても嫁に来る人がなかったことになっている。他の類話では、そのような点はあまり強調されず、美しい女性と結婚するというところから話がはじまるのもある。ともかく一番大切なことは、ある男性が素晴らしい女性と結婚して、のぼせあがった状態にある、ということであろう。プロポーズしたのは女性の方だし、相思相愛のカップルの誕生と言っていいだろう。これは、ある意味では理想の夫婦である。

風

それにしても、仕事場まで女房の絵姿をもっていって眺めているのは、あんまりだと思う人もあろう。しかし、アメリカ人だと、自分の家族の写真をいつもポケットに入れている人は多い。それだけではなく、すぐに家族の話をしてそれを見せてくれる人は、よくある。きれいな夫人の姿をうやうやしくポケットから出して見せてくれる人もある。こちらとしても、「おお美しい」とか何とか感嘆せざるを得ない。ところが、こちらは日本を離れてアメリカに二カ月も滞在しているのに、家族の写真を一枚ももっていない、となると、「家族に対する愛情はどうなっているのか」などと相手も考えるのではなかろうか。

そう考えたからと言って、日本人のように相手の気持を察して自分の方をひっこめたりしないのがアメリカ人である。嬉しそうに、美人の奥方の写真をヒラヒラさせているが、私はときどき「絵姿女房」のことを思い出して、「そんなの一陣の風で、どこかに飛び去るのに」と思うこともある。

誰かを愛するということは大変なことである。それも現代のように夫婦関係が五十年も続くのがざらにあるとなると、これはますます大変だ。同じ質の愛情が五十年間で不変のまま続くことは、まずないだろう。相思相愛の夫婦の間に、その愛する人のイメージを吹きとばす風が吹く。これは長い夫婦生活の間には必ず一度はある、と言っていいかも知れない。もっとも最初からあまり愛し合っていないけれど夫婦になっている、というようなカップルであれば、少々の風が吹いても、どうということもないと言える。

風というのは古来から「精神《スピリット》」を象徴するものとして考えられている。相思相愛のカップルの間に、何か未知のスピリットが吹きこまれることによって、二人の関係が一挙に変化する。夫婦があまりにも一心同体になってしまうと、そこには進歩や発展が生じ難い。確かに一心同体として協力するときは、何事もスムーズにいき、発展していくように見えるが、それが暫く続いた後で、新しい風がそこに吹き込まないと、それはだんだんと停滞の様相を見せはじめる。

新風を吹き込むなどというと聞こえはいいが、実際的にはこの「絵姿女房」のおはなしのように、夫婦間の重大な危機として体験されることである。

この話の場合では、権力によるものとはいえ、妻が他の男性と関係をもつことになった。ここで興味深いのは、相思相愛の間を力によって離されるのに対して、妻がそれに抗して自害して果てたなどというのではなく、しばらくして大晦日の日にやってくるようにと夫に言う。年が変るということは、明らかに何かが新しくなる、新しい出発ということを意味している。その出発に至る前に、しばらくの期間、忍従のときが必要である。この期間、妻は笑ったことがなかった。おそらく、夫も同様であろう。笑いを失った月日が、再生の前になければならない。

風はまったく突然に吹いてきた。妻を殿様に取られた後で、「あのときにあんな風が吹かなかったら」とか、「絵姿をあんなところに置いておかなかったら」とか、「絵姿が偶然に殿様の庭に落ちるなんて」とか、一生言いくらして過ごすような人もいる。そのような人には再出発のチャンスは訪れない。もちろん、夫か妻かが自殺したり、決定的に別れることを決めてしまったりしても、駄目になってしまう。

一心同体と思っていた二人が、別れて笑いのない生活をすることは、おはなしのとおりに受けとめる必要はない。二人で共に住んでいても、象徴的にはこれと同様の生活と言えることは多くある。心が交流しない。相手が何を考えているのかわからない。楽しくない。関係を継続する意味がわからない。

最初の切っても切れぬ愛と感じている気持は、このおはなしのとおり相手の「イメージ」に対して抱くものである。そのイメージは早晩吹きとばされる。そのときに、相手を見失ったと感じたり、裏切られたと感じたり、わけがわからないと思ったりする。最初に感じた愛こそが「愛」であると信じている人は、ここで離婚することになる。アメリカのように実際に離婚することもあるし、日本のように家庭内離婚の形をとることもある。アメリカの場合だと離婚した後で、また次の人と結婚するが、下手をすると、これは前のことの繰り返しにすぎないことになる。もちろん、再婚の場合に、前の経験を生かして、それを新しい、深い世界への出発とできる人もある。要するに外的な行動からだけでは何とも判断することはできないが、大切なのは、最初の体験が生かされているかどうかである。自分のもつ「イメージ」は常に、その意味を検討し続けねばならない。

男性と女性とは、お互いに他を理解し合うことは永久にないだろう。だからこそ、理解しようと努力を継続することに意味があるのだ。まず自分が勝手につくった相手のイメージを理解する。しかし、それはいつか風で吹きとばされる。そのときに、相手に怒ったり、運命を嘆いたりせず、自分がなぜそのようなイメージをもったのか考える必要がある。そもそも自分自身のことが問題なのだ。相手を深く理解しようとすると、自己理解の浅さにまず気づかされる。

変身

笑いを忘れた期間の後、再出発のきっかけとして、権兵衛は門松屋になる。他の類話では、桃売りになったというのもある。要するに「変身」が必要である。ここで物売りという形が出てきたのは、一度どうしても自分の在り方を省みる必要があったのであろう。ともかく、今までどおりの姿では、新しい愛を築くことはできない。

変身と言っても、実際にするのはなかなか大変である。夫の変身ぶりを見て、奥さんは嬉しそうに笑った、と語られているが、夫の変身を期待している妻は多いのではなかろうか。と言ってもそれは簡単にはできない。この話でも、妻は外から侵入してきた力に対して、それを忍従し、待つ努力を続けている。そこにおいてのみ夫の変身が成立する。

夫婦関係での相談が実に多くなった。これは昔に比べると夫婦関係を継続する期間が長くなったことや、経済的に豊かになったので、夫婦がそれぞれ別れても生きていける可能性が大きくなり、夫婦関係の在り方について考え直す、あるいは、直させられる機会が多くなったためであると思われる。以前であれば、別れると生活していけないし、ともかく家族が力を合わせて生きていくのが精一杯であり、そのうちに死を迎えることになるので、夫婦の在り方など考える余裕もなかった、というのが実状である。

夫婦関係を続けていくためには、夫も妻も「変身」しなくてはならない。まったく何の変化もないのだったら、そんな相手と五十年も一緒に暮らせるはずはない。気心の通じてよく知っている相手だからこそ良くつき合えるという面と、新しい発見や発展があるからこそつき合えるという、言うならば矛盾するところがあって、それを両立させていくことによって、夫婦関係が続いていく。しかし、その間に笑いのない時期や、別れている時期があるのは、むしろ必然と言っていいだろう。

「変身」は、予想外の努力を必要とする。それは自分の過去を全否定するようにさえ感じられる。夫も妻も相手が「ほんの少し変ってくれたら」いいのにと思っているが、その「ほんの少し変る」ことは、当人にとっては自分の存在意義を危うくすることに等しい、と感じられる。百姓が物売りになり殿様になる。これは大変なことだ。

夫婦の問題がそのまま露呈されるよりは、他のことを通じて明らかになってくることも多い。日本ではそれはしばしば子どものこととして生じてくる。子どもが不登校で困ってしまう。いくら言っても学校に行かない。そんなときに、多くの場合は母親が相談に来られる。しかし、最近では両親が共に来られることもあるし、最初は母親だけだったが、どこかの時点で父親も出て来られる。

ある父親は「これは非常に言いにくいことですが」と言いながら、「やっぱり母親に優しさが足りないのが原因としか考えられません」と、妻が子どもに厳しすぎて、言っていることは正しいとしても、いつもいつもあんな調子で言っていては、子どもがおかしくなるのも当然と言われる。「では、そういうことを奥さんと話し合われましたか」と言うと、それはできない、うっかり何か言っても、こちらもガミガミ言われるだけで……という答である。

夫婦というのは組になってできあがっている。夫がこのように妻に対して正面から話をする厳しさをもっていないので、妻はそれを補う必要がある。夫が父親としての厳しさに欠けてくると、妻は子どもに厳しくならざるを得ない。ここに悪循環が生じてくる。これを断ち切るためには、両者が変身する必要がある。「思い切って妻と話し合います」と言った夫が、「しかし、勇気がいりますね」と言われたのが印象的であった。会社のなかでは多くの部下を思いどおりに動かしていても、妻と一対一で話し合うのは「勇気」がいる。なかには、自分は教育のことは妻にまかせているのだから、そんなことにエネルギーを使いたくない、と言う人もある。つまり、自分は「仕事第一」と思って生きてきたのに、その人生観を「全否定」されると思ってしまうのだ。

おはなしのなかでは、あまり「変身」の苦しみは語られず、権兵衛は門松売りになってうまく成功する。しかし、「変身」の恐ろしさについては、うまく描かれている。つまり、この話を殿様の側から見ると、殿様は奥方に気に入られようとして、門松売りに「変身」したために、それまでもっていた地位や財産などすべてを失ってしまう。「変身」について考えるときに、このことも忘れてはならない。前後の見さかいなく一挙に変身を遂げると、元も子もなくしてしまうのである。

この話で面白いところは、殿様がうまくだまされることである。権兵衛さんは「ちっとばか足らぬ」、嫁もなかなかもらえぬ男として描写されているが、これは明らかに殿様との対比を意識してなされている。殿様は権力も財力もあり、世俗的な意味では頂点に立っている。おそらく知識も豊富であろう。それに対して、権兵衛さんは何もないと言っていいだろう。彼がもっているのは、突然に現われた女性の「知恵」に、徹底的に従っていく態度であり、それが彼を成功に導く。

この話には殿様がうまくだまされていくところに、ユーモアが感じられるが、このような大事業——変身による結婚の継続——をやり抜くためには、ユーモアが必要である。どこかで、トリックスターのはたらきが生じてくるのを許容するところがないといけない。男女の愛となると、双方つきつめて考え出すと、死ぬの殺すのという話になる。確かに危険は価値あることにつきものなのだが、それをうまく通り抜けていくためには、トリックスターのはたらきが大切になる。

忠臣ヨハネス

グリムの童話「忠臣ヨハネス」には「絵姿」に魅せられた王子の話が語られている。これは、言うなれば「絵姿」に恋をした「絵姿女房」の殿様の立場から、物語をつくりあげているようなところがあり、なかなか興味深い。これについては既に他に詳しく論じたので(拙著『昔話の深層』講談社+α文庫、一九九四年〔第I期著作集第五巻所収〕)、ここでは簡単に「絵姿女房」との対比に焦点を当てて論じる。

ある年老いた王様が死ぬときに、忠臣ヨハネスを呼び寄せ、若い王子の補佐を頼む。そして王子には城のなかのものはすべて見せてもいいが、ある部屋にある「黄金葺《こがねぶ》きの館の王女の絵すがた」だけは見せないようにと言う。ところが王子はその「絵姿」を見て、一目ぼれをして、どうしても結婚したいと言う。そこで、忠臣ヨハネスは王子を助けて大活躍をし、とうとう王女を王子の国に連れ帰り結婚させることに成功する。ここでヨハネスのしたことの詳細は略するが、そのとき、ヨハネスが商人に変装し、王子にもその変装をさせるところがある。こんなところに、日本の「絵姿女房」の話との類似点があるのは、ほんとうに面白い。やはり、王子が商人に身をやつす、という点に意味があるのだろう。

このような細かい点はともかく、この忠臣ヨハネスの役割は、典型的なトリックスターなのである。うまく王女をだましこんで、王子と結婚させる。そして、この話で面白いのは、他の多くのグリムの昔話のように、結婚によってハッピーエンドになるのではなく、話が続くのである。

王子と王女は結婚するが、そこにいろいろと困難が生じ、それをヨハネスはすべて解決していくが、それの犠牲となって、ヨハネスは石になってしまう。結婚した二人は石化したヨハネスの像をずっと自分たちの寝室におき、「お前を生きかえらせることができたらなあ」と嘆く。ある日、石像のヨハネスは、王子(その頃は、子どももできて、王様になっていた)に向かって、「私を生きかえらせたいのなら、あなたの子どもを殺して、その血を私に塗って下さい」という。王様はためらったがヨハネスの言うとおりにする。ヨハネスの石像は生命を吹きかえし、ヨハネスは殺された子どもたちを生きかえらせ、めでたし、めでたし、となる。

長い話を随分と省略して示した。興味のある方は、グリムの昔話を読むか、先に紹介した拙著には、忠臣ヨハネスの話をそのまま掲載しているので、それを見ていただきたい。こちらは、王子と王女の結婚をテーマにしているので、権兵衛さんの場合の話の運びとは相当に異なってくる。しかし、そこに、トリックスター的要素が加わること、「死と再生」や「変身」などというテーマが必要なこと、などでは同様の様相を示している。

権兵衛と妻が別れてすごした期間に匹敵することは、ヨハネスの石化の期間として提示されている。もちろん、細部を比べてみると相違点は見出せるが、もっとも大切な点は、「絵姿」というものの魅力と、それに頼って生まれた結婚は、それを深めていくために相当な努力や苦労を必要とする、ということである。グリムの場合では、自分たちの子どもの生命を犠牲にするほどの――後で再生するが――決意が必要とされている。

結婚はそれが深められつつ永続していくためには、夫と妻が象徴的な離婚と再婚を体験することが必要である。夫婦関係のことで相談に来られた方が、カウンセリングの過程のなかで、象徴的な離婚を体験し、しばらくの「石化」の時代を経て、「再婚」に至り、生命力を回復して来られたとき、私はカウンセラーとして、二人に「再婚旅行」をおすすめすることがある。新婚旅行のときは、楽しかったかも知れないが、二人とも実は何も相手についても、自分についても知らない。知らぬが仏の幸福に包まれていた。「再婚旅行」のときは、お互いに少しは理解し合った人間として、以前とは味の異なる幸福を知ることができる。「再婚旅行」はおすすめして、喜ばれることが多い。

こんなふうに読んでくると、「絵姿女房」というのは、なかなか味わい深いおはなしである。夫婦関係に関するこれほどの洞察をもった話が日本にあるのは、珍しい気もする。しかし、西洋の物語では、結婚をもってハッピーエンドとなるのが多いので、このような「再婚」の意義について述べる話は、あまりできなかったのかも知れない。「忠臣ヨハネス」でも、別に再婚の話はない。しかし、既に述べたような、ヨハネスの役割から考えると、そこに述べられている知恵は、「再婚」の意義深さ、ということに大いにかかわっている、と言うことができるだろう。

花咲爺

花

この原稿を執筆中、桜は満開である。しかし、あとひと月後には、桜の花は日本から姿を消している。誰が言い出したのか「桜前線」という表現がある。「花便り」は大分古くからあった言い方であろう。日々のニュースを報じる、テレビのアナウンサーも、暗いニュースが多いなかで、「桜前線」のことになると、心なしか口調も明るくなるように感じるし、視聴者の心もはずんでくる。「花」の姿が春の到来を告げ、日本人の心にはずみをつけてくれる。桜はこのように日本人にとっては非常に大切なものであるし、花と言えば、古来から桜を意味する、というのもうなずけるのである。

「花咲爺」は、このような日本人の好みを反映しているためか、日本人で知らぬ者はないと言っていいだろう。爺さんのまいた灰が日本中にとび散ったかのように、「花咲爺」の話は日本中に分布している。「花咲爺、花咲爺、枯木に花を咲かせましょう」という言葉は、われわれの心を浮き立たせる力をもっている。「枯木に花を咲かせましょう」というのは、人間にとって大切な願いではなかろうか。死んだはずのものが一挙に、見事に生きかえる。こんな凄いことがあるだろうか。

桜の花にも種類が沢山あるので一概には言えないが、葉よりも花が先に咲く類の桜だと、「枯木に花が咲く」ことを、古代の人々は実感として感じたのではなかろうか。「死と再生」を実感させる自然の不思議のなかで、桜の花は日本人にアピールするところが大きかったであろう。しかし、その桜の花は思いがけず一挙に散ってしまう。そうすると、桜に対する日本人の想いは、いろいろに変化する。もっと永く咲き続けて欲しい、という願いが生じるのは当然である。京都今宮神社の鎮花祭は「やすらい祭り」とも言われる。これには、花はやすらかに咲き続けていて欲しいという願いがこめられている。これに反して、桜の花の散る姿に、潔い死を見る見方もある。「花は桜木、人は武士」という表現などと重ね合わせ、桜のように武士も死に際を美しくなどと考える。しかし、これはむしろ、後代に出てきた考えで、それを軍閥が悪用したことは、古い世代の人なら誰でも知っている。本居宣長の歌、

敷島の大和心を人とはば朝日に匂ふ山桜花

も、軍閥的解釈として、桜の散り際の美しさが強調される考えを、われわれは子どもの頃によく聞かされた。しかし、宣長の養子の本居大平《おおひら》の言葉によると、宣長のもともとの真意は、「ただ美しい」と嘆声を発することに大和心を見ようとしたものらしい。

桜の話を最初から熱心にしているが——これも桜の季節の影響があるとしても——、そもそも「花咲爺」の咲かせた木は桜だったという保証はあるのか、という人もあろう。これについては、関敬吾編著『日本昔話大成4』(角川書店、一九七八年)によって、全国に数多い類話を調べてみると、次のようなことがわかった。

沢山の類話があるが、ほとんどすべてが枯木に「花」を咲かせるとあって、花の名は特定されていない。確か、私が小学校で習ったとき(小学一年生だったと思う)、その教科書の絵も桜のイメージだったが、やはり、花と言

えば桜という感覚ではないだろうか。もちろん、類話のなかには「桜の花」として語られるのも少しある。これにつぐのは、梅。それに、蓮華や桃の花(鳥取県東伯郡)というのが一例あった。こうなると少しイメージが異なる。

梅の花が登場するのはうなずける。春というと現代は桜という連想が湧くし、「桜前線」の放送はあるが、「梅前線」は語られない。しかし、古代はむしろ、日本人にとって、桜よりも梅の方がよほど重視されていた。『万葉集』には、桜の花の歌は梅の花の約三分の一。それが『古今集』になると見事に逆転して、桜の歌は梅の倍以上になっている。紫宸殿の桜も、もともとは梅だったのが桜に変ったのだという。中国からの強い影響を受けて、はじめは梅を大切にしていたが、平安朝になって、ようやく中国文化の影響から脱却して日本的なものが現われはじめたときに、梅から桜へと重点が移行したと思われる。

後に、中国のおはなしも紹介するが、このときの花はもちろん桜ではない。それに、灰がとび散って、枯木一面に花が咲くというイメージは桜の方にふさわしい感じがする。それにしても、「梅」の話がちらほらあるのも面白い。そんなにうまくいくことはなかろうとは思うが、こんなところから「花咲爺」の話の起源や年代などについて推定できたりすることもあるかも知れない。いずれにしろ、枯木に花のイメージが死と再生につながることには違いがないと思われる。

爺さん・婆さん

「花咲爺」の話は、爺さん、婆さんが居た、というところから話がはじまる。よく知られている「桃太郎」や

「舌切雀」など、日本の昔話には、このパターンではじまるものが多い。ともかく、既に述べたように日本の昔話には老人が登場することが多いという事実は、内外の昔話研究者が認めている。どうしてだろう。

まず、昔話の語り手に老人が多いからではないか、と思う人があるかも知れない。しかし、それはどこの国でも同じではないだろうか。老人が語り手になるからと言って、主人公に老人がなるとは限らない。グリムの昔話などを考えてみると、主人公として活躍するのは、若い男女が多いことがわかる。と言って、ヨーロッパでは昔話の語り手が若者だ、などということはないだろう。

「桃太郎」の場合は、話のはじまりに爺さん、婆さんが出てくるが、活躍するのは桃太郎である。これは、花咲爺や舌切雀と異なる。桃太郎型の話もよくあるが、この場合は、子どもが生まれるはずがないと思われる老夫婦に子どもが授かる点に意味がある。つまり、思いがけない可能性が出現してくるのである。若い夫婦に生まれてくる子は、普通の子であろう。しかし、老夫婦の場合は、桃から生まれてくる、という表現にみられるように、ともかく普通の子ではない。昔話ではないが、「かぐや姫」もこの類である。

最近は「老い」に関する一般の関心が非常に高まっている。「豊かな老い」とか、「いかに老いるか」という類のシンポジウムなどに、筆者もよく参加させられる。老いても若者に負けない、あるいは、若さを保つ生き方を目指して努力しようとする人もあるが、それは結局のところ長続きしないし、せっかく老人になりながら、老いを経験もしないというのは、残念なことである。老いは老いなりに面白いところがある、というよりは、老いは若者とは次元の異なる豊かさをもっていると思う。そんな点で、老人の活躍する日本の昔話は老いを生きる上でのヒントを与えてくれる。

「花咲爺」の場合は、何と言っても、この爺さんが立役者である。子どものときに聞いた「花咲爺、花咲爺、枯木に花を咲かせましょう」という科白は、今も心によく残っている。一人の爺さんが奇跡を演出する。まことに華やかな場面であるが、ここに至るまでに一連の出来事がある。爺さんも一挙にやりとげたのではない。そもそも、爺さんが犬の言うことをきいた、というところから話が発展してきたのだ。

動物の声をきいたり、理解したりして、それが成功のヒントとなる話は昔話に多い。時にはそれを可能にする特別な頭巾があったりする。ところで、一般的に言っても、動物の声を理解するのは、老人とか子どもに多いのではなかろうか。壮年の大人は、人間世界のことに忙しすぎて、動物の声などきいている暇がないのだ。老人になっても若者と同じ次元で負けずに頑張ろうなどということはせず、ゆっくりと構えて、若者には聞こえない動物の声に耳を傾けることにしてはどうだろう。

岩波文庫『桃太郎・舌きり雀・花さか爺 日本の昔ばなしⅡ』(関敬吾編、一九五六年)に所収の「花咲爺」は、なかなか示唆に富む話になっていて、犬が爺さんにものを言ったとき、爺さんはいかにも年寄りらしい配慮でそれに答えている。動物の声をきくと言っても、そのとおりにすぐに行動するとよい、と言うのではない。やはり自分なりの考えで、それと対応したり話し合ったりすることが大切である。動物の言うとおりにしていると失敗してしまうことがある。このあたりは非常に微妙なところである。犬が爺さんに「おれに鞍《くら》つけさい」というと、爺さんは「お前に、かわいや鞍つけらりょかい」と言っているが、隣の爺さんは「お前に叺《かます》つけようと思うて借って来た」とばかり、遠慮なく犬の言うとおりにしてしまっている。それが失敗のもとになっているのだ。

この爺さんのもうひとつの特徴は過去にこだわらないことである。大切な犬が殺される。しかし、それについて隣の爺さんと争うよりも、犬を葬ってやってそこに木を植えることに心を使う。臼を燃やされたときも、その灰をもらってくる。過去にこだわったり、不幸な出来事にこだわったりせずに、そのことを受けいれて、それを前進の手がかりにしている。老人が過去にこだわり出したり、「せっかく……したのに、駄目になってしまって」などと嘆き出すと、ものごとが停滞しはじめる。

前進する、と言えばむしろ若者のこと、と考えられる。しかし、この爺さんは自分の意志や意図に従って前進しようと努力しているのではない。動物の声に従ってみたり、思いがけない不幸をそのまま受けいれて、その流れに従ったりして進んでいく、ここに老人らしさがあり、若者のそれとは一味違ってくるのである。これをやり抜こうとか、こうしなくてはならない、というような若者らしい前進の姿勢と異なり、そこには老人の知恵がある。ものごとを進めてゆく原動力を自分の意志におくのではなく、犬の意志や、隣の爺さんの行為の結果などにおいている。

爺さん婆さんが主役になっているのは、そこにまず結婚によるハッピーエンドという話の展開が生じないことを意味している。若い男女の結婚というイメージと、爺さんが枯木に花を咲かせるというイメージを比較してみると、どうだろう。おなじハッピーエンドでも随分と味が異なる。前者の場合は、周知のようにヨーロッパの昔話がお得意とするところである。これを見ても日本と西洋の文化の差ということが実感される。しかし、今は文化交流が激しく起こっているのだから、どちらか一方のみに縛られることもない。幸福な結婚のみのイメージでは、老人になると幸福から離れていくし、爺さんの知恵ばかり喜んでいると、若者の出る幕がない。途方もなく困難であるが、両方共欲しいものである。

生命あるものの連鎖

昔話は荒唐無稽なように見えて、長い年月を生き抜いてきただけに、なかなか深い意味をもっていることが多い。「花咲爺」の話においても、ものごとの変容する過程が、なかなか興味深く描かれている。

最初に登場するのは、犬である。これは生命ある存在である。動きまわる、仕事もする。ところが、犬は殺されてしまう。その墓から一本の木が生える。植物も生命あるものだ。しかし、犬と比べると随分と異なる。動けない。さすがの爺さんも、この木の言葉を聞くことはできない(もっとも、最近では、植物も互いにコミュニケーションがあると主張したり、植物も人間が話しかけてやると生長が早い、と主張する人もある)。昔話だから、話が早く、この木は大木になる。そこで爺さんは木を切って、臼をつくる。注目すべきことは、爺さんがここでは自ら木の生命を絶っている点である。爺さんが一番積極的に——つまり、誰に言われたのでもなく——行動しているところである。

木の生命は絶たれたが、それは未だ「生み出す」力を保持していた。臼は変容し、生み出す力をもっている。この場合は、この変容の力が普通ではなく、臼をひくと大判・小判が出てくる。あるいは、隣の爺さんの場合であれば、馬糞・牛糞に変えてしまう。動物→植物→事物、というように犬のもっていた生命は、だんだんと生命力の低いものに変ってきたが、その不思議な力はまだ維持されている。

臼は隣の爺さんによって灰にされてしまう。「灰燼《かいじん》に帰す」という言葉があるように、それはほとんど無の状態になったのに等しい。犬からはじまった生命の連鎖は、ここに来て、ほとんど無価値の状態になってしまう。

考えてみると、これは人間が老いて後に経験することではないだろうか。老いても人間は生きている。しかし、人間としての頭脳はそれほどにははたらかない。「動物のような」なんて陰口も言われるかも知れない。年寄りは惨めなものだ、犬のようにただ食べたり、動いたりしているだけだ、と冷たく言う人もある。こんな人は犬が人間を超える知恵をもっていることを知らないのだが。そして、老人は、次に「植物人間」になったり、植物みたいな状態になったりする。もう人間としては何の役にも立たないので、せめてその臓器でも他人のために役立てたら、と考える人もある。しかし、その「植物」は時に最も価値あるものを生み出すはたらきをさえ秘めているのを、知っている人は少ない。

植物状態の次に、人間は「灰」にされる。生命あるものは、ここに完全な終りを迎える。しかし、果してほんとうにそうだろうか。「花咲爺」の話は、ここでもっとも素晴らしい転回点を迎える。灰は思いがけないはたらきをする。死んだと思われていた木に生命を与え、それを一挙に花咲かせる。生命の最盛期の姿をそこに現前させる。生命あるものは変容を繰り返し、姿を驚くほどに変化させるにしろ、それは無くなることはない。灰は無かも知れない。しかし、それは有を生み出す無である。

「花咲爺」の話は、老いて死を迎えることについて、なかなか深い知恵を伝えてくれる。動物→植物→事物→灰と変化し、それが最後に一挙に流れを変え、枯木に花を咲かせる過程は、一人の老人の体験することとして、そのままに感じられる。もっとも、こんなに面倒臭いことを言わなくとも、子どもたちは、この話が好きで、ただ面白がって喜んでくれる。しかし、子どもが無条件に喜ぶ話というのは、相当に深い知恵を蔵していると言えそうだ。子どもの判断力というのは大したものである。嘘と思う人は自分で話をつくってみるとよい。何度聞いても子どもが喜ぶような話はまずつくれないだろう。その点、昔話は長い時間のふるいによって残ってきているだけあって、子どもの判断に合格するわけである。

枯木に花を咲かせるのは、明らかに死と再生のイメージを提供している。古代の人にとって、春ほど「再生」を感じさせる季節はなかったことだろう。それは死に絶えていた植物が新たに生命を吹きかえすこととして感じられたに違いない。そうなると「枯木に花が咲く」のは、まったくそのままのこととして、春の桜の咲く姿に感銘したものと思われる。ただ、そのような「再生」をもたらす原動力として、「花咲爺」という一人の老人の姿を感じとったのは、なかなか面白いと言わねばならない。春と再生の結びつきは、多くの文化にいろいろなイメージとおはなしをもたらすが、おそらく「花咲爺」のイメージは世界でも珍しいのではなかろうか。中国の場合については後に述べるが、私見では「花咲爺」に類する昔話を他の文化圏に探し出せないでいる。御存知の方はお教え下さると有難い。

隣の爺

「隣の爺」というのは、日本の昔話において、ひとつの大切な類型として取りあげられている（関敬吾編著『日本昔話大成4』角川書店、一九七八年）。「花咲爺」の話もここに分類されている。誰かの成功した話の真似をしようとして失敗する。そこにいろいろと対比の妙があって、話のおかしさを増す。これは世界中にある「おはなし」の技法のひとつである。落語なんかもお得意のところで、真似をする人間の失敗が人々の笑いを誘う。

ところで、真似をすることはそれほど悪いことであろうか。話のなかには、単に真似をしただけで厳しい罰を受けるのもどうかと思うのか、「花咲爺」のように、真似をする爺さんを「いじわる爺」として登場させている。

しかし、「隣の爺」タイプの話の古い形では、それは単に真似をする人として登場したのではなかろうか。後代になって、それはあんまりだと言うので、真似をする人間を「いじわる」とか「欲深い」とするような考えが入ってきたと思われる。

日本には「隣百姓」という言葉がある。農業をするときは、なるべく隣のすることを真似しているとよい、何か変ったことをすると失敗してしまう、というのである。他の人々と異なることをするのが、日本の文化のなかでは危険であることをこの言葉はよく示している。実のところ、農業だけでなく、何につけても日本人は隣を気にして生きている、と言えるのではなかろうか。創造性が大切と思われるような学問研究の世界でも「隣研究」をしている学者が実に多い。

こんな場合はともかくとして、日本では大体において他人の真似をしておくと問題がない。そのことはあまりに一般常識となっているので、真似をすると失敗することもある、あるいは、他と異なることをやってみることに意義があることを示す話が、わざわざ語られるのかも知れない。

これにはもう少し違った考えもできる。「花咲爺」の話で、もし隣のいじわる爺さんが居なかったらどうなるだろう。おそらく、犬が大判・小判をもたらしたところで話は終りになるだろう。そう考えると、このいじわるな爺さんが居たおかげで、主人公の爺さんも「花咲爺」になれたと言うことができる。

「美女と野獣」型の話として、日本でもよく知られているヨーロッパの昔話でも、主人公の女性に対して常にいじわるをする姉さんが現われる。この場合もまったく同じで、いじわるをする姉さんは、話を展開させていくための原動力になっている。もちろん、このような悪者にやられてしまうと、話は一転して悲劇になるのだが、主人公がそれを上手に受けいれる限り、話はよりよい次元へと発展していく。この役割の妙が、話のなかのひとつの重要な要素になっている。

昔話にはいろいろな人物が登場するが、これを一人の人物の内界の話としても読むことができる。既に、動物の犬から灰へと至る変容について述べたが、あれもすべて一人の老人の内界に生じることとして読むことができる。

このような読みをすると、隣のいじわる爺さんは、どんな存在になるだろう。爺さんの心の一部として見てみると、なかなか面白いのではないだろうか。犬に助けられて大判・小判を得る。あれも爺さんの心に感謝していた爺さんの心のなかに、こんなの当り前のことだから、犬に勝手にやらしておけばよい、という気持が生じないだろうか。臼から宝を得るときでも、急に猜疑心が生じ、こんなものから宝が出るはずがない、どうせ邪魔になるだけだから燃やしてしまえ、という考えが急に生まれてくるかも知れない。そして、そのような「悪い」心に気づき、それに従ってみてこそ、話は展開すると言えないだろうか。もちろん、そのつど、取り返しのつかない失敗になる可能性も高いのではあるが。

ある人が幸いにも犬の声に従って、思いがけない成功をおさめる。そうなると、犬を他人に貸すことを絶対にしないし、犬をうっちゃって他のことをしたりすることもない。ひたすら犬を大切にして生きるというときがある。このような人は、自分を失敗に導きそうな「悪心」を完全におさえこんでしまう。こういう人は失敗をすることはないだろう。むしろ、成功者として尊敬されるかも知れない。しかし、ひょっとして「花咲爺」にまでなれるというチャンスを、自ら摘み取っていることになる。あるいは、おさえにおさえた「悪心」が遂に爆発して、大変な悲劇になるときもある。

人間の心というのは不思議なもので、ある人が「悪心」をおさえこんで、よい爺さんになり切ってしまうと、まわりの人が何となく落ちつきを失って、犬を無理矢理借りに行ったり、殺してしまったりする。よい人というのは案外近所迷惑な存在である。

花神

先年亡くなられた司馬遼太郎さんの作品に『花神』というのがある。昭和四十四年十月から四十六年十一月まで朝日新聞紙上に連載された。私はこれが大好きで、夕刊の配達を待ちかねて愛読したことを思い出す。『花神』の新潮文庫版の解説を書いた赤松大麓は、その冒頭に次のように記している。

「花神とは中国のことばで、花咲爺を意味する。日本全土に革命の花が咲き、明治維新の功業が成るためには、花神の登場が必要であった。」

ここに花神として登場するのが、大村益次郎である。まさに文明開花の前線を本州の南の端から北へと進ませていった原動力として、大村益次郎をイメージするのは素晴らしい発想である。彼は徹底した合理主義者であり、彼の考えによって組織された近代式の軍隊は、それまで戦の専門家と見なされていた武士集団に対して圧倒的な勝利をおさめ、明治維新を成就せしめていった。それでは、大村益次郎とはどんな人物なのか。彼は当時の日本人のなかでは他とまったくスケールが異なり、合理精神に基づく「技術」というものを手に、日本中を「開花」させたのである。詳しく知りたい方は、名作『花神』を是非お読みいただきたい。

ところで「中国の花咲爺」とはどんな人物なのだろう。中国の昔話について私はあまり詳しくなく、そっくりの花咲爺を中国に探し出せなかったが、「花神」と呼べる人物の話は思い出した。子どものころ愛読したアルスの「日本児童文庫」のなかの『支那童話集』(佐藤春夫著、一九二九年)にあった「百花村」という物語である。花をこよなく愛し最後は仙人になる老人の話。われわれ兄弟はこれが大好きで、子ども時代の馬鹿話や自作自演のドラマなどに百花村の老人は何度も登場したものだ。果して原作は、ということになるが、このような点では私の勤務している国際日本文化研究センターは便利極まりないところで豊富な知識をもった人が沢山いて、誰かが答を知っている。中国学者の井波律子教授に訊くとすぐにわかって、それは馮夢龍《ふうぼうりゅう》(一五七四―一六四六)編の「三言」と通称される短篇小説集のなかの「灌園叟《かんえんそう》晩《ひぐれ》に仙女に逢うこと」であるとのこと。

この話をごくごく簡単に紹介すると次のようになる。秋先という老人は天涯孤独、ひたすら花を愛し「花癡《かち》」と呼ばれるほどであった。この老人は花が傷つけられることを嫌い他人をめったに自分の花園に入れなかった。ところが、有力役人の不良息子の張委《ちょうい》というのが仲間と共に花園に闖入し、花やつぼみを引きちぎる乱暴をはたらく。秋先老人がひとり泣き悲しんでいると、美少女が忽然と現われ、不思議な術を使って落ちた花をすべて元に返してくれる。張委はなおも秋先に対して迫害をしかけてくるが、例の美少女によって助けられる。彼女は秋先の夢に現われて、自分が仙女であることを告げ、秋先が今後花だけを食べていると仙人になれると言う。その後、秋先老人は花のみを食し、遂に仙人になった。

この話はうんと要約して示したが、全体としては「花咲爺」とは相当に異なるものである。ただ、ここに花と関係の深い老人が主人公として登場すること、仙女の不思議な術によって、一度落ちた花びらが元に返り、花ざかりとなるところが、「枯木に花を咲かせる」イメージと似ていること、が「花咲爺」の話との類似を感じさせる。

ところでこの話で、仙女が秋先老人を助ける話で、張委たちが酒盛りをしているとき、突風が吹いて花が散り、その花びらが美女に変身し、それが張委たちに打ちかかるところがある。命からがら逃げているうちに張委は肥溜にまっさかさまに落ちて息絶えて死んでしまう。

これに対して、井波律子『中国のグロテスク・リアリズム』(平凡社、一九九二年)には極めて注目すべき指摘がある。「桜にかぎらず、さまざまの有機物の死骸をとかしこんだ腐蝕土から、養分を得て成長し、絢爛とした花を咲かせる植物には、そもそもひどく不気味なイメージがつきまとう。花の美しさを生みだすのは、死の匂いにみちた闇の力だといってもよかろう」と彼女は言う。坂口安吾も梶井基次郎も、花の不気味さに感応した作品を書いた。

これを見ると、隣の爺さんが臼から出した馬糞は桜の不気味な側面を表わしていることに気づかされる。よい爺さんも隣の爺さんもコミにして一人と考える方がよいことを既に指摘したが、それが意味あることが、ここにも示されている。

ところで先に紹介した『グロテスク・リアリズム』には、もう一点注目すべき記述がある。秋先老人のような仙人について、その本質が次のように述べられている。仙人物語の作者の祖ともいうべき葛洪《かっこう》(二八一?—三四二)に対して、彼は「けっしていわゆる神秘主義者ではなかった。彼の説く神仙術は、西洋の錬金術師がその作業のプロセスにおいて「科学的」であったのと同様、その意識においてきわめて「合理的」かつ「科学的」なものだったのである」とそれは述べている。

この文はすぐに、大村益次郎を「花神」と呼んだ司馬遼太郎さんの考えにつながっていく。明治維新の成就という事実は、世界の歴史のなかで見ても、まったく不思議としか言いようのない稀なことである。これほど血を流さない大変革が行われたことはないだろう。そこには、一種の魔術でも行われたのではないかと思いたくなるほどである。しかし、そうではなく、それを可能にした術のなかの重要なもののひとつは、西洋伝来の「合理的」かつ「科学的」な技術であった。それを駆使して、桜前線が徐々に日本中にひろがるように、日本の地図を塗りかえていった「花神」、それが大村益次郎であった。

ここでひとつ非常に興味深いことは、仙人と結びつく「花神」は老人のイメージが強いのに、大村益次郎は死亡したときが四十五歳だから、壮年の「花神」だという点である。おそらく、司馬遼太郎さんの心のなかには、明治の時代の「花神」は、老人ではないのだ、という認識があったことだろう。日本に大革新をもたらした人々の年齢は、驚くほど若かった。今さら、「花咲爺」ではないのだ。『花神』を執筆しながら、司馬さんの想いのなかには、この大変革を要する日本の現代において、あらたな、おそらく若々しい「花神」の出現を望む気もあったのではなかろうか。既に司馬さんは逝かれたが、あらたな「花神」の登場を待って、この日本を見ておられるように思う。

七夕のおはなし

天空のロマン

七月七日は七夕のお祭である。と言ってもこれは旧暦の七月七日。したがって、私の子どもの頃は八月七日に七夕を祭ったものである。これも大体の見当で、旧暦の七月七日というと、初秋という感じだっただろう。夜の星を見あげ、未だ戸外に出ても寒くはないので、子どもたちも共に、天の川の両岸に位置している、牽牛星《けんぎゅうせい》と織女星《しょくじょせい》が一年にただの一度の逢瀬を喜ぶのを、下界において祭るわけである。

七夕の風習は後にも述べるように、地方によって相当に異なるが、竹を切ってきて、それに短冊を結びつけるのは共通のところが多いだろう。短冊に「天の川」とか「七夕」などと書くのだが、硯をすって筆で書く。父や母まで一緒になって「習字」をする、というのも子ども心に何となく楽しく感じられる。それに、素晴らしい男性と女性が、天の川を渡って天空で会う、というおはなしは心をときめかせる。まさに天空のロマン、という感じである。

私は、日蝕や月蝕などということが実際に生じるように、七月七日の夜は、牽牛星が天の川を横切って織女星の近くに行くのだと、子どもの頃は信じこんでいた。ただ、子どもは遅くまで起きておられないのでそれが見られないと思っていた。ところが、何時だったか、よく確かめてみるとそんなことは実際には起こらない、ということがわかった。それに、どれが牽牛星でどれが織女星かをはっきりと教えてくれる人もなかった。

せっかくの天空のロマンも何だか急に魅力のないものになってきた。それに考えてみると、一年に一度しか会わないというのも、何とも変な話ではないか。二人が恋し合っているのに、一年に一度しか会えない。もし、実際の星の運行の加減で、牽牛と織女が一年に一度重なって見える夜があるのなら、そんな話が出てくるのも不思議ではない。しかし、事実とまったく関係なく、男女の恋を語るのだったら、もう少し異なる話を考えればよいのに。私は子ども心にも、不思議に感じたのを覚えている。しかも、日本中の人がそれを祝っているのだ。考え出すと変なことばかりである。なぜ笹を祭るのか、なぜ習字をするのか。

悲恋に終った男女が星になり、あちらの世界で結ばれる、という発想はおそらく世界的なひろがりをもつのではなかろうか。よく御存知の「白鳥の湖」の伝説でも、確か、王子と白鳥の王女は死んで、星になって結ばれる、という類話があったと思う。星というのは、人間の運命というのに結びつきやすいし、永遠性も感じさせる。したがって、この世では結ばれなかった薄幸な男女が、次元の異なる世界で永遠に結ばれるというイメージが、星を眺めているうちに湧いてくるのは、もっともなことである。しかし、牽牛と織女の話はそれとはニュアンスを異にしている。それでは、いったいこれはどんなおはなしなのだろうか。

七夕の伝承のもとを探っていくと、それが実に古いものであることに驚かされる。小南一郎著『西王母《せいおうぼ》と七夕伝承』(平凡社、一九九一年)は七夕に関して多くの事実を伝えてくれるとともに、卓見に満ちた書物である。この本を参考にしながら、七夕の起源について述べる。

七夕のおはなしの起源は中国である。それが日本に渡ってきてすぐに受けいれられた。中国でもそのもとは古く紀元前のことである。話としては古くからあっただろうが、七月七日に牽牛と織女が会合する、という形で文献に見られるのは、中国の後漢時代であるという。それにしても古い起源である。それよりも下るが、六朝期の作と言われている『荆楚歳時記』の七夕の条にあるものとして、小南一郎が紹介しているのを引用する(この出典も確かではないらしい。以後このような厳密な考察については省略する。関心のある方は小南の書物を参照されたい)。

「天の河の東に織女がいる。彼女は天帝の娘である。毎年毎年、機織《はたお》り仕事に精を出し、雲の錦による天衣を織り出していた。天帝は彼女が独り身であることを哀れんで、天の河の西の牽牛郎と結婚をさせてやった。お嫁にいってからは、彼女は機織りの仕事を全く止めてしまった。天帝はそうした彼女に腹を立てて叱り、天の河の東側に戻らせた。ただ毎年一度だけ、七月七日の夜に、天の河を渡って牽牛と会うのである。」

この話は、われわれが知っている七夕のおはなしに近い。しかし、一般には男と女の「悲恋」という感じが強いのではなかろうか。七夕を悲恋の物語とする発想は中国にもあり、小南はそれは「白鳥処女説話」と結びついているという。これは日本でも同様であり、まずそちらの方を見てみよう。

天人女房

中国において、もともとの七夕の話が「白鳥処女説話」と結びついてどのように変化したかを、小南は示しているが、ここでは、日本の話に注目してみよう。日本においても中国と同様、七夕の話は、——特に日本の西部において——昔話の「天人女房」と呼ばれている話と結合した形をとるものが多い、と言われている。

「天人女房」の話にもいろいろとヴァリエーションが多いのだが、ここには代表として「天降り乙女」(関敬吾編『こぶとり爺さん・かちかち山 日本の昔ばなしI』前掲)を取りあげてみよう。

みけらんという若者が水浴びに行く。そこで木にかけてあった美しい着物を手に入れる。ところが、それは水浴びしていた天女の羽衣(飛《と》ぎぬ)で、天女はそれを返して欲しいという。みけらんは衣を返さず、二人は結婚して暮らし、三人の子どもも生まれる。七歳、五歳、生まれたばかりの子を育てていた天女は、ふと聞いた子守歌にヒントを得て、隠してあった飛ぎぬを手に入れ、子ども三人を抱いて天に帰るが、一番下の子だけは落としてしまう。

みけらんは妻が天に帰ったことを知るが、彼女の書き置きに従って、下駄千足、ぞうり千足をあつめて地中に埋め、そこにきん竹を植えようとするが、下駄もぞうりも一足ずつ足りない。それでもきん竹はぐんぐん伸びてもう少しで天にとどくところまで伸びる。天女は天に帰って機屋で機を織っていたが、もう少しで天にとどくところまで来ているみけらんを機織りの梭《ひ》で助けてやって引きあげる。

ところが天女の父神はつぎつぎと難題をみけらんに与える。これもすべて天女の助言で切り抜けるので、父神も大そう喜んで、とり入れの祝いをすることになる。父神は親切にみけらんに冬瓜を縦に切りさくように教える。そのときにみけらんの妻は「横に切れ」と目で合図するが、みけらんは父神の言葉に従う。すると山のように積まれていた冬瓜が残らず縦にさけて見るまに大水となり、それが天の川になる。そして、天女は織女星となり、みけらんは犬飼星になる。七つと五つの子どもは織女星の近くの星になる。

この日が七月七日だったので、その後、この日だけみけらんと天女とが会うことができるようになった。

「天人女房」の話のひとつの要約をここに示した。「白鳥処女(swan maiden)」の話は、世界的なひろがりをもつ話である。白鳥の美しい姿、それにどこからともなく飛来してくることなどに由来して、それはこの世ならぬ美しさをそなえた乙女の変容したものと考えられやすいし、容易に天女の姿にも結びついていく。そして、そのような乙女と若い男との恋物語ができあがる。日本でも、『風土記』を見ると、白鳥の乙女の話が認められる。白鳥の乙女というと現代人なら多くの人がチャイコフスキーのバレエ「白鳥の湖」を思い起こすことだろう。おそらく、白鳥の乙女の美しさをこれほどにうまく表現することは不可能だろう、と思うほどの作品である。ここには若い王子と白鳥の乙女との恋が語られるが、これは明らかにヨーロッパのロマンチック・ラヴの話になっている。男性と女性が愛し合って、困難に打ち克って結ばれることに最高の価値がおかれる。

紹介した「天降り乙女」の場合でも、みけらんが妻の天女を訪ねたとき、彼女の父がつぎつぎと難題を出し、みけらんを試すところは、「難題聟《むこ》」というテーマで、他の多くの昔話に見られる。つまり、若い男性が女性と結婚するためには、多くの困難と戦わねばならないし、その間にその若い女性が難題を解決するための助けをする。実は「天降り乙女」の場合も、そのような話が詳しく語られるのだが、われわれの主題と関係がないので省略したのである。

一般に「難題聟」の場合は、男女が結ばれることに主眼があるのだが、「天降り乙女」の場合、男女は既に結婚している。そして、いろいろと難題を解決した最後になって、父神の策略で二人はわけられてしまうのだから、この話は、「難題聟」の話ではなく、そのテーマが後で入りこんだものと推察される。つまり、もともとの話は結婚した男女が止むなく別れる。しかし、一年に一度(七月七日に)会うことになる、というのだったが、そこに男女の恋物語が後でつけ加えられてきた、と考えられる。

小南一郎があげている中国の七夕伝承で、「白鳥処女」のテーマと結合しているものにおいても同様の傾向が見られる。それを次にごく簡単に要約する。

両親を失った牛郎という若者が兄夫婦と暮らしていた。牛郎は兄嫁にいじめられ、老牛とだけ親しく暮らしていた。とうとう牛郎は壊れた車と老牛のみを与えられて家を出される。ある夜突然牛が口をきいて、その忠告によって牛郎は湖で水浴びする仙女の衣服を盗んで林の中に隠し、それによって彼女と結婚する。実はその仙女は天上の王母娘娘《ニャンニャン》の外孫女《むすめ》で、錦を織るのが得意で織女と呼ばれる女であった。結婚後三年の間に一男一女が生まれた。ある日、老牛は涙ながらに、自分はもう死ぬが、自分の皮をとっておいて緊急のときはその皮を着るように、と牛郎に言って死ぬ。王母娘娘は織女の失踪を知り、天兵を遣わして彼女を天上に連れ去る。牛郎は牛の皮を着て二つの筐《かご》に子どもたちを一人ずつ入れ、織女を追って天に昇る。牛郎がもう少しで織女に近づけるときに、王母は織女をかばい、後ろ手に玉かんざしで線を引く。それが天の川となり二人を隔ててしまう。彼らはそのまま牽牛星と織女星になり、後に王母は二人が七月七日に会うことを許した。

この話でも、結婚している男女の間を王母(日本の話では父神)が裂くが、二人は年に一度だけ会うことになる、という主要な話に、他の昔話によくある「白鳥処女」のテーマに加えて、兄弟間のいじめ、牛の助けなどが入ってきたと思われる。やはり、何とかして、恋愛物語にしようとするのだが、最初のテーマが強力に残っているのである。

コスモロジー

これはどうしてだろうか。これに対する小南一郎の考えは、なかなかの卓見である。それをまず紹介しよう。

小南の考えは、現在において伝えられている七夕のいろいろな伝承は、もとになる神話が時代の変化と共に、時代環境に適合して変化してきたものである、というのである。そして、その際、神話ということについて彼は次のように考える。「神話的な存在が備える最も基本的な〝意味〟は、その宇宙構造論的な機能にあるとする」と。したがって、「表面的な神の名よりも、その神としての機能に目を注がねばならない」、「機能論の立場からすれば、たとえ同一の名の神であっても、時代の変化や社会的環境の違いの中にあって、異なる機能を果たしておれば、本質的には別の存在だと考えるべきであり、逆に異なる名をもつ神どうしも、それぞれの社会環境の中にあって同質の機能を果たしておれば、同等の存在だと考えることができる」と考える。

この考えに私は全面的に賛成ではないが、この際、この考えに従っていく。小南はまた宇宙論的構造をもった神話が時代によってその内容を変化させていくのに対して、それと結びつく儀礼の方は、あんがいそのまま保持されていくという事実に基づいて、七夕の儀礼の方に注目する。そうすると、七夕の日に行われる、「乞巧奠《きっこうでん》」と呼ばれる、女性たちの手仕事の巧みさを願う「巧みを乞う」行事に関心が向けられる。七本の針に糸をとおしたのを供えたりして、手仕事が巧みになることを願うのである。正倉院の御物《ぎょぶつ》のなかに、おそらくそれに使われたと思われる、七本の針が残されているとのこと(七夕に習字の上達を願うのはおそらく、その巧が字を書くことの方に転じたのであろう)。

ここで小南の詳細にわたる中国の行事の探索などは省略して、結論のみを言うと、このような巧みを乞う風習は、「織女が象徴する機織りの仕事とも結びついて」おり、その機織りの巧みさの背後には「より大きな宇宙論的な伝承が潜んでいたと推定する」ことになる。どうして、機織りが宇宙論的なのか。

小南は、機を織るということは「世界の秩序を織り出して」いるのだと言う。したがって、七夕の行事で女性が自分の手仕事が巧みであることを祈る、とされているが、もともとは「そうした個人的な願いを託するものではなく、織女自身の機織りが巧みさを失わぬよう、この世界に混乱が訪れぬようにと願う宇宙的な意味をもった行事であったと推定される」。

日本のアマテラスも機を織るが、これも同様の意味合いをもっていたのではないか、と小南は推定している。あるいは、ギリシャの重要な女神アテーネも機を織っている。そして、アマテラスもアテーネも、次に取りあげる中国の西王母と似た属性をもっている。

西王母

牽牛と織女の話を考える上で、どうしても取りあげざるを得ない神格として、西王母という女神がある、と小南は考える。先に紹介した話のなかにあった王母娘娘は、西王母の後世の民衆的な呼び名である。

「元来の西王母は、中原の文化からすれば、いささか〝異民族〟的な性格を備えており、中国の周辺民族の間から、おそらくは東周時期に中原地帯に新しく流れこんで来た神格を核として形成された神」のようである。『山海経』のなかには次のような記述がある。「西王母は、そのすがたは人のようで、豹の尻尾を持ち口には虎の歯が生えている。巧みに嘯《うそぶ》く(声を引いて唸る)。ざんばら髪をして〝勝〟を頭に戴いている」。

何とも恐ろしい姿である。頭に戴いている「勝」というのは、機織りにおいて、経糸《たていと》を巻きつける横軸の呼び名のひとつで、西王母が機織りと深いかかわりのあることを示している。ここに機織りは既に述べたように、宇宙の秩序を織り出しているのであって、そのような意味で、西王母は「この世界と人間とを支配する〝非人間的〟な原理、あるいは力」を体現する神、と思われる。

さて、西王母に関する文献や多くの図像を小南は詳細に検討して論じているが、それらを省略して、その重要と思われる点のまとめを引用すると、西王母の画像には古い要素を多く留めているものと、新しい要素が中心となっている新古両層があるが、「古い層に属する西王母は単独で表わされることが多く、その場合、西王母は宇宙の二元的要素の双方を統合するものとして表わされている」。ところが新しい像になってくると、「西王母は、男性神の東王公と対になって表わされることが多くなる。その場合、西王母と東王公とは東西軸上に配置されて、西王母は、東西の二元的要素のうちの西の方のみを代表することになる」。

つまり、西王母はもともとは両性具有で、すべての二元的な要素を全体として支配していたのだが、その原西王母ともいうべき絶対的な像が分解して、二つに分かれ、その一方の陰的要素のみを新しい西王母が代表するようになり、それに応じて陽の要素を代表する東王公が出現してきたのである。

このような西王母のイメージを心にいれておいて、一応史実として語られる西王母の話で七夕に関係してくると思われるものを紹介する。中国の場合は、神話と歴史が判然と区別されておらず、神話的な内容を史実として語る傾向が強いので、そのことに留意して読まねばならないが、もともと「神」としての像をもっていた西王母は歴史の流れのなかでだんだんと人間らしくなり、「戦国時代すでに人間と変らぬ姿で、地上の帝王たちと交渉をもっている」。またもや詳細は小南一郎の書物にゆだねるとして、ここで大切なことは、地上の王(男性)が西王母(女性)を訪ねるというパターンが重視されていることである。

そして、漢武帝に関する記録によれば、漢の武帝は七月七日に西王母に会ったと述べられている。西王母の存在が牽牛と織女の話に関連してきたのである。ここで大切なのは、男性と女性のおかれている立場である。女性の西王母はむしろ神格に近く、それに対して地上の王である男性が会うことによって、自分の地位を保証される、あるいは、話によっては、彼が西王母に不老不死の薬を得たいと願う、などとなっている。つまり、女性の方が絶対的に上に位置しており、このようなときは、女性が北、男が南という南北の軸上で行動がなされる。

ところが、だんだんと西王母が人間化して、男女が同等の立場になってくると、男は東、女は西、と東西の軸上で移動が行われ、男女が対等に会うことになる。このようになってくると、牽牛と織女の話も、男女のロマンとして語る形になる。

以上のような考察を踏まえ、小南の下す結論は次のようになる。コスモロジカルに考えると、この世の秩序は、二元的な対立以前のすべてをそのまま全体として見ている西王母によって保たれており、したがって、彼女の機を織る仕事は極めて重要になってくる。しかし、彼女のそのような「全体的」な機能は分化されていき、「後漢時期になれば、すでに牽牛・織女は、西王母が統合する男女二要素のそれぞれを代表するものの一つになっていたと推定される」。

ところで、二元的な要素が分かれる宇宙観に立つと、この分かれたものは定期的に結合し、それによってもとの全体状況に戻り、生命力を回復する必要があると考えられる。しかしその際、宇宙は原初的なカオスの状態に戻ることになり、危機的状況になる。そこで、両者はいつまでも結合を続けていることはできず分離しなくてはならない。つまり、両者は一年に一度会うだけで、他のときは別れていることに意味がある、と思われる。

既に紹介した中国の「白鳥処女伝承」においては、「王母」が男女の間を隔て、後に年に一度会うことを許している。日本の「天降り乙女」の場合では、父神が両者の間を裂くことになる。つまり、コスモロジカルな神話においては、男女が結合されるとしても、それは短期間で、後は分離していることによって秩序を保つのが大切と考えられる。それに対して、後世になって白鳥処女のようなテーマが混入してきて、人間のロマンに話を変えようとしても、両者を分けることの必然性は、なかなかに消え去らないのである。

このように見てくると、牽牛と織女が年に一度しか会わない、という七夕の物語も納得がいく。両者が結合してしまうと、宇宙の秩序を保つことができない。「天降り乙女」の昔話でも、女性が天女で男性より優位であること、二人の結合が父神によって妨げられること、の特徴をそなえている。

男性と女性

これまでに簡単に要約して示してきた小南一郎の七夕伝承に対する考察は、興味深く、また価値あるものである。ところで、ここから現代に生きていく上で、男性と女性の在り方をどう考えるかなどということを、引き出したくなってくるのが、心理療法をやっている者の悪い癖である。ここからは蛇足なので、読まずにやめていただいても結構である。

グリムの昔話などを読んでいると、男と女の結婚でハッピーエンドとなるのが多いのに、日本の昔話にはそうはならないものが多いことは、私の子どもの頃から気になっていたことである。そして、そのことを主題として論文を書いたり、著書を書いたりしてきた。そこで私なりの意見を述べてきたが、今度この七夕の話を知って、それについてまた新しく考えるところがあった。

男と女の結合ということは、動物も行なっていることである。このことがなければ種族の繁栄がないのだから極めて大切と言えるが、極めて本能的なこととも言える。そして、結婚によって子どもが生まれ家族をつくることが社会を構成していくと考えると、夫婦の形というのが社会的にも価値をもってくる。このように種族、社会などの観点からではなく、個人ということを発想の原点として考え、なおかつ男女の結合に高い価値をおくことになったのが、西洋におけるロマンチック・ラヴの考えである。

グリムの昔話にしても、ロマンチック・ラヴを賞揚する立場から、グリム兄弟が相当に改変したのではないかと思われるが、それはさておき、結婚をもってハッピーエンドと考える思想は、近代においてにわかに強力となり、愛し合っている男女が結合し、永久にその関係を保とうとすることが「幸福」であるという図式ができあがった。

日本に昔からあった見合結婚などというのはナンセンスで、恋愛結婚こそ素晴らしい、と信じられるようになった。ところが、これに対する妨害がはたらいている間こそ、それが理想であるなどと思われたが、実際に結婚してみると、それがそれほど「幸福」でないことは、すぐわかってきた。アメリカにおける高い離婚率がそれを反映している。

愛し合っている二人が共に住み出すと、幸福でなくなる。これに対してすぐ思いつくのは、七夕の伝承のなかには、牽牛と織女が結婚すると、「牽牛はもう牛を見張らず、織女も布《ぬの》を織らなくなった。そのため全世界のいたるところで飢饉がおこり、布匹が足らなくなった」という記述があることである。つまり、宇宙論的発想に立っても、両者の結合を続かせるとよくないのである。これとは逆に、個人主義の方で言うと、男も女も忙しすぎて、自分の世界のことに没頭し、関係の維持が難しくなると言えるだろう。

そもそも、ロマンチック・ラヴの背後には、神との合一を目指す気持がある。したがって、もともとはそれを永久に求めていくためには、両者は性関係をもってはならないという掟があった。この掟を守ってこそ、その関係が永続する。このような考えが後になって、愛し合う二人が結婚することこそ素晴らしい、という世俗化されたものになってきたのだが、その永続性が難しいことは、既に述べてきたとおりである。

これらのことを見ると、男女の関係、それも実際的な関係を考えるときに、ロマンチック・ラヴだけをモデルとして考えるのは、単調にすぎるし実際的でないことがわかってくる。そのときに、七夕の話というのは他の選択肢を示唆するものとして、なかなか興味深い。つまり、この際は、男女が分離していることにこそ意味があり、その分離を永続させ、生命力あるものとするためには、両者の結合を必要とするが、それは一年に一度だけのことなのである。男女の結合に意義を認めるが、だからと言って、その関係をできるだけ長く維持しようとするのではなく、むしろ、すぐに別れ、また会う日まで一年間は分離して暮らすべきである。分離していてこそ秩序は保たれると考える。これは、男女の結合の意味の深さ、そのことによる生命力の回復などを知るにしても、それを続けることの危険性と無意味さをよく知っているからである。

これは、男女の結合の永続性を願う考えとは大いに異なっている。ロマンチック・ラヴでは男女の結合を目標にしているが、七夕型では、むしろ男と女とが別れていることに重点がおかれ、そのような分離を永続させていくために両者は時に会わねばならぬ、というパラドックスをもっている。

このようなことを言うと、それは今流行の新しい夫婦関係ではないか、夫も妻も別々に住んで別の仕事をもち、ときどき会うという形は、まさに七夕型ではないか、と考える人もあるだろう。確かにそのような類似が生じているのは面白いが、この際、七夕伝承の背後には独特のコスモロジーがあり、それは個人を中心として発想されたものでないことを心得ておくべきであろう。つまり、牽牛と織女の年に一度の逢瀬の背後には、原西王母のような宇宙原理の体現者が存在していなくてはならない。このことを忘れて、世俗の世界で七夕伝承を生きようとすると、ロマンチック・ラヴの世俗化と同様、欠点を生ぜしめることになるだろう。

最後のところで急に世俗的な話になったが、ここに紹介した七夕伝承の考察を知って、日本神話におけるアマテラスの岩戸神話の解釈について、私としては新しい考えをもつことができたことを申しそえておきたい。アマテラスは機を織るのみならず、相当に両性具有的でもある。しかし、これらの考察は他の機会を待ちたい。

まっぷたつの男の子

イタリア民話

「おはなし」という点ではイタリアは長い伝統をもっている。ヨーロッパのキリスト教文化圏での「おはなし」のはじまりは、ボッカチオの『デカメロン』である。それに続いて『ペンタメローネ』がある。イタリアの現代作家、イタロ・カルヴィーノは日本でもよく知られているが、彼も民話に関心を持ち、『イタリア民話集』上・下(訳本が岩波文庫にある。河島英昭編訳、一九八四、八五年)を上梓した。これはなかなか評判がよくて、すぐに英語に訳され、よく読まれているようだ。

なかにはカルヴィーノが少し改作したものもあるが、興味深い話が多い。どれを取りあげようかと迷ったが、現代の話題と関連が深く、私が年来ずっと関心をもち続けていることにもつながるので、「まっぷたつの男の子」という話を取りあげる。

話の要約を次に示す。これはまったくの要約なので関心のある方は原話をお読みいただきたい。

ある女が魔女のつくっている畑と知らず、そのパセリを食べてしまう。怒った魔女は、その女が妊娠していたので、子どもが生まれるとその子が七歳になったときに、半分は自分がもらうと言う。男の子が生まれ七歳になると、魔女は縦にまっぷたつに切り、半分は自分のところに連れていった。まっぷたつの男の子はやがて大人になり漁に出かけ、大きい鰻をとる。鰻は助けてくれというので放してやるが、また網にかかる。「かわいい鰻の仔《こ》の愛にかけて、何でも望みをかなえてあげます」と言うので、放してやる。

その男が町へ行くと、王女と召使たちが、半分の男の姿がおかしいというので大笑いする。男はカンカンに怒り、「かわいい鰻の仔の愛にかけて、王様の娘にぼくの子ができますように」と祈る。やがて王女が妊娠していることがわかり大騒ぎになる。父親の王は何か心当りがあるだろうと問いつめるが王女はないと言う。とうとう男の子が生まれた。王はある魔法使いの示唆によって、赤ん坊に金のりんごと銀のりんごをもたせ、多くの人を招待する。赤ん坊が銀のりんごは祖父に、金のりんごは父に渡すはずと言う。赤ん坊は銀のりんごをすぐ王に渡すが、なかなか父親は見つからない。とうとう金のりんごを半分の男に渡す。王は怒って王女と男を樽に入れ、海に流してしまう。

二人は助かって海岸に流れつく。半分の男は「かわいい鰻の仔の愛にかけて……」とつぎつぎと祈り、立派な一人前の男になり、王女と結婚して大宮殿に住む身分になる。近くの国々の王を招いて歓迎するが、その時に金のりんごと銀のりんごのなる木をつくらせ、客に向かって、このりんごにだけは手を触れないように、と言っておく。王女の父の王も招かれてきていたが、彼の知らぬ間に、金のりんごと銀のりんごをポケットに入れこむようにまっぷたつの男が仕組む。誰かりんごを盗んだ者がいる、というので、王が犯罪者と見なされる。王は自分の「身に覚えがない」ことを言い張る。そこで、「自分の身に覚えがなくとも、事実があれば罰することを、お前はしたではないか」、「あのときと同じ罰を与える」と、王を樽につめ海に流そうとするが、王女の命乞いによって助けてやる。

これがおはなしの概略である。ここでは、まっぷたつの男の子が主人公である。実は、後にも述べるように、私は日本の昔話に出てくる「片子」というテーマに心を惹かれて、それについていろいろと調べてきた。それは既に「片側人間の悲劇」(拙著『生と死の接点』岩波書店、一九八九年所収〔第Ⅰ期著作集第一三巻所収〕)として発表したが、今回もそのテーマである「まっぷたつの男の子」を取りあげた。これまで発表してきたことと重なる面もあるが、新たな課題を与えてくれるので、これについて論じようと思う。

この物語を読んで、確かに「まっぷたつの男の子」が主人公であることは事実だが、彼が半分の人間であることがほとんど問題になっていない、と思う人もあろう。確かにその姿がおかしいと言って笑われるところはある。しかし、彼は漁をしているし、あちこち出かけたりするのに何の不自由もなさそうだ。それに最後のところでは「かわいい鰻の仔の愛にかけて」あっさりと一人前の人間に戻ってしまう。魔女のところに居るはずの彼の相棒のことなどお構いなしである。いったいこれをどう考えたらいいのだろう。これについて論じる前に、比較対照のために、日本の昔話をまず紹介しよう。

日本の「片子」

これについては既に他に論じているので、少し簡単に触れる。日本の昔話で「鬼の子小綱」として分類されている話型のなかに、「片子」という半鬼半人の子どもが登場する類話がある。その典型的なものをごく簡単に要約して示す。

木樵《きこり》の男が仕事をしていると、鬼が出てきて、あんこ餅が好きかと聞く。男は女房と取り代えてもいいほど好きと答える。そこで、男は鬼のくれたあんこ餅をたらふく食べるが、帰宅すると妻が居ない。男は妻を探して十年後に「鬼が島」を訪ねる。そこに十歳くらいの子どもが居て、体の右半分が鬼、左半分が人間で、自分の名は「片子」で父親は鬼の頭《かしら》、母親は日本人だと言う。片子の案内で鬼の家に行き、女房に会う。女房は男と共に帰りたいと言うが、鬼は反対する。ここから鬼と男の勝負があり、鬼のところから逃げ出すことなど、常に片子の知恵によって助けられ、これがこの話の主なところだが、今回はむしろそれは割愛する。ところで、男と女房と片子は無事日本に帰ったが、片子は「鬼子」と呼ばれ誰も相手にしてくれず、日本に居づらくなる。そこで両親に、自分が死ぬと、鬼の方の体を細かく切って串刺しにし、戸口に刺しておくと鬼が怖がって家のなかに入ってこないだろう。それでも駄目だったら、目玉目がけて石をぶつけるようにと言い残して、ケヤキの木のてっぺんから身を投げて死ぬ。母親は泣き泣き片子の言ったとおりにしておくと、鬼が来て「自分の子どもを串刺しにするとは、日本の女はひどい奴だ」とくやしがる。そして、裏口を壊して入ってくるが、片子の両親は石を投げ、鬼は逃げる。それからというものは、節分には、片子の代りに田作りを串刺しにして豆を撒くようになった。

この話も「片側人間」の話であるが、この場合は半分鬼で半分人間という形をとっている。この話に「日本人」という表現が出てくるのと、その半分日本人の「片子」が日本に居づらくなるというところを読んで、すぐ思ったのは自分自身のことであった。この昔話を読んだのは、自分がスイスのユング研究所から帰国してあまり年月の経っていない頃だったので、西洋で学問を習いそれを日本にもち帰ってきた自分を、半分鬼、半分日本人のイメージとして思い浮かべたのである。したがって、片子が自殺してしまう、という話は大変なショックであった。何か自分の暗い未来を予示しているようにさえ感じられた。

そのように思ってこの話を読むと、この木樵の男は日本男性の典型のように見えてくる。日本男性の人のよさとか頼りなさがよく出ている。「あんこ餅が好きか」と問われて、「女房と取り代えてもいい」と言いつつ、あんこ餅をたらふく食べる。何とかなるだろうと思っていたら相手は「契約」を守って実行する。それを知って「こんなはずじゃなかった」と驚くところなどは、契約精神に欠ける日本男性の姿そのままである。それでも妻を探して連れ帰るが、彼の力によって鬼に打ち勝ったのではない。片子がすべて助けてくれる。つまり、ここで大切なのは、母子の結びつきであって、父である男はそれに便乗しているだけである。

日本に帰ってから、片子は「誰も相手にしてくれず、だんだん日本に居づらくなる」が、これは日本人のもつ排除の姿勢をよく示している。ここで、片子が抗議したり戦ったりせずに自殺の道を選ぶのも日本的ではなかろうか。ここで、最近のいじめによる自殺のことを思い起こす人もあるだろう。実際、私が帰国した頃は数が少なかったので、あまり問題にならなかったが、近年にはいわゆる「帰国子女」の問題として、文化差による適応の困難さや帰国子女に対するいじめなどが相当に意識されるようになった。

昔話では、片子が自殺した後、母親は片子の言ったとおりにその体をきざんで串刺しにしておく。鬼がそれを見て「自分の子どもを串刺しにするとは、日本の女はひどい奴だ」と言う。これを個人としての女性ではなく、「日本人の母性というものは」と置きかえてみると、鬼の科白がよく了解される。つまり、片子という異分子の存在を許さない一様性を尊ぶ社会の在り方。そして、「世間」の力には抗し難いとして、わが子の自殺を黙って見ている両親の態度。それらを日本における母性の優位性に結びつけて考えられないだろうか。ここに言っている母性は男にも女にも共通に存在する。すべてのものを一様にしてかかえこんでしまう傾向について言っている。

日本の片子の話を私はこのように読んで、日本人としての自分の生き方に深くかかわるものと感じた。ところで、この話を海外でするると、非常に共感する人が多く、それと関連して、いろいろな片側人間の話をすると、聴衆の多くの人が「自分のなかにも片側人間がいる」という反応をする。そして、鬼と人間との葛藤は必ずしも文化的なこととは限らず、人間の心のなかにある、多くの対立する要素のこととして考えると面白い、と言うのである。私はそれを聞いて、なるほどと思ったが、そうなると、はじめにあげたイタリアの話はどうなるのだろうか。

善と悪

イタリアの「まっぷたつの男の子」は、どんな意味をもつのであろう。これは聖書の話を踏まえていることは明らかである。まず処女懐胎のテーマがある。それに、りんごがわざわざ小道具に使われるところで、どうしても禁断の実を食べる話を思い出す。それにここでは「無実の罪」ということがテーマになっているので、原罪に関すること、善悪ということが問題になっていることがわかる。ただし、このようなことに気づかずに読んでいると、この片側人間の話は何を言いたがっているのか、わかりにくい。

イタロ・カルヴィーノはこの話に大いに心を惹かれたのであろう。そして、ここでテーマになっている罪とか善悪のことを前面に出して話をつくることを思い立ったようだ。それが彼の作品の『まっぷたつの子爵』(河島英昭訳、晶文社、一九七一年)であると思われる。これもなかなか面白い話である。

物語の主人公、メダルド子爵は戦争に行き、弾丸に当たって、まっぷたつに引き裂かれたが、その半分が両方共に生きながらえることになる。そして、その片方がまったくの善玉、他の一方はまったくの悪玉になる。このようにしてカルヴィーノは善、悪の明確な対立のおはなしとして、物語をつくってみせたのである。このおはなしについては省略するが、非常に注目すべき点は、まったくの善玉のすることが、いかに人々に迷惑や苦を及ぼすかを、カルヴィーノが実にうまく描き出していることである。われわれの日常の経験からしても、まったくの善玉の人というのは、しばしば「大きなお世話」と言いたくなることをするものだ。

そこで、このおはなしではいかにして善と悪が統合されて一体に戻るか、ということに焦点がおかれる。それの成就には女性の愛が必要である。このような女性とのからみで、善半悪半は決闘することになる。両者は戦って、相手をそれぞれ真向唐竹割りにする。と言っても、まっぷたつになっている線に沿って切りつけるのだから、両者の血管が断ち切られ、とび散った血が混じりあい、その結果、両者はうまく結合して、元の一人に戻る。

この物語は寓話的な構成によって、善と悪の問題についてのひとつの示唆を与えている。善が善であるためには、善だけでは駄目なのである。そして、最後に統合されたメダルド子爵は、最初の人間と同じでありながら、一度、善と悪との分裂ということを体験してきたことによって、人生の味がよりよくわかる豊かな人間として生きている。日本の片子と違って、ここまで善悪のことにこだわらねばならなかったのは、やはりキリスト教文化圏に属するということが大きいのではなかろうか。一神教の場合は、善悪の基準は非常に明確である。そして、神はもちろん、善をすすめる。

カルヴィーノの物語は、しかしここで、善ばかりでは駄目と言っている。これは、なかなか思い切った発言である。日本では「清濁併せ呑む」という表現があるし、善悪の統合などと言っても別に驚かないが、西洋でこれを言うのは大変だったと思われる。

カルヴィーノの明確な片側人間の話を踏まえて、昔話の「まっぷたつの男の子」を見てみよう。そもそも話は「無実の罪」からはじまっている。母親は魔女の畑と知らずに、パセリを食べたので大変なことが起こる。ここで、母親は無実の罪を犯しているのだが、罰はある意味では、その子どもに向けられる。もちろんこのことによって母親も苦しむことになるのだが、男の子が七歳になるまで待つのは、その子が善悪の区別をつけられるまで待ったと思われる。魔女は男の子をまっぷたつにして、半分を連れ去った。このとき、その半分がどのような半分かは何も言われない。しかし、魔女が連れ去ったのだから、悪の半分ではなかろうか。

ところで、王女も無実の罪を犯す。このときの王の罰も厳しい。彼女を樽につめて海に流し、殺そうとするのだ。無実の罪に対するこの厳しさは、魔女と同じである。そして、どちらも罰せられるのは子どもである。

これらを見ていると、「原罪」ということは一種の無実の罪と見なし得る、とこの話が言いたがっているように思う。先祖の犯した罪によって子孫が罰せられる。子孫はそれを贖《あがな》うために、清く美しく生きねばならない。これはおかしいのでないかとこの昔話は言っているようだ。したがって、おそらく魔女によって残された善半の方は、鰻を許してやったりしているが、王女の笑いに対して、かっと怒り、王女に自分の子どもを産ませる、と一種の悪の行為に踏み切ったとき、彼は失っていた悪を取り返したのではなかろうか。ここから話は一直線に彼に有利に傾きはじめる。

王女の懐胎は明らかにマリアの話を踏まえている。マリアの場合と異なり、これは言わば悪意による処女懐胎である。このことにより彼女は大変な災難に遭うにしろ、結果はめでたしめでたしになる。つまり、ここでも悪が幸福への要因となっている。このように見てくると、この昔話はキリスト教的な厳しい善悪の判断や、原罪という重い荷に対する一種のアンチテーゼとして生まれて来たものと理解できる。

文化比較

日本の「片子」では、もし片子の行なった母親を救うための多くの行為を「善」と考えると、その彼が自殺に追いこまれるのは、おかしい気がする。西洋的な意味での善悪の判断はあまり問題になっていない。

ここで急に現代の日本の実際状況について考えてみる。日本では政治家の汚職が他の先進国に比べて多い。それに最近のエイズ感染に関する薬害の問題などを見ると、日本人の倫理観が極端に低下しているように感じられる。昔話のテーマに沿って言うならば、自分の右半分のやっていることと、左半分のやっていることの間に、完全な分裂がある。右半分では、人のためにつくしてばかりということだが、左半分は途方もない悪いことをしている。そして、その間に苦悩や葛藤が生じない。

オランダの外交官の人と雑談していたら、東京で財布を落としたが、拾って届けてくれた人があった。相当なお金が入っていたが、それもそのままであった。世界の大都市で、こんなことがあるのは日本だけだろう。日本人の公徳心には感心した、と言われた。悦にいっていると、それにしても、そういう国の日本で政治家の汚職の多いのはどうしてか、と言われた。ヨーロッパの国々では考えられないような汚職がある。これをいったいどう説明すればいいのか、と言われて参ってしまった。いったいこれをどう考えるといいのだろう。日本人のなかで、特別に倫理観の低い人が政治家になるのだ、などと言ってすましておられるだろうか。あるいは、日本人は倫理的「片子」で、片方は公徳心が高く、片方は低いなどと言っていいだろうか。

しかし、考えてみると、このような現象は日本だけではないと言える。たとえば、アメリカは大統領以下「正義」が大好きで、世界の正義のために頑張っているような印象を受ける。しかし、大都会の実状はどうだろう。日本に比してはるかに暴力、麻薬、犯罪が多い、と言わねばならない。アメリカは日本と逆の片子現象を起こしているのだろうか。

　これらの現象について、日本とイタリアの片側人間の話から思いつくことを述べてみよう。まず西洋の話から。ともかく分析的なことを述べるのには、西洋の話がとりつきやすい。やはりキリスト教文化圏においては、善悪の区別が明確で、無意識に行なった罪にしろ、容赦なく罰することになるほど、善のみを賞揚し悪を切り棄てることに焦りすぎる。そうなると善半と悪半の分離が生じる。つまり、大統領をはじめとして「正義」を強力に唱えるのに性急すぎると、そこから切り離された悪の方は、大都会の影の部分のように強力にならざるを得ない。したがって、ここでは善と悪をどのようにして統合してゆくかが、大きい課題となり、「まっぷたつの男の子」のように、どうして統一体に戻るかが課題となる。このことはカルヴィーノがつくった「まっぷたつの子爵」によって、もっと明確に語られている。

　これに対して、日本の場合はどうか。片子の話に示されるように、善悪の区別はそれほど明確ではない。主人公の男は「人がよい」のは認めるとして、あんこ餅と妻とを交換するのは「善か悪か」などという堅いことは、彼は考えないのである。したがって、鬼なんかを相手にしない限り、だいたいうまくいっているのだ。

　日本が安全性の高いところだ(オウムで大分おびやかされたが)とか、オランダの外交官が感心したような日本人のよさは、倫理性が高いというような西洋的表現を用いるより、だいたいうまく平和にいっている、というようにあいまいに言うのが適切ではないか。善とか悪とかをやかましく言うこともない。しかし、このような生き方で日本の伝統社会に生きているのではなく、西洋の影響を受けた政治や、経済や、たとえば医学などの世界に生きるとなると、それまで善とあいまいに共存していた悪が判然とした形をとって見えてくるのではなかろうか。汚職事件を起こし新聞紙上で「悪者」として責められている多くの人間は、多くの場合、自分は悪いと思ってはいない。誰もがやっていることだなどと言う。

このことはつまり、鬼と日本人との片子をどうするかの問題ではなかろうか。イタリアの物語は一応統合の帰結を語っている。片子の自殺を受けて、日本人はどのように物語を続けようとするのか。われわれはよく考えねばならない。

創世物語と両性具有

ナバホの神話

『小説トリッパー』'96冬季号に、中沢新一さんとアメリカ・インディアンの神話を取りあげて対談をした(『ブッダの夢 河合隼雄と中沢新一の対話』朝日新聞社、一九九八年)。そのときにも話したように、最近のアメリカにおいては、アメリカ・インディアン(ネイティヴ・アメリカンと呼ぶ人が多くなったが)の知恵に学ぼうとする人が増えてきた。

これは今回ナバホ・インディアンの神話を取りあげるについて引用する、ポール・G・ゾルブロッド著、金関寿夫・迫村裕子訳『アメリカ・インディアンの神話 ナバホの創世物語』(大修館書店、一九八九年)の序文に述べられている、一八五〇年頃のアメリカの状況と、まったく事情を異にしている。それによると、アリゾナ地域に住むナバホ・インディアンと三年の年月を共にしたレザーマンは、ナバホ族の宗教について「あらゆる調査結果を総合したところ、宗教らしき宗教は皆無のように思われる」と報告しているとのこと、それに加えて、ナバホ族は「自分の民族の起源や部族の歴史については、彼らは何も知るところがない」と明言している。これは随分とひどいことだ。しかも、この報告書はアメリカ政府の公式報告書なのである。これには「ナバホ族は、勤勉さに欠け……道徳心乏しく、なんら教化されていない」と書かれており、このような判断がずっとアメリカ政府のアメリカ・インディアンに対する公式見解として通っていく。

このような傾向が変化し、むしろ、アメリカ・インディアンのもつ神話などについて注目しようとする態度が強くなってきたのは、ごく最近のことである。これは、欧米中心の近代主義の生き方がだんだんと行きづまってきて、何とかこの閉塞状況を破ろうとするときに、これまで無視してきた文化がもつ知恵を見直すことによって、打開へのヒントを得ようとするためである、と思われる。そして事実、そのなかにはポスト・モダーンの世界に対する多くの示唆を見出すことが可能なのである。

現在、ナバホ族の豊富な神話を読むと、いったいレザーマンは何をしていたのか、と言いたくなるが、われわれ日本人もあまり彼を攻撃できないのではなかろうか。日本にも神話がある。しかし、敗戦後つい最近までは、日本の神話に注目しようとする日本人は非常に少なかった。うっかり神話が大切などと言うと、右翼とまちがわれそうな状態であった。自分の国の神話に対してさえ、このような姿勢になるほど、近代主義の力が強かった、と言うべきだが、ましてそれがアメリカだと、ともかく文明に劣る民族としてアメリカ・インディアンを見ていたので、当然のこととも言えるだろう。

有難いことに、レザーマンの報告から半世紀も経たないうちに、ワシントン・マシューズという軍医が、ナバホの神話の記録を発表した。彼はレザーマンとまったく逆に、ナバホ族は「全部採集しようにもしきれないほど沢山の……長大な神話や伝説を持っている。それらはまさに古代ギリシアのそれに匹敵するほどの、数多くの神々や英雄たちを祭った万神殿《パンテオン》にほかならない……」と述べている。このようにして、マシューズのおかげで、ナバホの神話が報告されたのだが、狭い範囲の専門家以外にはあまり注目されなかったようだ。

マシューズは学問的な資料として、神話の収集を試みたのであるが、ゾルブロッドは、やはり神話としての性格を考え、それを叙事詩として再話をした。このことを成し遂げるために、彼は十二年間も費やして、ナバホの言葉を習い、生活を共にしてこの書物を書いたというのだから、その努力にはほんとうに頭が下がる。ナバホの物語は創世神話として、すべてが面白く、関心があるが、この章では両性具有のところにのみ焦点をおいて論じることにする。

両性具有

ナバホの創世神話を読んで、まず感じるのは、人間世界の出現までにいろいろと手のこんだおはなしが続くということである。一朝一夕にこの世はできたのではないな、ということが実感される。

これを旧約聖書と比べると、その差は歴然としている。もちろん、旧約の神にしても、この世を一挙につくったわけではない。六日間はかかっている。それにしても、凄いことではないだろうか。最初アダムがつくられ、次にイヴがつくられるのだが、ともかく、この世のはじまりから人間が存在している。これに対して、後に述べるように、ナバホの場合は、人間世界の出現までに、相当な日数がかかり、その間にいろいろな事件が生じる。考えてみると、どうもナバホ型の方が現実にあっている感じもする。現在、「地球の歴史」を語る人で、最初から人類が登場してくるという人はないだろう。

ビアス『悪魔の辞典』(西川正身編訳、岩波文庫、一九六四年)をみると、「逮捕する」という項目のところに、次のように書かれていた。

「異常な振舞いありとの理由で、罪に問われた者を正式に留置する。「神、この世を六日間にて作り、七日目に逮捕され給へり」――『非欽定訳聖書』。」

六日でこの世をつくるなど、まったく「異常な振舞い」である。しかし、この神は逮捕されるどころか、他の文化圏でじっくりと腰を落ちつけてこの世をつくった神々よりも優位性を誇ってきたわけである。

ところで、ナバホの創世物語では「昆虫人間」のようなのが出現してきて、これが旅をしたりする物語があるが、それは省略して、この昆虫人が「聖なる人々」の指示に従い、白いトウモロコシと黄色のトウモロコシを鹿皮の上に置く儀式をするところから話をはじめよう。やがて風がそこを通りすぎていくと「白いトウモロコシは、われわれの最も古い男の祖先に変身し、黄色いトウモロコシは、われわれの最も古い女の先祖に変わっていたのだ」、ここに人間がはじめて登場したのだ。「彼らに生命《いのち》を吹きこんだのは風だった」。

この二人は、アルツエ・ハスティインとアルツエ・アスジャッアと言われる。最初の男と最初の女なのだ。二人が夫と妻として共に住み出した四日後に、「最初の女」は双子の赤ちゃんを産む。「しかしその双子は完全な男でも完全な女でもなく、ナバホ族のいうナドレエエ、すなわちビラガアナ語でいう両性《ふたなり》具有者だった」。

それから四日ごとに双子が生まれるが、それらは男の子と女の子だった。つまり最初の男と女との間には全部で五組の双子が生まれ、最初の双子が両性具有で、後の四組はすべて男と女であり、それぞれが夫婦として共に暮らすことになった。ところが、この四組のきょうだい夫婦は近親相姦を恥じて離婚してしまった。そして、「ハダホニエッディネッエ、または今なら「蜃気楼人間」、とでも呼ばれる人々」と結婚した。どうして突然このような「蜃気楼人間」が出てくるかは不明だが、このことは問わないことにしておこう。

ところで、この双子の男女たちはダムや農場などをつくるが、そのダムと農場の管理や警備を両性具有の双子にまかせることにした。

「他に何もすることがなく、ダムを見張っていた両性具有者の双子の一人は、土をこねて物を作ることを始めた。まず皿を作った。それから鉢を作り、ひしゃくを作った。人々はみんな彼の作ったものを見て目を見はった。そしてそれらの道具がどんなに便利か、すぐにさとった。

農場のふもとを見張っていた、双子のもう一人のほうにも、時間がたっぷりあった。とても器用で、やはりなにか役に立つものを作ることができた。彼はヤナギの小枝を編んで、入れ物を作った。みなは、彼の作品にも感心した。というのも、その道具がいかに便利か、すぐに分かったからだった。」

子どもをつくれない両性具有の双子が、他の人たちのために役立つものをつくり出したところが興味深い。彼らはいったい、他の人に比べて劣っているのだろうか、優れているのだろうか。

この後、物語は続くので、その点については後で考えるとして、これまでの物語の流れを振りかえると、最初の男と女とが生まれるまでに、長い経過があるという特徴が見出される。これはどういうことだろう。既に述べたように、実際に人類の歴史を考えてみると、その出現以前に昆虫は存在していたわけだから、昆虫人間というのもわかる気がする。しかし、そのような外的事実としての「進化」の過程を考えるよりは、神話のもつ特徴としての、人間の内的体験との関連で考えてみるとどうなるだろう。

トウモロコシが人間になる。これは何と言っても、人間と自然との結びつきの強さを感じさせる。そして、私が最近思うのは、人間の意識というものは、もちろん動物に通じる側面をもつのみならず、植物の意識などということも考えていいのではないかということである。生きているのだけれど、考えるとか感じるということではなく、ただそこにいるという意識。このことは「植物人間」などという表現があって非常に否定的に用いられるが、私としてはむしろ肯定的に、人間は植物の意識をもって、そこにいるという訓練が必要ではないかと思っている。会議のときにはよくそうなっていると冷やかされそうだが。

ナバホの物語では、トウモロコシが鹿の皮の上にのせられ、白いトウモロコシの下に白ワシの羽、黄色いトウモロコシの下に黄ワシの羽が置かれる。それらの上にもう一枚、鹿皮がかぶせられる。やがて風が二枚の鹿皮の間を通り抜け、ワシの羽がかすかに揺れる。このときに、トウモロコシが人間に変身するのだが、この瞬間というのは禅機のようなものを感じさせる。凡人には至難のことだが、このようなトウモロコシの意識などを体験できると素晴らしいだろうな、と思う。

ところで、最初の夫婦から両性具有の子どもが——しかも双子で——生まれてきたというのは、どういうことだろう。まったく変てこな話だと思う人は、日本神話を思い出していただきたい。『古事記』を見ると、はじめにアメノミナカヌシが生まれるが、その後は略して、神代七代というところを見ると、三代目から、ウヒヂニの神、イモスヒヂニの神、ツノグヒの神、イモイクグヒの神、オホトノヂの神、イモオホトノベの神、オモダルの神、イモアヤカシコネの神、と二神のペアで片方は女性であることを示唆する「イモ」という語がついているが、この次に出てくる、イザナギの神、イザナミの神に至ってはじめて、結婚があり出産ということが出てくるのを見ると、それまでの双子の神は両性具有とは言えないにしても、性別ということが重要でなかったと言えるのではないだろうか。そして、神代七代の最後に現われたイザナギ、イザナミはもちろん、きょうだいの近親婚である。

このように見ていくと、ナバホの神話と日本神話の類似性に気づかされるし、両性具有、あるいは中性の存在の意義が感じられる。

ナバホの神話において、この両性具有の双子が、有用な道具をつくり出しているのは注目に値する。彼らは創造性をもっている。子どもを産むという自然の創造はできないのだが、人間としての創造ができる。ここに両性具有に対する興味深い評価がなされている。

男と女

両性具有に関する興味深い価値づけが見られたが、ここでナバホ神話における男と女の役割、あるいは、その取り扱い方を見てみよう。そのためには、もう少しこの話の続きを読むことが必要である。

最初の女、アルツエ・アスジャッアは、自分の子どもたちが「蜃気楼人間」と結婚したのを喜んだ。近親婚を免れられたからである。しかし、彼らがあまりにもあっさり離婚したので心配になってきた。結婚をもっと続かせるようにしなくてはならない。「男と女の間には、絆というものがあるべきだ。女と男の間にも、絆があるべきだ。そしてその絆は、強いものでなければならない。永続しなければならない」と彼女は考えた。

彼女は「男と女に、死ぬまで互いに引きつけ合う力を持たせればいい」と思った。「そこでトルコ石で、ペニスの形を作った。そうして女の胸から表皮をこすりとり、ユッカの実と混ぜ合わせた。そしてそれをトルコ石のペニスの中に入れた。それをツアジズと名付けた」。「続いて白い貝で、女性のヴァギナを作った。その中に赤い貝でできたクリトリスを置いた。そうして男の胸から表皮をこすりとり、それをユッカの実と混ぜ合わせ、クリトリスの中に入れた。次に薬草を各種の水と混ぜ合わせ、それをヴァギナの中深くに押し込んだ。そうすることによって、妊娠が行なわれるだろう。彼女はそれをシジョオズと名付けた」。

これに続いてペニスとヴァギナが互いに引き合うようにするため、「最初の女」、アルツエ・アスジャッアのした呪術的な行為が詳細に語られる。「これで男と女は、お互いを思いやることを学んだというわけだ。これで自分たちの子供を欲しがるようになるだろう。仕事を公平に分け合うようになるだろう。お互いがしてほしいことを、今まで以上に喜んでしてやるようになるだろう」と「最初の女」は考え、自分の仕事に満足した。

「最初の女」は、男も女もある年齢に達すると、彼女がつくったペニスは男に、ヴァギナは女に与えられるようにしなければならない、と皆に命令した。

それ以後、男と女は結婚して子どもをつくり、「最初の男」、アルツエ・ハスティインを長として、繁栄していった。しかし、大変な問題が起こった。ある日、彼が猟で鹿を射とめ、家にもち帰った。たらふく鹿の肉を食べた彼の妻、アルツエ・アスジャッアは、大きいげっぷをしながら、「ああ、ヴァギナのシジョオズや、どうもありがとう」と礼を言った。これを聞いて夫はかんかんに怒った。礼を言うのなら、鹿を殺しもち帰って料理した自分に言うべきである、と言った。しかし妻のアルツエ・アスジャッアは落ち着いたもので、要するに男は、ヴァギナのシジョオズの魅力のために働いているのだから、「ヴァギナのシジョオズが猟をしているようなものよ」と言う。ここで猛烈な夫婦の争いが生じた。お互いに「男は女なしで生きていけないいだろう」、「女は男なしで生きていけないいだろう」とやり合うのだ。

「最初の男」、アルツエ・ハスティインは、とうとう男が女なしで生きていけることを示すために、全男性を率いて河を渡り、女と別居を敢行する。

ここで注目すべきことは、「最初の男」はすべての男と行動するときに、両性具有の双子ナドレエエを呼び出し、「お前たちは、女でもあり、男でもあるが、女の手を借りずにものを作った」と言って、彼らのつくったもの、つまり一切の道具類をもってこさせ、それらをすべてもっていくことにした。
男女は別居して意地を張って生きるが、どうせうまくいくはずがない。女は川岸に立って裸になり、男たちを誘惑しようとしたりした。この間の経緯も興味深いが省略して、結局は男女は四年間の別居の後に和解して、めでたく同居することになる。

このような話を読んで、性のことがあまりにもあからさまに語られるので驚く人があるかもしれない。『アメリカ・インディアンの神話』の序文によると、マシューズが最初にナバホの神話の報告を書いたとき、セックスに関するあからさまな記述は、彼がすべて勝手に削ってしまったという。これに対して、ゾルブロッドは、これは大まちがいであると言っている。なぜなら、「男女間の性的調和は、ナバホ族の思考の、一つの中枢的問題である。直接的にも間接的にも、それは単に男女間の関係だけではなく、もっと広大な宇宙的な規模において、対になるものすべてに、関わってくるからだ」。

このような男女間の性的調和に関する考えは、日本神話も極めて類似性が高い。日本神話を最初に英訳したチェンバレンが、性的な部分を訳するのに困ったのは周知のことである。マシューズもチェンバレンも、当時のヴィクトリア朝風の倫理観に縛られていて、これらの神話のもつ宇宙論的な意味を理解することができなかったのである。

ナバホの物語で、「最初の女」が念入りにペニスとヴァギナをつくるところがあるが、このことは、それ以前の男女は性的結合や妊娠と関係なく生まれてきたことを示しており、これは日本のイザナギ・イザナミ以前の神の在り様と同等である。そして、性的結合によって、夫と妻が共に住むようになりながら、二人が烈しい争いをするという点は、イザナギ・イザナミの黄泉《よみ》の国での争いと対応している。

最初は、男女はほとんど無関係、次に、近親相姦というよりは、きょうだいという血による結合、次に性的な結合、続いて烈しい分離、そして和解と進む過程に、この世における多くの対の関係の在り方が巧みに語られているのである。そして、日本神話も一見すると大分異なるようだが、本質的なところで、ナバホ神話との高い類似性を示している。

男女の関係というものは、極めて高い象徴性をもち、背後に宇宙論へのつながりをもつことがわかると、ナバホの神話がよくわかるし、人間がいつまでたっても、男女のことや性のことに関心をもち続ける事実も、よく了解されるのである。

両性具有の美

神話に語られる男と女は、現実に生きている個人としての男と女に関係する点は少なく、むしろ、人間の心の内部の宇宙観、世界観と関係してくる。人間はものごとを考えるとき、ともかく二分して考えてみることが多い。その象徴的表現として、男と女が用いられる。区別して考えられた異質のものが結合して、そこから新しいものが生まれる、ということは素晴らしいことである。そんな意味で男女の性的結合も高い象徴的意味をもつ。

しかし、結合したものがひとつになってそのままであると、また未分化な全体への逆行ということもある。そこで、新たな分離、再結合ということもテーマとなってくる。そのようなわけで、ナバホの神話においては、男女の関係が重要な意義をもち、そこにいろいろ微妙な関係の在り方が語られる。このことは、既に少し示したように、日本の神話においても同様である。

ナバホの物語全体について、ゾルブロッドが「この物語の中心的主題は、ちょっと他の言語には翻訳しにくい言葉で、ホズク(Hozhg)という。英語ならbeauty(美)、balance(均衡)、harmony(調和)、これら三つの言葉を組み合わせて、どうやらやっとその真意に、ある程度近づけるような観念だと言える」と述べているのは、実に卓見であると言わねばならない。そして、このことはこのまま日本神話に当てはめてもいいとさえ思われる。

このようなことを語るために、既に述べたように「物語を通じて起こるすべての事柄は、直接的にも間接的にも、男と女との間の、まことに微妙なバランスに関わっている」。そして、そのなかに両性具有の話が出てくるのである。

ナバホの物語では、両性具有のナドレエエは、人間の使用する道具類をすべてつくり出している。つまり、創造性が非常に高いわけである。しかし、彼らは子どもをつくることはできない。男と女とを兼ねそなえていると見れば価値があるが、男でも女でもないと考えると一挙に価値が下がる。このような存在を神話のなかに入れこみ、それ相応の価値づけをしているのだから、ナバホ族というのは大したものである。

日本神話の場合、神代七代のうちの三代ほどのペアは、ある程度の男女の区別がある、と述べた。しかし、これらはむしろ多分に中性であって両性具有的ではない。日本神話のなかで、両性具有的な姿を探すならば、アマテラスではないか、と私は考えている。

アマテラスの弟スサノヲが高天原にやって来たとき、アマテラスはスサノヲが自分の国を奪おうと思っているに違いないと誤解して、武装して待つ。そのときの有様は実に勇ましい。「背《そびら》には千《ち》入《のり》の靫《ゆぎ》を負ひ、平には五《い》百《ほ》入《のり》の靫を附け、また臂《ただむき》には稜威《いつ》の高鞆《たかとも》を取り佩ばして、弓《ゆ》腹《はら》振り立てて、堅庭《かたには》は向股《むかもも》に蹈みなづみ、沫雪《あわゆき》なす蹶《く》ゑ散《はら》らかして、稜威の男建《をたけび》、蹈み建《たけ》びて、待ち問ひたまひしく」という姿である。武装して大地を蹴散らして、勢いよく叫び声をあげているのだから、まったく男性と同様である。

日本神話においても、男と女の微妙な関係が極めて重要で、アマテラスとスサノヲは、その中心をなすものである。そんなわけで、両者はほぼ同じ重みをもった対極として扱われているが、アマテラスを天皇族の祖先とし、天皇主権の考えに重点をおくと、アマテラスを神々の中心として見る見方になってくる。そうなると、どうしても両性具有的な様相が生じてきたのではないか、と推量される。

ところで、ナバホ神話の中心的主題の「ホズク」というのは、美、均衡、調和を組み合わせたもののことだが、日本の場合と非常によく似ており、日本においてはそれが美の方に重点をおく形で日常生活のなかに入りこんできたように思われる。善悪という判断よりも美的判断が大切で、それが倫理の場合にまで優勢になってくる。したがって、神話には両性具有者は登場しなかったが、後世になると、両性具有的な美が日本文化のなかで重要な位置を占めるようになった。

白洲正子『両性具有の美』(新潮社、一九九七年)は、そのような日本の美的感覚を、豊富な資料を駆使して語っている。

『源氏物語』に、男の美しさを表現する言葉として「女にて見ばや」というのがあるのは、よく引合いに出される。そして、これを、男を女のように思って見ると、というように解釈するか、あるいは、見ている方も男なので、その見ている男が女のような気持になって見ると、というように解釈するか、解釈の分かれるところである。これに対する白洲正子の答が実に面白い。「どちらにしても男女の間がらがあいまいなことに変りはなく、しじゅうあっちへ行ったりこっちへ来たりして、目を肥やしていたに相違ない」というのである。どちらの解釈が正しいかなどというのではなく、当時の人間が男も女も「しじゅうあっちへ行ったりこっちへ来たりして」、つまり、男になったり、女になったりして、この世ならぬ美を楽しむことをしていた、と考える。まさに見る方も見られる方も両性具有なのである。

両性具有は同性愛に接近している。キリスト教文化圏においては、長い間、同性愛は罪だったので、両性具有のテーマが現われにくかったのではなかろうか。ユング派の分析家グーゲンビュール氏は、同性愛とまちがわれる危険性があるので、最近までは同性間の友情について語るのも難しかったと語ったことがある。

南方熊楠は、両性具有の美に関心をもっていたが、西洋とのつき合いがあったためか、同性愛のことを多分に意識している。白洲正子の前掲書によると、岩田準一に宛てた手紙に、「浄愛(男道)と不浄愛(男色)とは別のものに御座候」と書いているそうである。ところが面白いのは、その後で熊楠一流の古今東西の知識を開陳しているうちに、「どれが浄愛か不浄愛か判然としなくなる」とのことである。しかし、考えてみると、これこそが両性具有の美の特徴ではないだろうか。あくまでも判然としない中間帯に、極めて微妙な美の様相が浮かびあがるのであり、それを画一的な規範によって把握できないのである。

再びナバホに帰ると、ゾルブロッドは、「物語全体は、現実的で世俗的なものと、神秘的で宇宙的なものを結合した領域——つまり私たち〔アメリカ人〕が知る西洋文学の中では、どこを捜してもそれと同じようなやり方で霊と人間とが相互に作用し合ったりすることがないような領域において、起こるのである」と言う。これまた日本の物語に通用するところで、日本文化とナバホのそれとの類似性に驚くが、そのひとつの鍵として両性具有ということがあるように思った。

かちかち山

婆汁の話

日本の昔話のなかで、「かちかち山」(勝々山とも書く)は非常にひろく知られている話である。日本人で知らない人はないほどであろう。

爺さんと婆さんが住んでいる。いたずら狸を爺さんがつかまえる。晩には狸汁にして食べようと婆さんに言って、爺さんは出かける。その間に狸は婆さんをだまして、婆さんを殺し、婆汁をつくり、自分は婆さんに化けて、帰ってきた爺さんに婆汁を食べさせ、逃げ出していく。嘆き悲しんでいる爺さんを見て、兎が同情し、狸をだましてさんざんにこらしめる。このときに「かちかち山」という名が出てくる。結局、狸は兎にだまされて土の舟に乗って水に沈み、死んでしまう。

ごくごく粗筋を紹介すると、このような話を「かちかち山」の話として記憶されている人が多いことだろう。そして、兎が狸をだまして、背中の薪に火をつけるとき、火打石の音を狸が何かと怪しむのを、「ここはかちかち山だ」と兎が言い逃れるところを、話のハイライトとして、よく記憶しておられることだろう。次に薪が燃えだしたときは、ここは「ぼうぼう山だ」と兎が言う。まったくナンセンスと言えばそのとおりだが、子ども心に

「かちかち山」とか「ぼうぼう山」とかの言い逃れが、けっこう面白く感じられたものである。どこか、子どもの心を捉えるところがあり、それでこそ、日本国中でよく語られている、と思われる。

ところで、「昔話」として伝承されている話を採集してみると、少し様子が異なることがわかる。たとえば、関敬吾編『こぶとり爺さん・かちかち山 日本の昔ばなしⅠ』(岩波文庫)には「かちかち山」として二つの話が収められている。そのひとつは、爺さんが婆汁を食わされたのを知って泣いているところに兎がやってきて、「おれが仇を討ってやるから」と爺さんを元気づけてやった、というので話が終っている。つまり、兎が狸に報復して、「かちかち山」と言うところがないのである。これでは、「かちかち山」というのもおかしいのではないかとさえ思われる。

関敬吾編著『日本昔話大成1』(角川書店、一九七九年)を見ると、こちらは全国で採集された「かちかち山」の類話が沢山所収されている。それを見ると実に多くの話が、兎がやってきて元気づけるどころか、爺さんが狸にだまされて婆汁を食ったところで話が終りになっているのが、多くあることがわかる。現代の感覚からすると、何だこれはと言いたくなる。要するに悪い狸が悪いことのしっ放しで、その後何も罰せられることがないのだ。

岩波文庫に掲載されているもうひとつの話を見ると、確かに「かちり山(=かちかち山)」、「ぼうぼう山」という言葉は出てくる。しかし、これは兎と熊とのおはなしで、われわれの知っている「かちかち山」の狸と兎の話によく似ているが、この話では熊は別に悪いことをしたわけでもなく、ただ、さんざん兎にいたずらをされるだけ、兎は悪者の熊をこらしめるためにしているのではない。

この独立した二つの話をひとつにし、狸と熊とを同一として結びつけると、兎は俄然正義の味方になり、全体として勧善懲悪の「かちかち山」、つまりわれわれの知っている話になる。そして『日本昔話大成1』を見ると、このタイプの類話も、日本中では相当多く語られていることがわかる。

詳しく論じはじめると、もう少し細かい分類も可能になってくるが、その点については省略する。ここで私の考えた仮説は、おそらく、もともとの昔話は、岩波文庫に代表作として載せられている二つの話のように、どちらも、狸や兎の悪者、あるいは、いたずら者ぶりを語ってきかせることに主眼を置いた独立の話であったのではないか、そして後代になって、それら二つを結びつけた話ができあがったのではないか、ということである。勧善懲悪という考えは後になって出てきたのであり、最初はそんなことはなくともよかったのではなかろうか。

そう思って話を読んでみると、たとえば最初の話で、爺さんが畑を打っていると、悪い狸がでてきて、

爺なの右鍬こあ、でんぐりぽ
爺なの左鍬こあ、でんぐりぽ

とからかうところがある。爺さんは怒るが狸は逃げてしまう。次の日、休み石にとりもちを爺さんが塗りつけておいたので、狸はそこに腰かけて逃げられなくなる。爺さんは大喜びで、

狸の尻べた、根が生えた
晩げにゃ、狸汁でもとなしだ

と言って狸をつかまえて帰る。

というようなわけで、ここには言葉のやりとりの面白さがある。後は省略するが、狸と婆さんとの間にもやりとりがあるし、爺さんが婆汁を食べたときの狸のはやしたてる言葉もある。

つまり、婆さんを殺してけしからんとか、婆汁とは何事か、などというのではなく、人間と狸のだましたりだまされたり、はやしたてたり、たてられたり、などのやりとりを楽しむところに、話の焦点があるのがわかる。

兎のイメージ

兎は世界中のおはなしに登場する。神話・伝説・昔話、それに児童文学の作品にも兎は主人公として登場する。日本神話のなかの「因幡の白兎」、『不思議の国のアリス』に出てくる兎、あるいは、月には兎が住んでいて、餅つきをしているという伝説、などは「おはなし」にあまり関心のない人でも知っているのではなかろうか。

一般に、兎というと「優しい」というイメージをもつのではなかろうか。西洋のおはなしでも、兎はよく狐と対になって出てきて、狐がずるくて残忍なのに対して、兎は弱く優しい役割をもつことが多い。しかし、いろいろとおはなしを調べていると、あんがい兎は優しいとばかり言っておれないことがわかる。「かちかち山」の兎にしても、お爺さんのために仇を討つということがあるにしろ、やることは、なかなかひどいのではないだろうか。徹底的にだまし抜く上に、することも残酷と言えば残酷である。しかも、既に述べたように、それをお爺さんのための仇討ちということがなく、熊にいたずらをする、だけとなると、ますます「兎は優しい」などと言っておれなくなる。兎は相反するイメージを提供する。

動物生態学を研究する私の兄の雅雄が、大学の卒業論文のための研究として、実家の裏庭に兎を放し飼いにして観察していたことがある。そのときに驚いたのは、兎のテリトリーの争いでボスが戦うときの凄まじさである。猛然と嚙みつき合って、相手の息の根を止めようとする。瀕死の重傷を負うこともある。これを見ていて、われわれ兄弟は、兎の今まで知らなかった反面を見たように思った。ついでのことだが、月夜に兎が餅つきをする、ということについて。兎は危険な状況、たとえば犬が近づいてくると後足で土をきつく蹴って「パン」という音を立てる習性がある。月夜になると、自分の影に驚くのか、この警戒音が「パン、パン」と続き、餅をついているような感じなのである。

兎を月と結びつける考えは、日本のみならず東洋、中近東にまでひろがる広範囲にわたっている。おそらく、兎の多産ということから豊穣性につながり、女性の象徴としての月と結びついたのではないかと思われる。この考えはイースターのときの「兎と卵」の俗信にまでつながるものであろう。

日本の伝説では、兎と猿と狐とが仲間として仲良く暮らしているところに、神さまが身をやつして現われる。気の毒に思って何かをあげようというとき、兎は何もあげるものがない。そこで火のなかに身を投げ、自分の肉を食べてほしいと言う。神様はその優しい心根に感心して、兎を月に住まわせることにしたという。これは、兎と月の結びつきを語り、兎の途方もない優しさを語りながら、その裏に秘めた激しさをも伝えてくれる。

兎の象徴性については思い出がある。一九六二年にスイスに留学したときに、箱庭療法の創始者、ドラ・カルフさんに会った。その方法を私が日本に紹介し、今では一般にも相当知られるようになった。箱庭にはもちろん兎が登場する。兎の象徴性について話し合っているとき、カルフさんが日本の「因幡の白兎」の話を知っているので驚いてしまった。感心していると、カルフさんが一九五七年に書いたという、兎の象徴性について論じた論文の抜刷を下さった。読んでみると、中国や日本のことをよく調べてあるので感心してしまった。その結論のみを言うと、ヨーロッパでは狐と兎をまったく対立的に考えているが、両者は微妙にからまり合って、ほとんど似たような特性をもっている。兎がずる賢く、残忍だったりする、ということが明らかにされている。次に論じるような、兎のトリックスター性が見事に描かれている。当時は、私はこのような象徴の世界に触れはじめた頃だったので、非常に新しいものに心が開かれていく思いで、カルフさんの論文を読んだのを今もよく覚えている。

兎については日本にこんな話がある（「亀にまけた兎」、関敬吾編『一寸法師・さるかに合戦・浦島太郎 日本の昔ばなしⅢ』岩波文庫、一九五七年所収。新潟県南蒲原郡の話）。

かけっこで亀に負けた兎が兎村から追い出されてしまう。その頃、山の狼から使いが来て、「子兎を三匹献上しれ」と言ってくる。困っていると、追い出された兎がやってきて、自分が何とかすると兎村によせてくれるかと言う。もちろんだと答えると、この兎は狼のところに行き、あなたの顔があんまり怖いので誰も来るものがない。子兎を連れてこられないので、崖の上で後ろを向いて座っていて欲しいと言う。狼が言われたとおりにしたところで、「兎はここぞとばかりせいぎり一ぱいの力で、狼さまの背中をふんけったので、さすがの狼さまもでんぐりなって、谷底へ落ちてしまった」。このようにして、亀に負けた兎はもとの仲間のところに帰ることができた。

この話など、兎が狐のやるようなことをしている。狼をだましてやっつけているのだ。カルフさんの言うとおりである。

トリックスター

「亀にまけた兎」の話に出てくる兎は、典型的なトリックスターである。トリックスターというのは、神話・伝説・昔話、世界中のおはなしのなかで大活躍をしている。そして実は、現代社会のなかでもある程度は活躍している。強いて訳すと「いたずら者」になるかと思うが、その意味するところは、それよりもはるかに広い。ここにあげた例でも、この兎は村にふりかかった大難を解決したのだから、この村の「英雄」と言っていいだろう。

つまり、「トリックスター」は「英雄」に近い存在になる。

ところが、「かちかち山」の前半の狸はどうだろう。これも「トリックスター」の一種である。お爺さんを冷やかしたりするところもあるが、何よりもお婆さんをだましこんで縄をとかせるところは、トリックスターの本領である。そして、婆汁を狸汁といつわってお爺さんに飲ませるところまでいくと、まさに「悪漢」とでも言うべき姿になる。「トリックスター」は、実のところ「悪漢」から「英雄」まで、その場合によっていろいろなヴァラエティのあるところが、その特徴なのである。

そんな「悪漢」の話がどうしてそれほど好まれるかと言うと、トリックスターのもたらす「笑い」の役割が大きいのではないかと思われる。要約のみを示したが、これでは駄目で、「かちかち山」の話には、狸がはやしてたり、逆にはやしたてられたりで、そのいたずらが笑いを引き出す。そして、笑いと共にそれは破壊性をもち、既成の秩序を壊してしまう。「かちかち山」のはじめの話だと、人間の知恵が一番高いと信じている人に対して、人間は時に狸より愚かであると示す、あるいは、後の話であれば、兎より熊の方が強いという固定観念が破られる。

古い秩序が壊されて、そこに新しい秩序がもたらされると、トリックスターは英雄になるし、ただの破壊に終ったり、破壊になる途中で罰せられたりすると、それは単なるいたずら者になるか、悪者の烙印を押されることになる。実に功罪の差は紙一重というところで、変幻自在に自由に行動しているところが、トリックスターの特徴である。

ユング研究所に留学中、トリックスターということを学び、これは面白いと思った。日本の神話について論文を書いたが、スサノヲがトリックスターであるとの認識に達して、それをひとつの大切な柱とした。一九六五年に日本に帰国したが、当時は神話のことを言うと右翼とまちがわれるほどの状況だったし、まして、スサノヲ、トリックスター説など言ってもはじまらないと思い黙っていた。ところが、山口昌男『アフリカの神話的世界』(岩波新書)が一九七一年に発行され、それを読むと、全篇を通じてと言っていいほどに、トリックスターが大活躍。そして、日本の神話ではスサノヲがトリックスター役を演じることが的確に示されている。その分析の見事さといい、大いに感嘆したものである。

山口昌男も指摘していたと思うが、日本では、ヤマトタケルや義経など「英雄」視される人物は、多分にトリックスター性をもっていて、西洋におけるような、れっきとした英雄があまりいない。これはどうしてだろう。これは、おそらく一神教の文化とその他の文化の差によるのではないか、と思われる。一神教の文化では何が善であるかを一義的に決定しやすい。そのために、悪を打ち破り「善」を遂行する偉大な英雄像が、はっきりと描きやすいのではないか、と思われる。これに対して、一神教でない文化では、善悪の判断の相対化があり、秩序といってもそれほど固いものではなく、あちこちで、破壊し再構築が行われるが、それが一筋道で「善」に向かうという図式をもたないので、トリックスターが大活躍するのではなかろうか。

どうも話が大きくなりすぎたようだが、こんなことを背景にして、トリックスターのおはなしである「かちかち山」が、日本人に好まれるのではないか、と思われるのである。したがって、勧善懲悪を含まない、トリックスター物語としての「かちかち山」(岩波文庫に所収されている話)がひろく日本中に分布しているのもうなずけるのである。

残酷性

トリックスターも結構だが、「かちかち山」の話は残酷すぎて嫌だと言う人がある。爺さんが狸をつかまえるや否や、狸汁にすることにして、手足をくくって天井からぶらさげる。それはまだいいとしても、婆汁を爺さんに食べさせるのはあんまりだ。しかし、昔話の残酷さについては既に述べた(一八九頁)のでここでは省略する。兎の狸に対する仇討も残酷すぎると言う人がある。しかも、すべてがだまし討ちである。「かちかち山」も「ぼうぼう山」もひどい話である。それに、火傷で苦しんでいる狸(あるいは熊)に対して、「たで」を塗りつけるようにと言って苦しめるのだから相当なものである。

人間に内在する、このような残酷さは根源的なものと言っていいのかも知れない。現代においても、あちこちの内戦において、善悪の判断がまっぷたつに分かれると、「悪」を懲らしめるという名目において残虐なことが行われる。これは一度歯止めを失うと止まるところがない。そうして、どの国がとか、どの文化が、などということは言えない。

それだったら、ますますこんな話をしない方がいいのではないか、子どものときに「かちかち山」の話を聞かせると、子どもが大きくなってから残酷なことをするようになるのではないか、と考える人があるが、私はそう思っていない。このような話を通じて、自分の心のなかの残虐性についてもある程度自覚しておく方がいい、と考える。多くの場合、もっとも危険な人は、自分を徹頭徹尾「善」であると信じこんでいたり、一度も自分の残虐性などに思い至ったことのない人である。昔話は、人間の心の本質にかかわることを、拡大して知らせてくれ、それを語ったり聞いたりすることで、実感しながら感じとるようにできている。

ついでのことに昔話の残酷さについてもう一言。おはなし(あるいは夢)のなかの「死」は必ずしも、肉体的な死を意味しているとは限らない。死は再生につながることがある。そして、輪廻転生を信じていた人にとっては、肉体的な死も決して「終り」を意味せず、次の生につながることを確信していただろう。そんな考えに立つと、婆さんが殺され、その婆汁を爺さんが食べることも、それほど残酷な話ではなくなってくる。事実、老夫婦が互いに相手を「食いもの」にしたり、自分の肥しにしたりして生きているのもあるし、取り込んだり、取り込まれたりもしている。死んだ婆さんは何になって再生するのか、などと考えると、また面白くなってくる。深読みをしはじめると切りがない。

そのどれが「正しい」などということはない。いろいろと思いをめぐらして、それが自分にとってどれほど面白かったか、つまり、どれほどの可能性をかきたててくれたかを楽しむことが大切だ。

死について述べたが、「傷つける」ことについても同様のことが言える。現代人は刃物はあまり使わないにしても、互いに傷つけ合って生きている。そして、有難いことに、そのような傷を通じて、人間はより深い世界に入ってゆける。痛みを通じてしか認識できないことは、この世に沢山ある。と言って、別に他人を傷つけることを奨励するわけでもないが。

身体性

「かちかち山」の話は下品すぎる、と言う人がある(現代版は大分お上品になっているが)。類話を見ると、それがよくわかる。たとえば、岩波文庫所収のものを見ても、爺さんが婆汁をひと口食べて変な味がする、と首をかしげると、「狸が煮られるとき、苦しっ屁たれたので、その味だよ」と狸婆がそ知らぬ顔をして言う。こんな話を子どもにしてやると大喜びすること受けあいだが、「苦しっ屁とは何と下品な」と顔をしかめる大人はいることだろう。

『日本昔話大成1』に所収されている類話を見ると、この類の話がいろいろとある。兎が熊をいたぶる話のなかで(青森県三戸郡の話)、兎が熊に尻に漆を貼っておくと、ものを食べなくてすむと教えるところがある。熊はそのうちに腹が張って苦しくなってくる。「竹を切った杭さ尻をどっと刺したら穴が開いて、たくさん糞が出て、ようよう腹のあんばいがよくなった」。

これも、自分だけはトイレと無縁で生きているような顔で生きている、お上品な人を脅かす話である。どうして、こうも昔話は下品なのだろう。これらは仇討の話ではなく、ただ兎がこのようにして熊をいじめているのを語る話なのだから、このような面白さが話の眼目になっていたと見るべきだろう。そして最後のところで、さすがの兎も取りおさえられ、親が出刃庖丁を取りに行く間、子どもたちが兎を取りおさえている。そこで、兎は「童ども、お前のおっかあの頭はどのぐらいあるね」と訊く。子どもたちが両手で「このくらい」とやっているうちに兎は逃げ出す。そこへ親が帰ってきて、兎をめがけて庖丁を投げつけ、兎の尻尾にあたって尾が切れた。「そのときから、兎の尾がなくなったということである。どっとはらい」。

とやっと終りになるが、これを他の類話で見ると、「おっかあの頭」の大きさを訊くところでは「おやじのきんたま」の大きさを訊く話がある。またもや下品な話である。

これらを「下品」と感じるのは、近代以後の人間である。それ以前は、性にしろ大便や小便などの生理現象にしろ、それほど忌避すべきことではなかった。人間は「身体性」をもって生きていると考えるのは近代以後で、日本においては、もっと心身一如的感覚が強かった。心と体はそれほど分離できないし、人間の「生きる」ことのなかに身体を除外することなど考えられなかった。

現代人は頭でっかちになりすぎている。身体と切れている。日本人は昔から清潔好きであった。しかし、その清らかさは心身共にいれこんでのことであった。ところが、西洋の文化が入ってくると、その清潔の概念に科学の知識が加わってきて、身体と切れてしまった清潔さが追求されるようになった。確かに世界中で、日本ほど何もかも綺麗なところはないかも知れない。

その結果、現代の日本人は、アトピー、花粉症、喘息などに悩まされていると考えられないだろうか。もちろん、ここに厳密な意味での因果関係を立証することは、なかなか困難であろう。しかし、そこに何らかの関連性を認めることは、医学界においても承認されつつある。われわれは自分の身体に対する態度を考え直す必要がある。

「かちかち山」では、狸(熊)が火傷し、その上に、たでまで塗って苦しむところがある。因幡の白兎の昔話では、兎はわにに皮をむかれて苦しみ、オオクニヌシはその治療法を教えている。皮膚は人間の体と外界との境界にあり、非常に微妙な役割をもっている。そう思ってみると、洋の東西を問わず、おはなしのなかに、皮膚病のことがよく登場することがわかる。皮膚の病気の辛いところは、それが自分の外見に影響を与えるところにある。内と外との間にあって、内の在り方に無関係に、それは外の形をつくる。

これらのことは、現在多くの人を悩ませているアトピー性皮膚炎とつながってくる。と言っても、その個々の人の問題ではなく、われわれが生きている現在の社会、文化の問題なのである。われわれは、子どものときから、あまりにも一方的な「清潔」、「上品」のなかに生きることについて反省する必要がありそうだ。具体的にどうするかは難しいことだが、そのひとつとして、ここにあげたような昔話を子どもに語って聞かせるのもいいのではなかろうか。

昔話のいいところは、語る人と聞く人、そこに生きた人間関係が存在していることである。「トリックスター」の大活躍によって、現代人の身体性が活性化されてくる「かちかち山」などは、道徳教育の副読本に使ってもいいくらいのものである。上品な校長先生が「おやじのきんたまの大きさは」などと朗読されると、効果があがることであろう。

恐いものなしのジョヴァンニン

恐いものなしの話

イタロ・カルヴィーノ編『イタリア民話集』(前掲)の一番はじめの話が、「恐いものなしのジョヴァンニン」である。これを最初に取りあげた理由として、カルヴィーノは、イタリア各地に伝わる沢山のテキストにほぼ共通にこの話が見られること、および、「これが最も素朴な民話の一つであり、同時に私にとって最も美しいものの一つだからである」と述べている。

それでは、これはどんな話なのだろう。簡単に要約を紹介しよう。

「昔あるところに、恐いものが何もないので、恐いものなしのジョヴァンニンと呼ばれる若者がいた」。旅の途中で、ある屋敷に泊まると、誰でも恐くて死んでしまい、生きて出てきた者は一人も居ないということを聞き、そこに泊まる。彼は「ランプと、酒の壜《びん》と、ソーセージを一本ぶらさげて、乗りこんでいった」。

真夜中に食事をしていると暖炉の煙出しから、「落とそうか?」と声が聞こえた。すかさず「落としてみろ!」とジョヴァンニンが言うと、人間の片脚が落ちてき、ジョヴァンニンはワインをぐいと飲みほす。するとまた声がして、同じようにして別の脚が落ちてきた。ジョヴァンニンは落ち着いてソーセージを食べる。

「落とそうか?」

「落としてみろ!」 片腕が落ちてきた。ジョヴァンニンは口笛を吹きはじめた。

「落とそうか?」

「落としてみろ!」 別の腕が落ちてきた。

「落とそうか?」

「落としてみろ!」

胴体が落ちてきて、両脚と両腕がくっつき、首のない立ちあがった男の形になった。

「落とそうか?」

「落としてみろ!」

首が落ちてきて、胴体の上にはずんだ。そして大男の姿になった。ジョヴァンニンはグラスをかざして言った。

「乾杯!」


大男はジョヴァンニンにランプをもってついて来いと言うが、ジョヴァンニンは大男に先に行けと言う。屋敷のなかの部屋から部屋を抜け、小さな螺旋階段を降りて地下に行く。この間も大男がジョヴァンニンに何かしろと命令すると、ジョヴァンニンはいつも、「おまえこそ先にしろ」と言ってやらせる。地下に行くと、床にある石の蓋を指差して、大男がもちあげろとジョヴァンニンに言うが、これも大男にやらせる。そうすると金貨の詰った大鍋が三個出てくる。結局はそれを大男が一つずつ上に運ぶ。

暖炉の部屋へふたりで戻ってきたときに、大男は「ジョヴァンニン、魔法は解けた！」と言う。すると、大男の片脚が離れて暖炉のなかへ吸いこまれていく。「三個の大鍋のうち、一つは、おまえにやる」と言うと、大男の片腕が離れて暖炉のなかに消えていく。もう一つの鍋は、ジョヴァンニンが死んだと思って死体を引き取りにやって来る信心会の人たちに、残る一つは最初に通りかかった貧乏人にやるようにと言うたびに、残りの腕や脚も消え、「この屋敷もおまえにやる」で胴体が離れ、「屋敷の持主の血筋はもう絶えてしまった」という言葉と共に、最後に残っていた首も暖炉のなかに消えていった。

夜明けと共に「憐れみたまえ、憐れみたまえ」という祈りの声と共に、信心会の人がジョヴァンニンの亡骸を引き取りに、柩をかついでやってくる。しかし、ジョヴァンニンは窓辺でパイプをくゆらせていた。恐いものなしのジョヴァンニンは、大鍋の金貨で大金持になり、その屋敷で暮らすことになるが、結末は、お楽しみに少し置いておこう。

これを読まれた読者の反応はどんなものであっただろう。単純に面白い話と思われただろうか。あるいは、カルヴィーノのように「最も美しいものの一つ」と感じられただろうか。読者が、数年前に神戸で起こった恐ろしい事件のことを思い出しながら読まれたなら、「何と恐ろしい話」と思ったり、こんな話を子どもたちにしていいのだろうか、と思ったりされたことと思う。実のところ、今回この話を取りあげた理由のひとつとして、神戸の事件のことを私が考えていた、ということもある。

カルヴィーノが、この話とは「著しく異なった物語の枠組みを追っている」と指摘しているが、グリムには「こわがることをおぼえるために旅にでかけた男の話」(『完訳 グリム童話集1』金田鬼一訳、岩波文庫、一九七九年所収)というのがある。ある父親のところに二人の息子がいて、長男は利口だが次男は頭がよくない。この次男が

「こわがる」ということを知らない。というよりは、人々が話をしていて、恐ろしいときに「ぞうっとする」と言うがその「ぞうっとする」とはどんなことかわからないのである。父親は呆れ果てるが、本人は一生懸命で、何とか「ぞうっとする」ことを学びたいと思って旅に出る。やはり、恐ろしい屋敷で悠々と化物たちを相手にしてやっつけ、そのために、王女と結婚して王様になる。この話も、いろいろと恐ろしいことが起こるのに、男がまったく意に介さず応答するところに面白さがある。この話の場合も、人間の体の半分が落ちてくる。そのうち後の半分も落ちてきて一緒になると生き返ったりもする。

ところで、この男はどのようにして「ぞうっとする」ことを知ったのだろう。こちらは話の結末を書いておこう。彼は王女と結婚して王様となり、幸福に暮らすが、相変らず、「ぞうっとしてみたいものだなあ」と繰り返している。これには王妃も嫌気がさしてくるが、彼女の腰元が何とか問題を解決しようという。そして、王様が寝ているときに、雑魚《ざこ》がうじゃうじゃ入っている水を桶一杯ぶっかけると、王様は目を覚まし、「ぞうっとする！」と言って大喜びをする。これが話の結末である。

恐いおはなし

「恐いものなしのジョヴァンニン」を彼の編集するイタリア民話集の最初においたイタロ・カルヴィーノは、この民話について「超自然的な存在に対して示す毅然たる態度」という点が特徴的であると述べている。確かにジョヴァンニンは毅然としている。人間の身体がバラバラになって落ちてくる。

「落とそうか？」と変な声が聞こえる。

「落としてみろ!」とジョヴァンニンは平然としている。バラバラの身体が大男になっても彼はびくともせずに、対等に渡り合う。

こんなのを見ると、「恐いものなし」の素晴らしさがよくわかる。超自然的な存在でないにしても、たとえば総会屋などというのが脅しをかけに来たとき、会社の役員がジョヴァンニンだったらどうだろう。

「会社を潰そうか?」

「潰してみろ!」

などと平然とやりとりをすると、総会屋も退散するのではなかろうか。近頃はこのように毅然とした人が少なくなったような気がする。そんな点でも、カルヴィーノはこの話を第一にあげたかったのかも知れない。

ところで、この話をたとえば神戸であった殺人事件などを思い出しながら読んでいた人は、まったく逆に、こんなに恐がらずにいていいのだろうか、と思ったのではなかろうか。人を殺したり、首を切ったりすることを、何も恐がらずにいるのなど、思うだけで「ぞうっとする」。つまり、何も恐がらない、などというのは、むしろ非常に困ったことではないだろうか。

昔話のいいところは、このような疑問に対しても、すぐに答えてくれるものが必ずあることである。グリムの昔話に、「トゥルーデおばさん」(『完訳 グリム童話集2』前掲)というのがある。

これも私の好きな話であるが、ある意味で「恐いものなしのジョヴァンニン」の対をなしている。

主人公の少女は、「わがままで、こなまいきで、両親がなにか言っても、「はい」と言ったためしがありません」という子である。ある日のこと、この子が親にむかって、「あたし、トゥルーデおばさんのうわさをいろいろ聞いててね、ちょいとおばさんとこへ行ってみるつもりなの。他人《ひと》の話ではね、おばさんとこは、そりゃあ奇妙なんですって。うちのなかにね、そりゃあ珍らしい物があるってえ話だわ。だから、あたし行ってみたくってしようがなくなったのよ」と言う。親はとんでもないことだと厳しくとめるが、女の子は平気で行ってしまう。彼女がトゥルーデおばさんに会ったとき、青い顔をしているので、トゥルーデおばさんはどうしてかと訊く。

「さっき見たものが、こわくって、こわくって」
「なにを見たのだえ」
「おばさんとこのはしご段で、まっ黒な男を見たのよ」
「そりゃあ、炭やきだよ」
「それからね、まっさおな男を見たのよ」
「そりゃあ、かりゅうどだよ」
「そのつぎにはね、あたし、血みたいに真紅《まっか》な男を見たのよ」
「そりゃあ、けものをつぶす人だよ」
「いやだわ、いやだわ、トゥルーデおばさんたら、あたし、ぞうっとしたことよ、窓から見たらね、おばさんは見えないで、あたまに火の燃えてる鬼がほんとうに見えたのよ」

ここまで聞くと、トゥルーデおばさんは、「魔女がほんとうのお化粧《つくり》をしているところ」をお前が見たのだと言うなり、女の子を丸たん棒に変え、火のなかへ投げこんでしまった。丸たん棒が燃えあがると、トゥルーデおばさんはその傍に坐って、「どうだい、おっそろしくあかるいじゃないか」と言う。

これで話はおしまい。なかなか迫力のある話である。この少女は最後のあたりでは恐ろしくなっている。しかし、そんなところに最初から行くべきではないのだ。親は必死でとめているのに、「あたし行ってみたくってしようがなくなったのよ」などと偉そうなことを言う。そして、気がついたときはもう遅い。魔女によって一瞬のうちに命を奪われてしまう。魔女が出てきたりして、こんなのはおはなしだと思うことはない。親の制止も聞かず、好奇心で行動して、命を失ったり、失いかけた女性は、現実に居るはずである。後になって恐がる前に、恐いものを恐がることが必要だ。人間の心に自然に生じてくる恐怖が、その人の行動をコントロールしてくれる。

それにしても、知らないうちにこのような恐ろしい目にあいかけたらどうすればいいのか。それについては、「トゥルーデおばさん」のすぐ前にある、グリムの「名づけ親さん」が参考になる。ある男が名づけ親を訪ねていくと、実はそれは悪魔のたぐいであった。話の途中は省略するが、男は名づけ親が長い角を二本はやしている姿を鍵穴から見てしまう。そのことを言うと、「なにを言うか！　とんでもないこった」と名づけ親が怒る。その途端に、男は一目散に逃げ出した。「逃げださずにいようもんなら、名づけ親さんは、この男をどんなひどい目にあわせたか知れたものではありません」と話の結びの言葉は言う。

危ないと思ったら、ひたすら一目散に逃げる。これしかない。ジョヴァンニンのようにビクともせず正面から対応するのか、一目散に逃げるのか、この判断が難しい。いけないのは中途半端である。恐ろしいのにそれを隠して強がりを言ったり、逃げるのに、もの欲しくなって途中で引き返したりすると駄目である。

昔、学生さんたちが元気のよかった頃、私は学生部長をしていて、沢山の学生さんたちと会うようなことがあった。私を皆で取り巻いて、「ただ今より、学生部長団交をはじめますが、まず学生部長はその間に機動隊を呼ばないと約束して下さい」と恐い顔のお兄さんが言う。私は、「そんなん、あんまり恐かったら僕は機動隊呼ぶで」と言う。「なに！　呼ぶのか」と色めき立つので、「いや今呼ぶ言うてへんで。あんまり恐かったら呼ぶで、言うとんのや」というわけで、私としてはできれば呼ばない方がいいとは思っているのだが、やっぱり人間だから、限界以上に達すると呼ばざるを得ないというわけである。何しろ、私は子どものときから「恐がり」で、小学上級生になっても夜一人でトイレに行けないぐらいだったので、そんなに勇気などないことは身にしみて知っているのだ。

しかし、最初からこのように「恐がり」であることを明言していたので、学生さんたちも配慮して、大声で怒鳴り合うようなことはよくやったが、「あんまり恐くなる」ことのないようにしてくれたので、おかげで何度も話し合いをして話をまとめたが、機動隊をお呼びすることは一度もなかった。

これなど、私が恐がりだったことが役に立ったのではなかろうか。しかも、それを最初にちゃんと伝えて限界を明らかにしておいたのがよかったと思う。柄にもなく強がりを言っていたら後で困ったのではなかろうか。

影の恐さ

ところで、「恐いものなしのジョヴァンニン」の結末はどうなっただろう。そこを引用してみよう。

「恐いものなしのジョヴァンニンは、あの金貨で大金持になり、仕合せにその屋敷で暮らした。そしてある日のこと、振り向きざまに、自分の影を見てひどく怯《おび》え、そのまま死んでしまった。」

何とも示唆的な終りではないか。「恐いものなし」にも恐いものはあった。カルヴィーノによると、他の類話では「ジョヴァンニンは切られた首をつなぐ膏薬をもらった。それで自分の首を切って、後ろ向きにつけてしまった。後ろを見たら、恐くなって、死んでしまった」というのもあるそうだが、意味するところは、ほとんど変わらないだろう。

恐いものなしのジョヴァンニンの怯えた「影」とは、いったい何だろう。すべてのものには——人間も含めて——影がある。影がなかったら平板になってしまう。影によってはじめて、それは三次元の存在になる。

スイスの分析心理学者ユングは、人間はすべて「影」をもっていると考えた。それは簡単に言って、その人の生きていない半面であると述べた。それぞれの人はその人生を生きている。彼はそれをまず簡単に言って、なことを考え、思い、感じ、また行動してきている。しかし、その人はまだ多くのことを「生きていない半面」としてもっている。人間は自分のできることすべてを「生きる」ことは、もちろんあり得ない。

「影の反逆」ということがある。生きて来なかった半面が急に前面に押し出てくる。それが特に感じられる年齢のひとつとして、中年がある。これまでまったくの堅パンで、異性のことになど無関心と思われていた人が、急に誰か異性に心惹かれる。こうなると周囲の人々にとっては、その人が狂い出したとしか思えない。「なぜ、あんな人に」と言いたくなるが、その恋人こそ、彼または彼女にとって生きて来なかった半面を生きる相手としてふさわしい。影は長い間抑えこんでいるほど極端化し、強力になる傾向をもっている。したがって、それは常識的な価値観や判断とは異なることが多い。周囲の人間が狂ったとしか思えないのもそのためであるし、忠告や助言などをしても効果のないのもそのためである。

「影」には大まかに言って二種類あると考えられる。たとえば、節約を大切と考え、常に節約を心がけている人は、浪費する影をもっている。あるいは、父親の言うことに常に従って来た人は、父親や目上の人に反抗する影をもっている。と言っても、影は必ず反逆するとは限らない。一生反逆せずに終るかも知れない。少し歪んだ形で出てきたり、少しの反逆ですますかも知れない。いずれにしろ、その人をよく見ていると、その影は見えやすい。その人の生き方から類推し得る。このようなのは個人的な影である。

それに対して、「殺人」などはどうであろう。殺人を生きている人は少ない。つまり、影として殺人はほとんど万人共通と言っていいほどのものである。このようなのを普遍的な影と考える。一般に悪として強く拒否されているのは、普遍的影と考えられる。通常の人は、このような影の反逆を体験することは少ない。

ところで、思春期というのはどんな時代であろう。この時期は子どもだった自分が、大人という自分につくり変えられるので、実に大変な時である。先に述べたような、自分と影というような形が定まっておらず、それらが入りまじって、そのなかから大人としての自分が固まってくる。したがって、このときは先に普遍的な影と称した部分も活性化されるので、この時期は、人間の成長にとって極めて難しい。その当人も、心のなかで何が起こっているのかさえもわからない、と言っていいだろう。思春期に無口になる子が多いのは、自分のなかで起こっていることを言語化できないためであると思われる。

思春期はこのように特異な時期なので、一般に、成人はこの時期のことは忘れている人が多い。うまく言葉にならないようなことは記憶し難いのである。それを、たとえばイメージで示そうとすると、ジョヴァンニンが見たものや、トゥルーデおばさんを訪ねていった少女が見たようなものになる。それは一言で言って、実に血なまぐさいのである。身体がバラバラに解体されたりする。このことは、思春期の子どもの内界で生じていることだと言ってもいい。古い子どもの自分がバラバラに解体され、新しい大人の自分として再統合されるのである。そこでは、まったく途方もないことが生じている。

ジョヴァンニンは恐いことが自分の外で起こっている限り、びくともしなかった。しかし、自分の「影」と直面すると怯えて死んでしまった。恐いものは外にだけではなく自分自身のなかにいる。この自覚が必要である。ジョヴァンニンが「後ろを見たら恐くなった」というのも、同じアイデアである。後ろを見ることは、「かえりみる」と言いかえることができる。自分の内界をかえりみると、そのなかは恐いもので満ちていた。

思春期の子どもたちで、自分の内界に生じていることにつかまってしまった者は、身動きの取れぬ状態になるか、無茶苦茶な暴発的な行動をとることになる。いずれにしても、なぜそんなことをするのか、外からは理解し難い。既に述べたように個人的影の関連していることは、常識的に理解しやすい。一般によく言う「原因」は何かに応えやすいのである。このような理由で憎んでいたとか、恨んでいたとか。しかし、普遍的影の方は、突発的な天変地異のようなもので、常識的には説明し難いことが多い。

地震はどうして起こるか。地下に貯えられていた莫大なエネルギーが突然にはたらきはじめるからだ。こういうことがわかっていても「地震の予知」は難しい。それはほとんど不可能という報告が最近なされていた。自然現象でさえそうである。まして、人間に関することを予測することなど不可能だ。そして、そこに単純な「原因」を探し出すことはできない。大まかなことは言えるとしても、個々のことに単純に、原因—結果を当てはめれば失敗する。

「影の反逆」などと言っても、まったく大まかな話であって、何もわからないと言っているのに等しい。こんなことによって、「わかった」と思う方がよほど恐ろしい。ただ普遍的影がかかわってくると、常識的な説明が不能になることは、よく認識していた方がよいだろう。

影とのつき合い

ジョヴァンニンは「影」を見て死んでしまった。ここで死なないためにはどうしたらいいだろう。それは、「前向き」の姿勢でばかり頑張らずに、ときどきは影の方を見て、それと上手につき合うことであろう。と言っても、それはなかなか難しい。うっかり影と仲良くなってしまったら破滅の道をたどることになる。と言って、ずっと無視し続けていると、ジョヴァンニンのように、突然死することになる。

影といかにつき合うかは、古来からの大問題である。これは特に、先に述べた普遍的影とのつき合い方が問題になる。一番やりやすい方法は、明確な「敵」をつくり、それを非難したり、軽蔑したりしながら、ある程度はつき合うという方法である。冷戦時代のアメリカとソ連の関係——ひいては世界中がこのパターンにまきこまれていた——がそれである。アメリカ人は、ソ連を「敵」あるいは「悪」として非難しながらも、どこかでうまくつき合っていた。これはなかなか巧妙な方法である。ソ連ももちろんその逆のことをしている。ところが、この構造が崩れると、今はなかなか難しくなってきた。目に見えるかたちで「悪者」が居ないのは、難しい。

あるいは、昔の場合で言えば、西洋のカーニヴァルのように、善悪の判断を棚上げしたり、逆転させたりするような、特別な祝祭の日を設ける、という方法もあった。日本にも、このような「お祭り」が適当に存在していた。

数えていけばいろいろ方法があるが、影とのつき合いを、強力な守りのなかで行う祝祭や儀式として行うことを、近代人は「悪」として排除してしまった。いま先進国において、このような意味で「お祭り」や儀式などに、全人的に参加するようなところはないのではなかろうか。もちろん形骸だけは苦労して残されているのはある。しかし、本来的な生命は抜けてしまっているのが実状である。

「村おこし」のために、昔と同じ盆踊りをするとか、「歌垣」を復興するなどと言っても、政府が一億円の補助を出すどころか、警察や機動隊やらがやってくるだけであろう。

現代の先進国において、影とのつき合いがある程度行われるのは、芸術の領域のみだろう。文学、映画、芝居、などで、殺人はいくら行なってもよい。早い話が、今回ここに取りあげた昔話を子どもに読んで聞かせるのも、そのひとつである。「恐いものなしのジョヴァンニン」などは、子どもに受けることは確実である。うそと思うなら試してみられるといい。「落とそうか?」「落としてみろ!」の繰り返しを喜ぶ——恐がりながら喜ぶ子が多い——こと請け合いである。

子どもたちは「恐いものなしのジョヴァンニン」を聞きながら、人間として体験すべき恐れの感情を体験しつつ、またそれに打ち克つことも学ぶのである。

しかし、ここにもまた作品とのつき合い方の難しさが生じてくる。今回の神戸の事件をきっかけに、ホラー映画や、漫画などの規制を呼びかける声が出てきた。しかし、これまでに論じてきた観点からすると、子どもたちにある程度、影とのつき合いをしてもらっていてこそ、突発的な影の反逆を抑えることになることは明白である。したがって、余計な規制などしない方がよい、ということになろうが、実のところ話は簡単ではない。既に述べてきているように、影とのつき合い方は、その程度が非常に難しいのだ。

たとえば、「恐いものなしのジョヴァンニン」を父親に読んでもらう子は、父親との関係のなかで、適当に恐怖感を味わったりしながら、まだ「大丈夫だ」という感じも味わう。しかし、一人で部屋でホラーのビデオばかり見ている子は、むしろ、恐怖感を感じずに、それを日常事として受けとめてしまうかもしれない。あるいは、恐怖感は快感とすり替わるかも知れない。

それともうひとつの問題は、言語表現と映像による表現の差ということがある。おはなしが言語によって表現され、それを聴いている場合は、たとえば「トゥルーデおばさん」に出てくる、いろいろなイメージは、自分で心に描くより方法がない。「かりゅうど」とは？　「けものをつぶす人」とは？　それを心に描く。あるいは、ジョヴァンニンのところに落ちてくる体の部分にしろ、自分の心のなかのイメージである。したがって、それは「おはなし」であるにもかかわらず、自分の内界にかかわっていることが感じられる。それに対して、それらを映像で見せ、それをいわゆる外的現実に近いものにすることによって恐怖感を高める効果を狙ったりすると、それは、自分の責任を離れた「現実」のように見えてきたりする。しかも、それをビデオなどによって見ていると、自分がその現実を「操作し」、時には「再現《リセット》」することができるような錯覚を起こすことも考えられる。このようになると危険度は高まってくるだろう。それに、その人あるいは子どもが、他の人間との関係が薄いとなると、ますます、歪んだ現実感覚をもつのではないだろうか。

「こわがることをおぼえるために旅にでかけた男の話」の最後のところで、主人公が生きた魚の入っている水をぶっかけられて、「ぞうっとする！」と喜ぶ場面も示唆的である。このような体感というものも、現代人の影の部分になっていないだろうか。精神や知識などを大切にするあまり、身体性を切り棄てすぎているのが現代人である。身体というものを自分が「生きている」ものとして実感することを忘れている。このことに薄々気づきはじめた人は、やたらに自分の「健康管理」に熱心になる。しかし、それは身体を切り離して、上手に管理しようというのだから、ここに言っているような「身体を生きる」こととは別のことである。このようなことも、ひょっとして、神戸の事件の背後にはたらいていることかもしれない。

この章は神戸の事件のことを念頭におきながら論じてきたが、「恐いものなしのジョヴァンニン」の話は自分の影に気づき、恐れを知りつつ、なお毅然とし得ることの必要性をわれわれに教えてくれるように思う。

べに皿かけ皿

継子譚

「べに皿かけ皿」という題を聞いて、「その話知ってる」という人はあまりないことだろう。この話の類話で今回論じることになる「お月お星」とか「米ぶき粟ぶき」などと言っても同じことであろう。しかし、その話の要約を聞くと、どこかで聞いたような、と思われることだろう。ともかく「べに皿かけ皿」の話の簡単な要約を示す（『桃太郎・舌きり雀・花さか爺　日本の昔ばなしⅡ』前掲所収）。

べに皿とかけ皿は姉妹であるが、異母姉妹で、べに皿は継子、かけ皿は実子である。母親は二人を栗ひろいにやるが、べに皿には底のない袋を、かけ皿にはよい袋をもたせ、袋が一杯になるまで帰ってはいけない、と言いつける。そのうちに、かけ皿は栗をひろって帰ってしまうが、べに皿は暗くなっても帰れない。ある一軒家にたどりつくと一人の婆さまが糸を紡いでいた。婆さまは「泊めてやりたいけれど、息子は二人とも鬼だ」と言う。そして帰り道を教えてくれ、袋一杯の栗と小箱と一にぎりの米をくれる。小箱は何でも欲しいものの名を言って三度たたくと出てくる小箱である。そして、「途中で鬼の息子にあったら、米をかみくだいて口の周りに塗って死んだふりをしなさい」と教えてくれる。

べに皿は鬼の息子に会うが、婆さまの言ったとおりにすると、「腐っている。口には虫が一ぱいだ」と鬼は行ってしまう。べに皿は栗をもって帰宅するので、継母も叱ることができない。

ある日、村に芝居がかかり、母親はかけ皿を連れて見物に行き、べに皿には留守をさせ、仕事を言いつけておく。しかし、べに皿の友だちが仕事を手伝ってくれ、一緒に芝居に行こうと言う。べに皿は芝居見物に行く。きれいな着物がなくて困ったが、例の小箱を使って着物を取り出して、それを着て行く。

殿様が芝居見物に来たべに皿を見て心を惹かれ、翌日にぎやかな行列を従えてやってきて、芝居見物に行った娘と結婚したいと言う。母親はかけ皿を着飾らせて会わせるが、殿様は、この娘ではないと言う。それでも母親があくまで、かけ皿だと言い張るので、殿様は、盆の上に皿を乗せ、皿の上に塩を盛り、それに松葉を一本さして、これを題にして歌をつくってみよと言う。かけ皿は、

盆の上に皿をのせ　皿の上に塩をのせ

塩の上に松をさして　おおつっかい棒あぶない

と詠む。次にべに皿は、

盆皿や　皿ちゅう山に雪ふりて　雪を根としてそだつ松かな

と詠んだので、殿様は大いにほめて、べに皿を立派な駕籠に乗せて連れていった。

かけ皿の母は、かけ皿を空ごもに乗せて、お前も御殿に行くんだよと引っぱっていくが、深い溝にころげ落ちて死んでしまった。

この話の主題は、継母による継子いじめと、結局のところは継子が殿様と結婚して幸福になり、継母は不幸な死を遂げる、ということである。これは「米ぶき粟ぶき」(『一寸法師・さるかに合戦・浦島太郎　日本の昔ばなしⅢ』前

掲所収)も同様で、話も非常に類似している。少し異なるところは、妹の栗ぶきが姉に対して優しく接することである。たとえば、栗ひろいの話のときも、妹の栗ぶきが姉の袋の底に穴があいていると注意したりする。あるいは、芝居見物のときに、栗ぶきは米ぶきがきれいな服を着てやってきたのを見て、すぐに姉と気づいている。しかし、その結末は、母親が栗ぶきを臼に乗せて田の畦を引っぱって歩いているうちに臼がころがり、二人とも田のなかに落ちて、「うらやましいであ　うらつぶ」と歌いながら、二人ともうらつぶ(宮入貝)になってしまう。栗ぶきが姉に親切にしていたのに、母と共に貝になってしまうので、少し割り切れない気持になる。

「お月お星」(『桃太郎・舌きり雀・花さか爺 日本の昔ばなしⅡ』前掲所収)の継母は継娘のお月に、毒饅頭を食べさせようとしたり、天井から石臼を落としたりして殺そうとする。このとき、いつも妹のお星がそれを察して助けてくれる。ここからの話の展開は前二者と少し違ってきて、継母はお月を石の唐櫃《からと》に入れて奥山に捨てようとする。お星はそれを知り、石の唐櫃に小さい穴をあけさせ、そこからお月に菜種の種を少しずつこぼしていくようにさせる。春になって、菜種の花が咲くときに、それをたどってお星はお月のところに助けに行く。

お月は生きていたが、長い月日を泣きくらしたので目が泣きつぶれ見えなくなっていた。しかし、お月とお星が抱き合ったときに、お星の左の目から流れる涙がお月の右の目に、お星の右の目から流れる涙がお月の左の目に入ると、両方の目があいた。そこへ殿様がやってきて、二人を館に連れて帰った。ここで話が終らず、父親が登場するのが、この話の特徴で、それは次のように語られる。

お月とお星が殿様の館から街道を眺めていると、目が見えなくなった乞食の爺さんが、「天にも地にもかえがたい　お月お星はなんとした　……」と鉦《かね》を叩きながらやってきた。二人とも、お父さんだととりすがり、お月の涙が父の左の目に、お星の涙が父の右の目に入ると、父の両方の目が開いた。三人は喜んで館に帰り、殿様もこの三人を館にとめて、いつまでも大事に暮らさせた。

以上に紹介したのは、岩波文庫の『日本の昔ばなし』シリーズに掲載されているものであるが、この他、中世の物語にもなっている「鉢かずき」「姥皮」など、日本の昔話には継子譚が相当に多い。そして、特に注目すべきことは、その結果がここに示したように、結婚によるハッピーエンドになっているものが多いことである。日本の昔話はグリムなどヨーロッパの昔話と比較して、結婚による幸福な結末をもつものが少ないことは多くの研究者によって指摘されているところだが、いったいどうして継子譚のみ、そのような傾向と異なるのであろうか。この点について考えてみたい。

母であること

継子譚と言えば、先に「白雪姫」(本書一九五頁)を取りあげている。その際に、「白雪姫」や「ヘンゼルとグレーテル」の物語は、もともと実母の物語であったのに、グリム兄弟がこれを継母に変えてしまったことを指摘した。グリム兄弟の「常識」としては、実母がこれほどひどいことをするはずがない、と思ったのであろう。しかし、実際はそうではなく、実の親と子の間でも、いろいろな心の葛藤が生じ、母親が自分の子どもを殺したくなるような気持さえ生じることがある。

母であるということは、複雑なことである。それを無理に割り切ろうとしても相反する二面性をもっていると言うべきである。「べに皿かけ皿」の話においても、継母は冷たいが、べに皿が一人になって会った一軒家の婆さまは、それとまったく反対である。べに皿に鬼から逃れる方法を教えてくれるだけではなく、「何でも欲しいものが出てくる小箱」をくれる。実に温かく親切で継母との対極をなしている。西洋の「シンデレラ」でも、継母は冷たく厳しいが、洗礼親の仙女は無条件に優しい。この対立する二つの女性像は、母なるものの二面性を際立った形で示している。

子どもを生み育てるのは母親である、という信念は人類にとって、相当に根強いものである。人類以前よりそうだったと言うのが妥当であろう。そもそも動物の世界においては、父親などという認識はない。もちろん、ボスは居るだろうが。したがって、母なるものの存在は大であり、農耕民族の場合は、それは地母神の姿で表わされる。この世のすべてのものを生み出す存在である。しかし、人類は早くから、人間には「死」があることも意識し、それをどう受けとめるかに苦心した。その結果、死は偉大なる母のもとに帰るのであり、そこからまた再生すると考えた。

とは言っても、「死」が恐ろしいことに変りはない。したがって、母なる神は生死両方にかかわる矛盾した存在となった。この国の国土まで生み出した日本のイザナミの神が、後に黄泉《よみ》の国の神となるのなどはその典型である。それはすべてを生み出す力と、すべてに死を与える力をもっている。

もともと極めて両面的な性格をもっている母のイメージを、もっとも明確に割り切ってみせたのがキリスト教の文化であろう。父なる神を天に戴くこの宗教においても、カトリックの場合は、マリアの昇天を認め「無原罪の母」として崇めることになる。このために聖母のイメージが清らかで慈愛に満ちた姿として人々の心をとらえるようになった。その結果、キリスト教においては、その対極をなす「魔女」という存在が姿を現わす。母なるものが、聖母と魔女に二分される。西洋の中世においては、マリアの信仰が深くなるにつれて、魔女に対する迫害も強くなった。

もともと矛盾した存在であるものを、そのままで受けいれるか、何とかして明確に分割して理解するかは、人間に課せられた永遠の課題かも知れない。明確な分割を行なった場合、人間はそれに対処する方法も明確にできるので便利である。母なるもののイメージがマリアと魔女に分割されると、マリアは限りなく尊いものになり、魔女は限りなく拒否すべき存在になる。そして、そのイメージを頼りに生きる限り、女性はマリアに近づき魔女から遠ざかることが期待される。これがうまくいくときはよいが、実際はなかなか難しい。と言うのも、すべての人間の心の奥には、言うならば魔女が住んでいる、と考えられるからである。

中世の魔女狩りがどうしても行き過ぎになるのは、自分の心のなかの魔女に気づかないようにするために、外にいる魔女をやたらに迫害したくなるからである。悪いのは自分ではない。大変な悪が自分の外にあるから変なことが起こるのだ。このように考えると便利なので、罪のない女性でも、一度魔女の投影を受けてしまうと逃れようがない。あるいは、継母という存在に魔女の姿を投影してしまうと、すべての継母は悪い母親だときめつけてしまう。昔話のなかの継母がその典型である。実際は継母で素晴らしい人や、実母で恐ろしい人も沢山いる。

明確に区別するのが問題だとすると、何に対してもそれを全体として捉え、何らかの区別をしないのがいいのだろうか。そうなると、結局のところは何もわからないことにならないだろうか。世界中の多くの神話において、そのはじまりに光と闇、天と地などの分割が行われるのは、人間にとって分割し、区別することがどれほど大切かを示している。結局のところ、人間はいろいろと区別を立てないと生きていけないが、区別をした後に、区別された両者の間にある秘かな結びつきをできる限り知ることが大切ではなかろうか。相反するものが、どこかで不思議に関連し合っている。

「べに皿かけ皿」で面白いのは、べに皿に対して親切にしてくれる婆さまが鬼と一緒に住んでいる事実である。

人を食い殺す鬼は実に恐ろしい。ところが、この婆さんは鬼の母親なのである。この婆さんはべに皿には親切だったが、相手によってはたちまち恐ろしい母になるかも知れないのだ。プラスとマイナスは思いの外に同居している。

こんなふうに考えはじめると、べに皿にとって継母という存在がなかったら、後に展開するような彼女の結婚への過程は生じないのだから、べに皿にとって継母の存在はプラスにはたらいているということになる。それと対照的に、この母はかけ皿に対して徹底的に「よい母」であるが、そのような「よい母」であることは、母娘の死を引き起こしてしまうのである。一体となって死んでしまう。

「米ぶき粟ぶき」において、粟ぶきは米ぶきに対して随分と親切にふるまうのに、最後に母親と共に貝になってしまうのは割に合わないように感じられるが、この母親が粟ぶきに示すような一方的な愛の範囲内における、粟ぶきの善意は、結局のところいい結果を生み出さないと考えると了解がつく。つまり、あまりにもイノセントな善意は役に立たないのである。

べに皿が継母のいじめに遭うのを、イノセンスが壊れるときと考えるとどうであろう。大人になるためには人間は必ずそれを体験しなくてはならない。イノセントなままのかけ皿は幸福になれない。彼女のつくった歌はイノセンスそのものだと言えるだろう。べに皿はイノセンスの壊れる体験の後で、うっかりすると鬼に変るかも知れないような単純ではない善意に触れることによって立ち直るのである。もっとも、人間はもっと年をとっていくとイノセンスに帰るとも言えるが、それはそれで別のおはなしになる。継母がどうのこうのではなく、一人の女性の成長の過程において、母親像が変遷していくところが大切なのである。

現代の母親

母親の子育てに関する意識調査をすると、他の国に比して、日本の母親が育児に不安を感じていたり、それを楽しみと感じていない度合いが高いことがわかる。「子育てを楽しいと思いますか」という質問に対して、欧米では肯定的な答が多いのに、日本は相当に低くなってしまう。これはどうしたことだろうか。

母性には両面性があると述べたが、日本においては母性の肯定的な面を強調する態度が、実に長い年代にわたって続いた。それがあまりに強いので、既に紹介したような継子譚が昔話という形で補償するはたらきをもったが、これもかえって、実母の愛の素晴らしさや、実母を慕う娘の心情などを強調するための道具に使われるようになって、本来の補償作用を発揮できないほどになってしまった。したがって、日本においては、「母」というのが絶対的な響きをもつほどに強くなり、相当な悪人も母の愛によって改心するというおはなしなどが一般にもてはやされた。

「母」というイメージがこのように固定化してくると、女性が「母」になったときに、その類型に押し潰され、自分の個性が消え失せると感じる。次に示すのは、新川和江の「わたしを束ねないで」という詩の第四連である(新川和江『わたしを束ねないで』童話屋、一九九七年)。

わたしを名付けないで
娘という名　妻という名

重々しい母という名でしつらえた座に
坐りきりにさせないでください　わたしは風
りんごの木と
泉のありかを知っている風

「わたしを束ねないで」という言葉ではじまるこの詩は、人間はしばしば一人の人を十把ひとからげに束ねて論じることが多いのだが、ほんとうは一人の人という存在はどんな名によっても束ねることができない、決して明確には捉えられない自由をもつことを、見事に歌っている。そのなかの第四連を引用したが、娘、妻、という名の次にわざわざ「重々しい母という名」との表現がある。それは実に重いのだ。個としての女性を殺してしまう重さをもっている。

最近の日本の女性たちは、この重さをひしひしと感じはじめている。そしてそこには極めて強い両価的感情がつきまとう。自分が母親になったとき、長い歴史と重さをもった「母」のイメージに知らぬ間に影響されて、それに合わせようとして無理な努力を重ねてしまう。あるいは、いくら母親としての務めを果たしていても、「これでは不十分ではないか」、「こんなことでは駄目ではないか」という気持に責めたてられる。そのために、育児をしていても、楽しむなどという感情が生じて来ない。

あるいは、子どもを産んでも、日本古来からの「母」のイメージに押し潰されまいとか、自分は何と言っても一人の人間で「母」ということだけに押し込められてたまるか、という感情がはたらくので、平静な気持で母の役割を果たすことができない。何だか損をしているように思ったり、何とかして母の役割を少なくしようとする。

これも自然に反する無理がはたらいて、楽しむということにはなりにくい。

最近は、育児の仕事を女性にのみ押しつけるべきではないと考えて、夫婦が力を合わせて育児をするところが増えてきた。しかし、既に述べたように、その仕事は親の個性を磨滅するものか、崇高なる母なるものの仕事なのか、というあたりで極めてアンビヴァレントになって、なかなかそのことの価値をそのままに認めるのが難しいように見受けられる。育児をしながら、子どもをよく見ていると、それだけで結構楽しいところもあるのだが。日本はその点で未だ過渡期にあり、欧米人ほども楽しむことはできないのであろう。

相当の昔から継子譚をもっていて、継母に育てられた娘が幸福になる、という話の筋立てによって、母性の否定的側面の意義を認めてきたのに、実生活においては現代においても、その知恵を生かしていない、と言うべきであろう。

幸福な結末

話を昔話に戻すことにしよう。既に述べたように「べに皿かけ皿」は最後は結婚によるハッピーエンドになるので、日本の昔話にしては非常に珍しい。このため、これらの話は「シンデレラ」などが伝播してきたものではないか、と言う人がある。しかし、昔話がそれほど容易に伝播するのなら、これとはタイプの異なる結婚によるハッピーエンドの話が日本に伝わっているはずなのに、やはり、継子譚にのみこのような幸福な結末が生じているのは、これは日本の特性を示しているものと考えてよかろう。

日本的特性という点から言えば、ヨーロッパの継子譚には男の子が主人公のものも割にあるが、日本ではそれが極端に少ないという事実がある。既に述べたように女の主人公の継子譚は多くあるが、男の主人公は「灰坊」というのがあるだけである。どうして、「灰坊」があるのか、それは何を意味するのか、についてはここでは触れないことにする。

「灰坊」を例外として除けば、日本の昔話の継子譚はしたがって、母・娘の軸上で話が展開していく。父親のことについてはほとんど触れられない。ところが、「お月お星」では、父親のことが語られる。その上、ここでは結婚の主題は明確ではない。お月のみならずお星も共に殿様のところに行くが、結婚のことは語られず、探し尋ねてやってきた父親が、悲しみで目が見えなくなっていたのに、目が見えるようになって、三人は喜んで殿様の館に住むようになってめでたし、めでたしという感じである。

これはどう考えるとよいのだろうか。母・娘の一体感というのは、ある意味でもっとも原初的と言える。母なるものの偉大さは一番わかりやすい。娘も成人して母となるわけだから、母・娘の軸が確立していると人類の永続性が保証されることになる。おそらく人類の最初はすべて母系家族だったのではなかろうか。

男の役割は、血筋の永続性ということの上では大したものではなく、子どもが生まれるために男性の果たす役割などひょっとしてあまり意識されなかったかも知れない。しかし、そのうちにおそらく男性の体力的優位性が重要となってきて、特に人間の部族と部族の争いなどが生じてくると、男性が女性よりも優位になってきたのではなかろうか。このために、父系家族にだんだんと移行してきたと思われる。

ヨーロッパにおいては、以上のような傾向に加えて、キリスト教の力が強く、天なる父の神をいただくとあって、男性優位の様相は非常に明らかになっていく。心理的にも男性原理優位の文化をつくり出し、そこにおいて近代科学が特別に盛んとなり、その力が世界を席捲したことは周知のとおりである。そのようなヨーロッパの近代においては、したがって父・息子の軸が最も大切になる。このことから、フロイトはエディプス・コンプレックスが人類一般に通じる重要なことと考えた。つまり、父と息子との葛藤が人間にとって最大の課題と考えたのである。そして、ヨーロッパの昔話を読むと、父・息子の軸上において展開するのが多いこともわかる。

ヨーロッパ、キリスト教文明を最も進歩したものと考えると、母・娘という軸をはじまりとして、父・息子に至る進歩発展の過程が考えられる。つまり、母・娘、父・娘、母・息子、父・息子と発展してくるわけである。この考えに従うと、「お月お星」の話は「べに皿かけ皿」よりも一段階進歩した話と受けとられる。

このような考えで日本の現状を見ると、親子関係の軸で、今相当に強力に作用しているのは、母・息子の軸だと言えるのではなかろうか。父・息子の軸上ではたらくドラマはまだまだ本格的にはなっていない。

母・娘の話が多いのはわかるとして、「お月お星」のような話はあまり多くないのではないかと言われそうである。確かに継子譚としてはあまり多くない。しかし日本中にひろく分布していて類話も多い「猿聟入《むこいり》」の話においては、父・娘関係が前面に出てくる。詳しい話は省略してしまうが、要点は、娘が猿と結婚するが猿をだまして殺し、娘は父親と幸せに暮らすことになりました、ということになる。つまり、娘の結婚ということよりも、父・娘の一体感の方が重要とされるのである。このような類の話は日本の昔話に多い。

心理的に見る限り、母・娘、父・娘という血のつながりによる一体感は、日本においては非常に強いが、戦前までは「イエ」の存続ということを第一と考え、前二者の関係を断ち切る制度や慣習をつくり、それを守ることによって、結婚を行なってきた。イエとイエとの結婚という形でそれがなされ、個人のことは二の次、三の次であった。

ヨーロッパにおいては、長い歴史のなかで、父・息子の葛藤の後に、息子が自立して結婚を成就するというパターンをつくりあげた。したがって、そこでは血のつながりによる母・娘、父・娘の関係よりも、個人としての男と女の関係を優位に考えることになる。戦後、日本も欧米流の真似をして、個人としての男と女が結婚するという建て前をとることにしたが、心理的には、母・娘、父・娘の軸は強く存続している。このために結婚に伴ういろいろな悲喜劇が生じている。当人は昔に比べてイエに縛られずに「自立」しているつもりであるが、父・息子の軸上でのドラマを経験していない「自立」なので、欧米ではあまり生じないことがよく起こるのである。

結婚しても母・娘の軸は強く作用し続けるので、結婚後も妻と実家との結びつきが非常に強く、しょっちゅう実家に帰っている。あるいは、父・娘の結びつきが強いので、結婚後も父と夫との比較が知らず知らずに行われていて、妻は夫をあまり尊敬できない。つまり、個人主義になって好きな者同士が結婚したように思っても、しばらくすると夫婦の関係が希薄になっていく。こうなると夫(男性)が余り者になりやすい。昔はイエの長として認められることになっていたが、イエが崩壊したので、家族のなかの地位を失いがちになる。そこで、イエの代理である「カイシャ」の方にエネルギーを注ぐという結果になる。

こんなふうに言えば、身も蓋もない感じがするが、一応、西洋近代をモデルにして考えるとこんなことになるだろう。しかし、私は実のところ西洋近代が模範と考えているわけでも、アメリカ人の生き方を手本に考えているわけでもない。人間はいろいろな生き方があっていいと思うし、西洋近代を中心として考える時代は終りつつあると思っている。どのような生き方が「進歩」しているなどと思う必要はないし、父・息子の軸を強調する文化が最善のものとも思えない。しかし、西洋の真似をしているつもりで、まったく異なることをしているのも馬鹿げているし、日本古来の幻影にふりまわされるのも芳しくない。したがって、既に述べたようなことを認識した上で、自分は今どのように生きているのか、今後どうするのかなどと考えたらいいだろう。そうでないと、楽しんでもいいはずのことが苦しみの種になったりする。

それにしても、これほど典型的な継子譚を日本人は古くからもっているのだから、母性の複雑さをもっと認識し、母の感情や生き方にいろいろと影がつきまとい、その影の存在によってこそ子どもが成長に向かうことを知るべきである。理想の母という非現実的なイメージにあまり苦しめられないようにしたいものである。

クレヴィンの竪琴

ケルトの話

ケルトに対する関心が最近とみに高まっているように思う。これは、現代の欧米社会において、一種のスタンダードと考えられている、自立的な自我を確立し、できる限り自分の可能性を生き、地位や財産、よき家庭生活などを手に入れる、という生き方、およびそれを支えるものとしてのキリスト教の考え、これらに対して疑問が湧いてきているという状況と関係しているように思う。ヨーロッパ＝キリスト教を中心とする世界観にあきたらなくなったり、懐疑的になった人が、アイデンティティを探究する上において、彼らの土のもっている古い文化に思いをはせることになったのではなかろうか。そんな意味で、ケルトの文化に対する関心が、急激に高まってきた。

このために、ケルトの神話や民話などが続々と発表されるようになり、邦訳も相ついで出版されるようになった。読んでみるとなるほど面白い。昔話にはキリスト教の影響も随分と入っているが、やはり、これまでにわれわれがヨーロッパの昔話として心に描いているパターンとは、相当異なっている。特に、グリムの昔話と比べると、その差は歴然としてくる。ケルトの話を読んだ後で、グリムを読むと、どうもグリムが昔話の近代化に相当に手をかしたのではないかとさえ感じられる。

井村君江『ケルトの神話』(ちくま文庫、一九九〇年)のなかに、日本の「浦島」に似たアイルランドの話が紹介されている。ブランという男が丘の上でまどろみ、覚めると白いりんごの花が咲く銀の枝が手にあった。目の前に美しい乙女がこつぜんと現われ、「海のかなたの楽しい国へ行きましょう」と誘いかける。二十七人の仲間と共に海を渡って不思議な島に行く。そこは女性しか住んでいなくて、おいしい食べ物に囲まれ、楽しい日を送るが、故郷が恋しくなり仲間と共に帰ってくる。ところが、「数百年前にブランの航海という話があった」というわけで、長い年月が経っている。ブランは女たちの注意を守って故郷の土地には触れず、いずくへともなく去っていくが、仲間の者たちは故郷の土を踏んだとたんに灰となってくずれ去ってしまう。

この話では、女の方が男を誘うこと、この世ならぬ国に行き、そこではこちらの国と時間の経過が異なること、帰ってきた者がたちまちに死んでしまうこと、などの点で、日本の古い「浦島」の話に極めて類似している(「浦島」の古い話については、拙著『昔話と日本人の心』岩波書店、一九八二年を参照されたい〔第Ⅰ期著作集第八巻所収〕)。グリムの昔話だったら、男と女の結婚話になってハッピーエンドで終るだろうに、最後に両者は別れるし、悲劇的な結末になるところが、日本とケルトでは同じパターンなのである。

そんな点で、ケルトの話は日本の神話や昔話を考える上で参考になるところが多い。しかし、やはり日本の話とは違うなと実感するのもある。と言って、グリムとは異なる。そのような話のなかで、不思議な魅力を感じさせる、「クレヴィンの竪琴」(フィオナ・マクラウド著、荒俣宏訳『ケルト民話集』ちくま文庫、一九九一年所収)を今回は取りあげることにした。

この書物の訳者、荒俣宏の解説によると、ケルトと言っても、「大陸のケルト」「島のケルト」などに分類され、その「島のケルト」のなかでもスコットランドの話は特に「昏《くら》く悲しい」ものとのこと。確かに『ケルト民話集』に収録されている話は実に「昏く悲しい」ものが多い。古いスコットランドのケルトの話を再話したフィオナ・マクラウドは、実は、ウィリアム・シャープという男性のペンネーム(女性名)で、彼の死後になって事実が明らかにされるまでは、誰もこの本の著者は女性であることを信じて疑わなかったという。この事実も興味深いのだが詳しいことは割愛して、話のあらましを紹介しよう。

男と女

コネリイ・モールが王として治めている国に、アルトニア人の恭順のしるしとして、十人の人質が送られてきた。そのなかの一人コルマクは「のこりの九人のいちばんのっぽよりもまだ一インチほど背が高かった。いちばん胸の厚い仲間よりも、さらに二インチも胸板が厚」い偉丈夫であった。

そのコルマクに美女のエイリイが一目惚れしてしまった。エイリイの母ダルウラはどうも娘が恋をしているらしいと思い、娘が眠っているときに、その口もとに鋼の鏡を当ててみたところ、そこに白熱で書きあげた文字が浮かびあがり、「われはコノールの子コルマクの心である」と読めた。母はコルマクが勇敢な戦士なので喜んだが、彼はアルトニア人であるし、エイリイの父親代りになっている王のコネリイ・モールが憎しみを感じていないかと恐ろしくも思った。

王のコネリイ・モールは自国の勇士、アルトにエイリイを妻として与えるという口約束をしていた。アルトはエイリイが自分になびかず、人質のコルマクを恋していると王に訴える。そこで、王はコルマクを国外に追放しようと決めた。

ダルウラはこのことを知らせにコルマクのところに行くと、寝室には彼女の娘のエイリイが居た。ダルウラは「エイリイや、あなたの目を見ればわかります。あなたがコルマク・コンリナスのところへ来たのは、これが初めてではないのですね」と問いかける。これに対してエイリイは既に妊娠していると告げる。母親はこのことが王のコネリイ・モールに知られたら二人とも殺されるので、エイリイを助けるために、コルマクが一人で国外に立去るようにと言う。

エイリイはそのとき死の恐怖にふるえて、泣きはじめた。そしてコルマクに一人で逃げるように言う。これを聞いてコルマクは身をこわばらせる。彼は怒りの目をエイリイに向け、男の子を産まないようにと言う。

「コノールの子コルマクの息子が、その母みたいに卑怯者で、その母みたいに死ぬことをこわがるのでは、困るからな。その母の血筋にも、そんな臆病者はひとりだって出ていないはずなのに」

彼はこのように言って立去っていく。彼はエイリイに投げかけたむごい言葉を悔みながら、国外に追放される。王のコネリイ・モールはエイリイのところに来て、アルトと結婚するように言うが、彼女は断固として断る。彼女の心に浮かんだ恐怖心は消え去り、今は決死の覚悟ができていた。そこで、アルトがそこに来たとき、自分はコルマクの子を宿していると堂々と言ってのける。アルトは思わずエイリイの頬を打ちすえた。

どんな場合でも男が女を打ちすえることは許されない。王はアルトは死刑に処すべきほどだと言い、このアルトの行為によって、エイリイをアルトの奴隷にするという罰は取り消される。しかし、エイリイはアルトの腹違いの兄弟クレヴィンの妻となれと命じられる。クレヴィンは琴が好きだが、年寄りで器量も悪く、女にやさしくもない。しかし、王の命にはエイリイも背くことはできない。

これまで述べてきた内容で、スコットランドのケルトの男女関係、そこにおける倫理などがある程度了解されたであろう。ところで、クレヴィンとエイリイの「結婚」は、次に述べるようになかなか風変りのものであった。クレヴィンとエイリイは結婚し、アルトニア人の土地と接し合う森にあるクレヴィンの砦に住むことになった。初夜にクレヴィンは狂おしいばかりに琴をかなで、その夜は二人は結ばれることはないと言う。しかし、琴をその後に二度弾いたときに祝婚の歌を聞かせるだろうと言った。クレヴィンの年老いた母はそれを聞いていて、「三度めに琴をつまびくときには用心することですよ」とエイリイに忠告する。

エイリイがコルマクの子を出産しようとするとき、クレヴィンは二度目の琴をかなでる。子どもが死んで生まれてくるようにと祈りながら琴を弾く。エイリイはそれを知って、自分の後ろにいる霊に祈り、何とかして玉のような男の子を産む。クレヴィンはその赤ん坊を草の上に敷いた子鹿の皮の上に寝かせて、ふたたび琴をとって調べをかなでた。クレヴィンがどのような琴の調べをかなで、どんな効果があったのか、その詳しい話は省略するが、結局のところ、クレヴィンの琴にさそわれて出てきた小さな人たちが、赤ん坊の魂をおびき出して連れ去ってしまった。赤ん坊は死んだのだ。

クレヴィンは赤ん坊のむくろを母親に渡し、「この子をエイリイに返して、こう言ってやってください。これで二度めの琴の音をだした。われわれが胸を重ねあうまでに、もういちど琴を弾くことになる」と言った。エイリイはそれを聞くと、黙ってクレヴィンを呪い、彼の人並はずれた我慢強さをあざ笑った。

コルマクは彼の父の死の報せを受けとり、急いで故郷に帰る途中、クレヴィンの砦に立寄った。エイリイの手紙で彼女がここに居ることを知っていたからである。ちょうどクレヴィンが猟に出て三日間は帰らないので、彼女はコルマクを自分の部屋に引き入れ、クレヴィンの母や側女たちをすべて、自分たちの部屋にひきこもらせた。

クレヴィンは月明の夜に帰ってきた。彼は森を歩いている間から琴を弾いていた。エイリイを憎んでいる男が、エイリイがコルマクと共に部屋に眠っていると告げ口をすると、「それは、だれにも知られてならぬことだ」とクレヴィンは言って、短剣の一突きで、その男を殺してしまう。クレヴィンは妻の部屋に踏み込んでいっても、コルマクに殺されるだろうと思案する。

そこで彼は琴を弾き、妖精たちを呼び出し、妖精の力によって、彼の砦にいるすべての人間や動物を眠らせてしまい、火を放つ。炎がコルマクの胸にとび移ったとき、コルマクは、「ああ、エイリイの熱い心よ！――わが心よ――われに来よ！」と言って死ぬ。

クレヴィンはすべてが焼けてしまった跡をながめつづけ、やっと立ちあがり、琴を壊した。彼はアルトニア人にすべてを伝え、自分も生命果てるために、北へ向かった。

「これがコンリナス・コルマクと呼ばれた男、ネサの息子コノールのそのまた息子コルマク、すなわち英雄コルマクの死にざまだった。」

琴の不思議

この話についての全体的印象を述べる前に、ここで重要な役割を占めている、「琴」について少し考えてみたい。日本の物語には琴がよく登場する。それらのなかで特に琴が重視される話として『宇津保物語』があるが、これについては既に他に論じている（拙論「音の不思議」『創造の世界』一〇三号、小学館、一九九七年〔本著作集第七巻所収〕）ので、ここでは、クレヴィンの琴と対比しつつ、『古事記』に語られる琴に少し触れてみたい。

最も印象的な話は、オオクニヌシが黄泉《よみ》の国のスサノヲを訪ねたときのこととして語られる。オオクニヌシはスサノヲに会いにいき、スサノヲの娘スセリ姫に会い、一目でお互いに愛し合う。スサノヲはオオクニヌシにつぎつぎと難題を出し、オオクニヌシは窮地に陥り、命さえ危うくなるが、常にスセリ姫の助けによって、それを逃れる。

最後にスサノヲはオオクニヌシに自分の頭の虱《しらみ》を取れというが、その頭にはむかでがいっぱいいる。そこで、スセリ姫が助けを出し、椋《むく》の木の実と赤土をオオクニヌシに渡す。彼がそれらを口にして吐き出すと、スサノヲはむかでを喰い破って吐き出していると思い、安心して寝込んでしまう。そこで、スサノヲの髪をといて屋根のたる木に結びつけ、大きな岩を入り口におき、オオクニヌシはスセリ姫を背負って、スサノヲの宝物の太刀、弓矢、それに「天の沼琴」という琴をとって逃げようとする。ところが、その琴が樹にさわって音をたて、スサノヲはそれで目を覚ます。

スサノヲは逃げて行く二人の若者を追って黄泉比良坂《よもつひらさか》まで追ってくるが、何とここで父なる神は豹変する。彼は、それまでさんざん苦しめていたオオクニヌシに対して、「お前のもっている太刀や弓矢をもって大勢の神々を追いはらい、スセリ姫を正妻とし、大国主となって国を治めよ」と祝福する。

娘を好きになった男性に対して、父親がいろいろと難くせをつけていながら、土壇場になって気持が晴れ、その結婚を祝福することは、現代においてもあることだ。父＝娘の間にはたらく心の微妙な文《あや》が、このような神話に語られているのは、まったく印象的で、芥川龍之介もこの話をもとにして「老いたる素戔嗚尊」という短篇を書いている。彼もこの物語の現代的意義を感じたのであろう。

ところで、この物語における琴の役割についてどう考えるべきだろう。琴の音によってスサノヲが目覚めたのだから、若者二人にとっては厄介なことを引き起こす原因と考えられる。琴など盗らなかったらよかったと後悔したかも知れぬ。国に帰って敵と戦うためなら、太刀と弓矢だけでよかったのではないか。確かにそうかもしれぬ。しかし、私にはそうとばかりは思えない。突然に鳴った琴の音は、スサノヲを目覚めさせると共に、彼の心の琴線に触れるものがあったのではなかろうか。「若者め、やりおるなあ」と老いたる神は思った。そのきっかけを琴の音が与えたと考えてはどうだろう。

次にあまり詳しく論じられないが、神功皇后と琴の話がある。神功皇后の夫、仲哀天皇が琴を弾いているとき、皇后に神懸《かみがか》りして、「西の方の国をお授け申そう」というお告げが述べられる。ところが天皇がそれを信じなかったので、神は怒り、天皇が角で琴を弾き出したものの、間もなく音がしなくなったので、灯をかかげてみると、もう亡くなっていた。後は、神の命じるままに皇后の妊娠していた子が皇位をつぎ、新羅の国に押し入ることになるが、この話でも、琴の霊力ははっきりと示されている。

クレヴィンの琴もこれに劣らぬ霊力をもっている。それは妖精を呼び出す力をもっている。彼がエイリイが出産したときに琴を弾いたところの描写を読むと、第一の音をかなでると鳥がさえずりをやめ、第二の音を弾くと樹々の葉のそよぎがやみ……という調子で六番目の琴の音までに、完全な静寂が訪れる。その後で、彼は七番目の音によって、妖精たちを呼び出すのだ。しかし、彼がそれによってなしたことは何と残酷なことであろう。赤ん坊の命を奪ってしまうのだ。

三度目の琴の音も恐ろしい。すべてを眠りにつかせ、結局は自分の財産ともども若いカップルを焼死させる。もちろん、スサノヲとは立場が異なるが、琴の霊力のあらわれが、あまりにも凄まじい悲劇につながっていくのに、畏れを感じざるを得ない。

昏い話

「クレヴィンの竪琴」を読んで、読者はどのように感じられただろう。その話があまりにも「昏い」のに耐え難く思われたのではなかろうか。先に「浦島」を例にとって、若い男女が会っても、グリムだとハッピーエンドが多いのに、日本の昔話では悲劇が多いと述べた。このケルトの話も、もちろん悲劇であるが、日本の話にはここまで「昏い」ものはない。これはいったいどうしたことなのだろう。

「おはなし」というのは、世界観の表現である。世界観を抽象的な言葉や論理に頼るのではなく、具体的に感性に訴えて、どこかで「うん」と納得させるためには、おはなしを語るより方法がないのだ。それでは、なぜこのように昏くて悲しい世界観をスコットランドのケルトはもったのだろうか。実は、この『ケルト民話集』に所収されているすべての話が、実に陰うつなものなのである。その昏さにこちらが圧倒されそうになる。

「なぜ」と問うてみたところで、ケルトなら「そうなのだから仕方がない」というだろう。現実というものはそういうものなのだ。グリムの昔話に感激して、ハッピーエンドのつもりで結婚しても、実はそれはアンハッピービギニングである、という現実認識を強いられるだけのこともある。現実は、世界は、いろいろな姿をもっている。

ところで、この民話集の著者が、なぜわざわざ自分のペンネームを女性名にしたのだろう。それは「女性の目」で見た話だ、と思ったからではなかろうか。ケルトの話のなかにも、魔法と言ってよいようなことが登場する。エイリイの母親のもっている鋼の鏡、それに、もちろんクレヴィンの琴は、この世ならぬ力をもっている。

にもかかわらず、グリムの場合のようにそれはハッピーエンドを演出する道具としては使われない。
アメリカの精神分析家で昔話の研究家でもある、ブルーノ・ベッテルハイムは私と対談したときに、キリスト教文化圏の昔話では、「輪廻転生」を信じていないので、「変身」とか「魔法」を考えざるを得ないのだ、という面白い指摘をしている。輪廻なら死後の変身に期待がもてる。しかし、輪廻を信じないと、この世で「変身」を期待せざるを得なくなる。

ところで、ケルトたちは「輪廻転生」を信じていた。このあたりのことは、男の目、女の目、と関係しているように思う。キリスト教は父性原理が強い。母性原理はどうも輪廻を許すように感じられる。前者は直線的、後者は円環的である。ケルトの宗教については、ドルイドのことを考えねばならない。ドルイドは宗教というよりも、それを含めた一切の知恵と習慣までかかわるものである。『ケルト民話集』の訳者、荒俣宏は、ドルイドの思想の中心は、「太陽崇拝」と「生命の輪廻転生」であると指摘している。

「太陽崇拝」がどうして昏くなるのか。たとえば「クレヴィンの竪琴」を読んで、「太陽崇拝」を感じさせられるのは、男女関係の極めて直線的で、硬質なところではなかろうか。若い男女は愛するとなると一歩も退かない。エイリイが死の恐怖にたじろぎ、コルマクと死を共にしないと言ったとき、コルマクは正面から彼女を非難している。王はエイリイに腹を立てるが、アルトが彼女の頬を打ったときには厳しい罰を与えている。男の「男らしさ」は明確に定義されている。

ただ、男の強さが「生きる」方に向かう(これがキリスト教の倫理である)のではなく、まっすぐに「死」に向かうところにケルトの特徴が感じられる。「クレヴィンの竪琴」の短い話のなかで、何人の人が死んだであろうか。これは「輪廻転生」を前提としない限り考えられないのではないだろうか。

「輪廻転生」と「太陽」がぶつかると、続々と人は死ぬし、太陽の光が一挙に消え去って「昏く」なる。「輪廻転生」と「月」の光が重なると、もちろん人は死ぬし、「悲しい」にしても、昏くはならないのではなかろうか。そこには「かげり」があるが闇はない。日本の物語は、むしろこちらの類なのではなかろうか。「あはれ」というのは、太陽からは出て来難い。それでは、アマテラスはどうかということになるが、アマテラスをわざわざ女神にしたことや、月読命《ツクヨミノミコト》という男性神の存在によって、味が変ってくるのだ。

日本の文化を考える上で、どうしてもキリスト教文化との対比が重きを占めることになるが、日本文化をもっと異なる角度から見るときに、ケルトというのはひとつの異なる視座を提供するもののように思われる。このような昏い英雄譚をもつ文化について、あるいはそれを生きた人たちについて思いをめぐらせるのも意味あることと思われる。

悩む父親

アイヌの物語

アイヌも沢山の興味深い物語をもっている。それは本州の物語とは趣を異にし、それだけに学ぶところも大きい。今回は萱野茂『カムイユカㇻと昔話』(小学館、一九八八年)を資料にした。このような形で、アイヌの物語がしっかりと記録されているのは、有難いことである。

この本に収録された「昔話」を通読して、まず驚くのは、話が「わたしは……」と一人称ではじまる点である。これは昔話の語りはじめとしては、非常に珍しい。「むかしむかし」"Once upon a time"というような、まず時を現在とは異なる不特定の過去に設定し、その上、場所も人物も特定しない、「あるところに、ひとりのおじいさんが……」などという形で話がはじめられるのが普通である。要するに、これからする昔話は、現在の日常の話とは異なるのですよ、ということを冒頭の語り口によって聞き手に明らかにするのが大切なのである。

ところが、今回取りあげる「二羽のカラス」のはじまりは、「私の父は、ユペッという川筋に暮らしている人で、一人息子である私を大事に大事に育ててくれて……」となっている。もうひとつ「人食いじいさんと私」の方を見てみよう。「私が物心ついた時は、大きい家の中で一人のおじいさんに育てられていた、少女でありました」というのが、話のはじまりである。

これらの話を聞いて、「昔話」と思う人があるだろうか。現在生きている人の身の上話を聞いていると思うのではなかろうか。話の主人公は自分と同時代に生きている、と感じるのだ。これは「昔話」のはじまりの形式として極めて珍しいものである。私もいろいろな文化の昔話を読んでいるが、このようなのは、はじめてではないかと思う。

そうすると話の終りはどうなっているのだろう。話は主人公の一生について語られ、最後のところでは、「と一人の男(女)が語りながら世を去りました」という形が圧倒的に多い。これも一般の昔話の形式とは、まったく異なっている。昔話に必要とされる、はじめと終りの「枠」をもっていない。

もうひとつ特徴的なことは、いろいろな人の日常の立居ふるまいが割に詳しく語られることである。たとえば、他人の家を訪ねるとき、すぐに家に入るのではなく、家の前で「エヘン、エヘン」とせきばらいをして、誰かが訪ねてきていることを家のなかの人に知らせること、あるいは、はじめての人に対したとき、「両肘を脇腹へくっつけ、手を前へ出し、掌を上へ向け上下させる丁寧なあいさつ」をすること、などなどが詳しく語られる。おそらくこれらのことは、子どもに対する礼儀作法を教える、という意味があったと思われる。子どもたちは、このような話を繰り返し聞き、興味をそそられるうちに、自分が生きていくのに必要ないろいろな心得を自然に身につけていくことになるのだろう。

どのような昔話もそのなかに「知恵」を含んでいる。それは今生きる上で役立つものである。だからこそ心理療法という、現代人の生き方をいつも考えさせられる仕事をしている私は、昔話を読むことによって多くのことを教えられる。と言っても、それは多くの場合、「昔の知恵」を今に生かすことに意味を見出すのである。そのことがよくわかっているので、一般に昔話は「昔々……とさ」という枠のなかに入れこんだ形で語られるのである。ところが、アイヌの昔話は、現在に生きる者に直接的に役立つ形で語られている。この事実が非常に興味深いのである。このことについては、後で考えることにして、まず、実際の話を紹介することにしよう。

無気力症の父親

「二羽のカラス」は父と息子の物語である。「一人息子である私」は、父親に大事に育てられ、狩りの仕方も父親に教えられる。そのうちに父親より狩りの腕が一歩優れているほどになり、母親も大変喜んでくれる。ところが父親が「朝の食事が終わると、囲炉裏端へごろんと横になって、背中あぶりをして寝てばかり」という状態になる。食べ物は普通に食べ、体の具合はどうもないらしいのに、まったく何も仕事をしない。

　これを読んでいて私はすっかり嬉しくなった。この父親の状態は現代的に言えば、「無気力症《アパシー》」で、最近の若者がよく落ち込む症状である。「ステューデント・アパシー」などという言葉を、読者もどこかで聞かれたことがあるだろう。ところで、アイヌのこの物語では若者がせっせと働き、父親がアパシーになっている。現代の日本では、父親が働いて、送ってくれた学資に頼りながら、息子がアパシー状態で無為でいるのと好対照をなす話である。アイヌのこの父親はどうしてアパシーになったのか。

　ある日、息子が狩りから帰ってくると、母親が泣きながら走ってきて、父親が息子を殺したいと願っているので、早く逃げるようにと言う。父親は息子が狩りの名手になり、自分のことを誰も噂にもしないのを妬んで、山にいるいろいろな神に息子を殺すように祈ったが、効果がない。そこで、クマ捕り用の仕掛け弓によって、息子を殺そうとしている。だから家へは帰らず、遠くの石狩川のあたりにたくさんのコタン(村)があるようだから、そちらへ行って暮らすようにして欲しい。もし無事に暮らせるようになったら、母の安否を確かめに来てくれるように、と母親は泣きながら言った。

息子は母の忠告に従って石狩川の方へと行く。そこに狩小屋があり、男二人、女一人のきょうだいがいるのに会う。彼らにはもうひとり妹がいるが、彼女は留守に残り、三人で狩りに来ているという。その日はその小屋に泊めてもらい、翌日は狩りに出かけ、息子は大きいクマを一頭仕留める。

ここに要約のみを示したが、実際の物語は既に指摘したようにもっと詳細で、他人の小屋を訪ねていくときの礼儀、あるいは、クマを仕留めた後の儀式などが語られている。それらは興味深いことではあるが、ここでは触れずにおく。関心のある読者は原文を見ていただきたい。

クマを仕留めて小屋に戻る途中、息子は一本のナラの大木の下に腰をおろして休む。そこへ、山の方からと海の方からとカラスがやってきて話をしているのが聞こえた。カラスは「人間の言葉」で話をしていた。それによると、昨夜泊まった小屋の「兄弟二人は精神のいい若者たちですが、あの姉娘が本当に精神のよくない者なのです」というわけで、姉娘は妹の方が器量がいいので、もしこの若者を家に連れて帰ると、彼は妹の方に心惹かれるに違いない。それは嫌だから今夜のうちに彼を毒殺してしまおうと思っている、とのことである。

息子は小屋に帰り、全員で食事というとき娘の出した食事を「お腹が痛い」と断る。それを食べた犬が即死して、兄弟は姉娘の悪事を知り殴りつける。その後、主人公の若者は、仕留めたクマに礼儀正しく接して皮をはぎ、狩小屋にもち帰る。そこで眠った夜、彼の夢に立派な神様が現われて、次のように語る。

「私はずうっと昔から、お前の父に祭られていた位の高いクマ神であった」。ところが父親は精神の悪い人で、息子のお前を殺して欲しいと願ってきた。しかし、自分はむしろお前を守るようにした。二羽のカラスを送って真実を語らせたのも自分である。明日はこの若者たちとコタンに帰るだろう。そして自分を神の国に送る儀式をするだろうが、そのときはお前の手と口で送って欲しい。「それと、お前の父は私の手で罰を与えるので、お前が手をくだしてはいけない。これからは、私を第一番の守護神として祭りなさい。そうすれば、死ぬまでお前を見守ってあげよう」

兄弟は姉娘を首に縄をかけて引っぱり、息子と共に家に帰る。彼らの父親は客人を迎え、「これほど位の高いクマ神を酒なしでは送れないので」と、酒を醸すことにする。アイヌの人たちは、クマは、神がクマの皮を着て、肉を人間に対する贈物として身につけて、この世にやってくると考えている。したがって、クマを殺した後は、その肉をいただいて丁重に神の国に送り直すのである。そのためにはそれにふさわしい儀式を行わねばならない。そのような儀式を盛大にすませて眠った夜、息子の夢に、クマ神がまた現われる。

クマ神は儀式のお礼を言った後に、その家の妹娘と結婚し、元のコタンに帰って叔父の所へ行き、母を呼びよせて暮らすように、と助言してくれる。

息子はクマ神の助言に従い、妹娘を嫁にもらって元のコタンの叔父の家に行く。そこに家を建て母を呼びよせて暮らすことになる。父親は「いつの間にやら、座ったままの姿勢で裂けた大地へ埋まってしまったのを、コタンの人が窓から見た」ということであった。

アイヌの昔話の特徴は、ここで話が終らず、主人公の一生が手短かに語られることである。主人公はその後、一人の男の子をもうけ、親子で舅の家を訪ねて歓待される。つぎつぎと子どもが生まれ、舅、母、姑が亡くなる。自分もすっかり年を取り、いい老人になるというわけで、この話の最後は、次のような言葉でしめくくられる。

「どんなに息子が立派になったからといって、それをのろったり、人に毒を盛ったりしてはいけません。人をのろう心があると、決して幸せにはならないものです、と一人の男が語りながら世を去りました。」

人を食う父親

先の話は父と息子の話であったが、次に父と娘——と言っても養父と娘——の話を紹介しよう。「人食いじいさんと私」という話である。これも「私」が主人公の物語だが、少女の私は物心ついた頃から、一人のおじいさんに育てられてきた。

娘が大きくなると、おじいさんは「囲炉裏端で背中あぶりをして寝てばかり」になる。この父親もアパシー状態になるところが面白い。娘は何とか山菜などをとってきて、二人で生活してきたが、ある日、おじいさんは「娘よ聞いてくれ、実は私は人間ではない。本当は、ウゥエアイヌといって、人間のお前とは違う人食い人間なのだ」と告げる。

この娘の住んでいたコタンに病気が流行し、赤ん坊の彼女を残して母親が死にそうになったとき、これまで多くの神々を祭ってきたので、そのなかのどの神でもいいから、この子を育てて欲しいと言って死ぬ。他の村人もすべて死に、彼女だけが残るが、「日ごろ共食いをするために普通の人間からは軽蔑されて、位の低いウゥエアイヌといわれる」神が、人間の姿になって彼女を育ててきた。それがじいさんなのだが、娘が大きくなってくると娘を食いたくなってきたので、それをがまんするために寝てばかりいるのだ、と言う。じいさんは娘を食うわけにもいかず困っていたが、近くにユペッという村の村おさの息子二人が狩りに来て、狩小屋にいるので、その二人を食うつもりだ、と娘に言った。

娘は驚いたが、素知らぬ顔をして、じいさんが寝ている間に、若者のいる小屋に行き、人食いじいさんが来るから逃げるようにと告げる。若者はそれを聞いて驚いて逃げる。娘は自分の家に帰り、翌朝にじいさんと二人で小屋に出かけて行く。ところが誰も居ないので、じいさんは不思議がるが、ともかくその夜は二人でそこに泊まることにする。

娘はじいさんが眠っている間に戸や窓に長い棒を当てて縛りつけ、家の外からカヤ壁に火をつける。じいさんは「娘よう。火事だよう」と言いながら焼け死んでしまう。娘はそれを見て、自分を育ててくれたじいさんを、人食い人間とはいいながら焼き殺したとは、何と自分は残酷なのだろうと泣き出してしまう。しばらく泣いた後に、娘はそこを離れ、歩いて行き、あるコタンにたどりつく。そこの村おさの家へ行くと、その息子たちが彼女の助けた若者であることがわかった。村おさは娘にお礼を言い、娘が自分を育ててくれた人を殺してしまって「罰当たりのことをした」と嘆くのに対し、「これは目に見える人間であるあなたがしたことではなしに、何かの神様がそうさせたのであろう」と言った。

村おさの息子たちと、主人公の娘は例の狩小屋に行き、じいさんを祭る祭壇を設け、兄が「もしもあなたが私ども兄弟二人を殺して食ってしまっていたら、ほかの神々からあなたは罰を受けることになったのです。それを未然に防いでくれたのは、あなたが育てたこの娘です」と言う。そう言いながら、いろいろとお供えをして、じいさんを神の国へ送る儀式をする。そして、娘は弟と結婚の約束をする。

その夜、娘は次のような夢を見る。人食いのおじいさんが「新しい小袖を重ね着して、髪もきれいに切りそろえ、にこやかな笑顔で立って」いる。そして、自分は焼き殺されたけれど、「お前の考えでしたのではなく、火の神様の手によってお前をそうさせたことが、死んで初めてわかりました」と言う。そのために、殺人という罪を犯すのを逃れ、神の仲間入りをすることができた。これからはお前たち夫婦を見守ってあげよう、と祝福してくれた。

「この家の人々も同じような夢を見たらしく、朝になってから丁寧にオンカミ(礼拝)を繰り返していました。」ということになって、娘は弟とめでたく結婚し、それ以後はつぎつぎと子どもが生まれ幸福に暮らしたことが簡単につけ加えられ、「殺したおじいさんに守られ、こんなに幸せに暮らして年を取りました、と一人の老女が語りながら世を去りました」ということで物語が終る。

この物語もやはり「父親殺し」の主題をもつ話であるが、娘が父親を小屋に閉じこめて焼き殺す、という凄まじい光景と、それにもかかわらず生じる幸福な結末の対照性が印象的である。

父親殺し

「父親殺し」は、人間にとっての永遠のテーマであると言っていいかも知れない。父親殺しというと、現代人であれば誰でもフロイトの「エディプス・コンプレックス」のことを想起するだろう。フロイトはギリシャ悲劇の「エディプス王」の物語を借りて、男の子は母親に対して性愛を感じ、そのためには父親を亡きものとして母親と結婚したい、という願望を無意識にもつが、六歳になるころにはそれを抑圧することに成功し、父親ともよい関係をもつことができるようになる。しかし、成人しても、そのような無意識内にあるエディプス・コンプレックスは、その人間の行動に対して多くの影響を与える、と考えた。フロイトは、エディプス・コンプレックスを人間にとって普遍的なものと考えた。

その後、文化人類学者などの調査研究によって、エディプス・コンプレックスは西欧の近代社会特有のものであって、他の文化圏においては、必ずしも普遍的とは言えない、と主張されるようになった。確かに父と息子の対立がそれほど強くない文化もある。

ところで、フロイトの考えに対して、わが国の精神分析学の草分けとなった古澤平作は、母と息子の関係の重要性に注目して「阿闍世《あじゃせ》コンプレックス」ということを提言した。古澤によると、阿闍世は母親を殺そうとするが、家来に押しとどめられ、そのため彼の苦しみは深まるが釈迦によって救済される、という仏典にある話を基にして、母に対する甘え、それが破られたときの怨み、その怨みを超えたゆるし、などを人間の心理における重要な要素として指摘し、エディプス・コンプレックスと共に阿闍世コンプレックスの存在を主張した。

紙面の都合で詳述できないが、実は古澤平作の述べる阿闍世の物語は、仏典の原話とは異なっているのである。『涅槃経』によると、阿闍世の殺したのは父親なのである。阿闍世は父親を殺して、その罪におののくが、仏によって救われるのが原話なのである。意識的か無意識的か、古澤平作が原話を改変したのは、ここに示される仏の救済が極めて母性的な性格をもつので、その点を強調するために、母と息子の物語にしたのではないかと推察される(詳しくは拙論「元型としての老若男女」前掲『生と死の接点』所収、を参照されたい)。

ニュアンスは異なるにしても、異なった文化圏において、なぜこのように「父親殺し」の物語が存在するのだろう。それはどのような文化であれ、子どもはある程度、親から自立しなくてはならないからである。ここに、わざわざ「ある程度」と書いたところが、非常に大切になってくるし、そこに微妙な文化差も生じてくる。それはともかく、息子が父親から自立することを、端的かつ象徴的に表現するとなると、「父親殺し」というのが、一番適切である。これは実際的に父親を殺すことを意味しない。

次に「父親殺し」の物語において留意しなくてはならぬことは、象徴的に考えるとここでの「父」の意味することは、個人としての父親というよりも「父なるもの」全般を示しているということである。「父」はその社会のもっている規範や秩序の体現者という意味をもつ。それは権威の象徴でもある。したがって、創造的な人は「父親殺し」が重要なテーマになるし、最大の「父親殺し」は革命ということになるだろう。

「父親殺し」の前には「母親殺し」というテーマもある。どんな人間でもすべて母親から生まれるのだから、これは「父親殺し」よりも、もっと普遍性がある。しかし、今回はこれには触れない。

「母親殺し」、「父親殺し」は、もちろん象徴的に行われることに意味が伴うし、象徴的であるゆえに、そこには「死と再生」ということがある。殺しが行われることによって「再生」した父母と、子どもとは新しい関係をもつことができる。とは言うものの、このような過程を歩むのは、なかなか困難なことであり、それを上手に行うために、それぞれの文化や社会は、それなりの工夫をもっていた。そもそもこのような物語が語られる、ということ自体がその工夫のひとつである。アイヌの子どもたちは、ここに紹介したような話を聞きながら、どこかで「父親殺し」の話に共感しつつ、それを外在化――実際に行動化する――ことの恐ろしさについても体験できるようになっている。

ものごとを単純に考える人は、ここに紹介したような恐ろしい話は子どもにするべきでないと考えるだろう。育ての親を焼き殺すような残酷な話は、子どもに絶対にするべきでない、という人もあろう。しかし、そのような恐ろしい話を避け、平和を愛好してきたはずの現代の日本において、親が子どもを殺したり、その逆のようなことがよく起こるという事実について、よく考えてみる必要がある。象徴的な「母親殺し」、「父親殺し」の機会を奪われると、人間はそれを実際化するより仕方なくなるのではなかろうか。あるいは、「物語」を奪われると、人間は「事件」を起こしてしまうのではなかろうか。

このように考えてくると、ここに紹介したアイヌの「父親殺し」の物語の意味がよくわかってくる。最後にその点について考えてみることにしよう。

循環性

アイヌのこの二つの物語を読んで感じるのは、「エディプス王」は大変な悲劇であるのに、アイヌの話はどちらもめでたしめでたしで終っている。と言っても、これはグリムの昔話のハッピーエンドとは異なっているのであるが。

アイヌの話はどうして悲劇にならないのだろう。「人食いじじいさんと私」の物語では、娘が自分を育ててくれた養父を、小屋に閉じこめて火をつけるという方法で殺してしまう。そして、「赤子であった私を今まで育ててくれたおじいさんを、自分の手で焼き殺すとは、なんて残酷な私だろう」と声をあげて泣いてしまう。しかし、これは「何かの神様がそうさせたのであろう」ということになる。その上、殺されたじいさんが立派な服装をして、娘の夢に現われ、「火の神様の手によってお前をそうさせた」のだと語り、むしろ、娘に感謝しているのである。

先にアイヌの人たちのクマ神についての考え方を紹介しておいた。クマ神はクマの姿をとってこの世に現われ、人間に殺されることによって、その皮や肉を提供し、神の国に帰っていく。時がくれば、それはまたこの世に現われるだろう。生と死、人間世界と神の世界が見事に循環しているのだ。

人間は「自分の死」ということを問題にせざるを得ない。その問題を解決するためには、何らかの「超越」を必要とする。超越との関係において自己を定位することによって、死を単なる終止とすることから逃れることができる。たとえば、キリスト教であれば、天なる父の神という超越者によって、人間は復活を約束されている。死は終りではないのだ。ところが、キリスト教の場合、動物、人間、神の区別は明確であり、直線的な階層によって分けられている。この世と死後の世界との区別も明確であり、死んだ者はこの世に帰ってくることはない。あくまで、直線的に人生は進行してゆき、人間はいかに努力して上昇し天国に近づいてゆくかが大切となる。

アイヌの場合は、これらの物語を見てもわかるとおり、動物と人間、神などの区別は、それほど明確ではない。生と死についてもそうである。すべてが循環しており、循環のサイクルのなかに人生はある。人、自然、神、すべてが偉大なる円環の全体のなかに収まっているのだ。

もちろん、アイヌの生活においても親と子とのある程度の葛藤はあるだろう。だからこそこのような物語をもっているのだ。「二羽のカラス」の話にしても、確かに息子の能力が高まってきて、父親に誰も注目しなくなってくると父親としては、面白くないだろう。ここで父親がアパシー状態になるところが、実に面白い。現在の日本の社会では、父親の方がアクセクと働き、息子はどう考えてもそれに太刀打ちできないのでアパシーになってしまうのだ。そして、アパシー状態から脱け出すときに、急に父親に暴力をふるったりする息子がいるのも事実である。内面的な「父親殺し」ができないので、外的に行動化してしまうものと思われる。

アイヌの話では、息子は父親と戦ったりしない。彼は逃げて他の家族に出会う。ここで彼は姉妹の葛藤にまきこまれて、危うく殺されそうになる。こんなのを見ても、アイヌの場合も、親子やきょうだい間の葛藤がある程度存在することがわかるが、それら全体を含んで、大きい悲劇になってしまわないのは、この話のクマ神のような存在によってすべてがうまく運ばれるからである。父親も罰せられるが、息子との戦いによる死ではなく、「座ったままの姿勢で裂けた大地へ埋まってしま」うという形で、自然のなかに消え去ってゆくような状態になる。ここでは、むしろ母性的な原理がはたらいているかのように見える。

母性的と言えば、娘を食いたくなった父親の姿は、むしろ母性的な一体感への希求を感じさせるものがある。娘を一人で育て、果てはそれと一体になろうとするのなど、母性的と言っていいのではなかろうか。面白いのは、父と息子の話のときは「対決」が避けられ、娘と父のときは、娘は父を殺してしまうことである。したがって、これらの父親殺しの話は、エディプスの物語とはニュアンスを異にしている。直線的な進歩や発達を前提としての父と息子との対決とは異なっている。

父親を焼き殺すなどは、実に残酷ととられそうだが、後の話の展開を見ると、この「火」は浄化の火とも受けとめられる。殺された本人は娘の行為に感謝している。これは既に述べたように、生と死、人と神などの境界が薄く、すべてが円環をなしているからこそ可能となることである。

このように見てゆくと、アイヌの物語が、「私」を主人公として語られ、その人の生涯を述べた後に、「と語りながら世を去りました」で終りとなることのわけがよくわかる。つまり、日常と非日常が一体となっているので、「話」はすなわち「現実」となり、わざわざ「昔」などという枠を設けて話をする必要がないのだ。昔も今も変りはないので、「昔話」のなかで現在における教訓を語ることも可能になってくる。このような物語を生きているアイヌの人たちは、心安らかな日々を送っていたことだろう。

アイヌの人たちが渾然一体として生きている世界を、いろいろ区別し区分し、それを細分化してゆくことによって近代文明が成立してきた。「物語」は「現実」と区別され、後者の方に高い価値がおかれるようになった。牛や豚をどのように効果的に食糧にするかに熱心になったが、それらを神の国に送り返す儀式などは馬鹿らしくて誰もしない。このように急激に「豊か」になった現代社会において、親と子が互いに殺し合ったり、思春期の子どもたちの犯罪におののいたりしている。「物語」を消滅させたので「現実」の方に、「父親殺し」や「母親殺し」が起こるようになった。生活は便利にはなったが、なかなか心安らかに生きてはおれない。

だからと言って、われわれは昔に戻ることはできない。しかし、せめてもう少し「物語」の価値を見直してもいいのではなかろうか。

初出一覧

序説　たましいとおはなし　書き下ろし。

I

猫だましい　『新潮』一九九八年十月号―一九九九年十月号、新潮社、に連載。『猫だましい』二〇〇〇年五月、新潮社刊、に所収。

II

おはなしの知恵　『週刊朝日別冊　小説トリッパー』一九九五年夏季号―一九九八年夏季号、朝日新聞社、に連載。『おはなしの知恵』二〇〇〇年十二月、朝日新聞社刊、に所収。

■岩波オンデマンドブックス■

河合隼雄著作集 第II期 8
物語と現実

2003年1月8日 第1刷発行
2015年12月10日 オンデマンド版発行

著 者 河合隼雄《かわいはやお》

発行者 岡本 厚

発行所 株式会社 岩波書店
〒101-8002 東京都千代田区一ツ橋 2-5-5
電話案内 03-5210-4000
http://www.iwanami.co.jp/

印刷/製本・法令印刷

ISBN 978-4-00-730340-1 Printed in Japan